本书获国家社会科学基金一般项目
"德国古典诗哲的启蒙路径及其中国资源研究"
（项目号 14BWW007）资助

德国古典诗哲的启蒙路径及其中国资源

叶隽　董琳璐　著

上海社会科学院出版社

编 委 会

丛书主编： 叶 隽

学术委员会委员：

（按姓氏音序顺序排列）

曹卫东　北京体育大学

陈洪捷　北京大学

范捷平　浙江大学

李明辉　台湾"中央研究院"

麦劲生　香港浸会大学

孙立新　山东大学

孙周兴　同济大学

谭　渊　华中科技大学

卫茂平　上海外国语大学

杨武能　四川大学

叶　隽　同济大学

叶廷芳　中国社会科学院

张国刚　清华大学

张西平　北京外国语大学

Iwo Amelung　阿梅龙　德国法兰克福大学

Adrian Hsia　夏瑞春　加拿大麦吉尔大学

Françoise Kreissler　何弗兹　法国东方语言学院

Michael Lackner　郎密榭　德国埃尔郎根大学

Klaus Mühlhahn　余凯思　美国印第安纳大学

Joël Thoraval　杜瑞乐　法国高等社会科学研究院

总　序

一、中、德在东、西方（亚欧）文化格局里的地位

　　华夏传统，源远流长，浩荡奔涌于历史海洋；德国文化，异军突起，慨然跃升于思想殿堂。作为西方文化，亦是欧陆文化南北对峙格局之重要代表的德国，其日耳曼统绪，与中国文化恰成一种"异体"态势，而更多地与在亚洲南部的印度文化有颇多血脉关联。此乃一种"相反相成"之趣味。

　　而作为欧陆南方拉丁文化代表之法国，则恰与中国同类，故陈寅恪先生谓："以法人与吾国人习性为最相近。其政治风俗之陈迹，亦多与我同者。"诚哉是言。在西方各民族文化中，法国人的传统、风俗与习惯确实与中国人存在诸多不谋而合之处，当然也不排除文化间交流的相互契合：诸如科举制的吸纳、启蒙时代的诸子思想里的中国文化资源等。如此立论，并非敢淡漠东西文化的基本差别，这毕竟仍是人类文明的基本分野；可"异中趋同"，亦可见钱锺书先生所谓"东海西海，心理攸同；南学北学，道术未裂"之言不虚。

　　在亚洲文化（东方文化）的整体格局中，中国文化属于北方文化，印度文化才是南方文化。中印文化的交流史，实际上有些类似于德法之间的文化交流史，属于地缘关系的亚洲陆地上的密切交

流,并由此构成了东方文化的核心内容;遗憾的是,由于地域太过辽阔,亚洲意义上的南北文化交流有时并不能相对频繁地形成两种文化之间的积极互动态势。两种具有互补性的文化,能够较快推进人类文明发展,这可能是一个基本定律。

西方文化发展到现代,欧洲三强英、法、德各有所长,可若论地缘意义上对异文化的汲取,德国可拔得头筹。有统计资料表明,在将外语文献译成本民族语言方面,德国居首。而对法国文化的吸收更成为思想史上一大公案,乃至歌德(Goethe, Johann Wolfgang von, 1749—1832)那一代人因"过犹不及"而不得不激烈反抗法国文化的统治地位。虽然他们都说得一口流利的法文,但无论正反事例,都足证德意志民族"海纳百川"的学习情怀。就东方文化而言,中国文化因其所处地理中心位置,故能得地利之便,尤其是对印度佛教文化的汲取,不仅是一种开阔大度的放眼拿来,更兼备一种善择化用的创造气魄,一方面是佛教在印度终告没落,另一方面却是禅宗文化在中国勃然而起。就东方文化之代表而言,或许没有比中国更加合适的。

中德文化关系史的意义,正是在这样一种全局眼光中才能凸显出来,即这是一种具有两种基点文明代表性意义的文化交流,而非仅一般意义上的"双边文化关系"。何谓?此乃东西文化的两种核心文化的交流,即作为欧洲北方文化的条顿文明与亚洲北方文化的华夏文明之间的交流。这样一种质性文化的交流,具有重要的范式意义。

二、作为文明进程推动器的文化交流与中国文化的"超人三变"

不同文明之间的文化交流,始终是文明进程的推动器。诚如季羡林先生所言:"从古代到现在,在世界上还找不出一种文化是不受外来影响的。"①其实,这一论断,也早已为第一流的知识精英所认知,譬如歌德、席勒(Schiller, Johann Christoph Friedrich von, 1759—1805)那代人,非常深刻地意识到走向世界、汲取不同文化资源的重要性,而中国文化正是在那种背景下进入了他们的宏阔视域。当然,我们要意识到的是,对作为现代世界文明史巅峰的德国古典时代而言,文化交流的意义极为重要,但作为主流的外来资源汲取,是应在一种宏阔的侨易学视域中去考察的。这一点歌德总结得很清楚:"我们不应该认为中国人或塞尔维亚人、卡尔德隆或尼伯龙根就可以作为模范。如果需要模范,我们就要经常回到古希腊人那里去找,他们的作品所描绘的总是美好的人。对其他一切文学我们都应只用历史眼光去看。碰到好的作品,只要它还有可取之处,就把它吸收过来。"②此处涉及文化交流的规律性问题,即如何突出作为接受主体的主动选择性,若按陈寅恪所言:"其真能于思想上自成系统,有所创获者,必须一方面吸收输入外来之学说,一方面不忘本来民族之地位。此二种相反而适相成之态度,乃道教之真精神,新儒家之旧途径,而二千年吾民族与他民族思想

---

① 季羡林:《文化交流的必然性和复杂性》,载季羡林、张光璘编:《东西文化议论集》(上册),经济日报出版社1997年版,第8页。
② 德文为: Wir müssen nicht denken, das Chinesische wäre es oder das Serbische oder Calderon oder die Nibelungen, sondern im Bedürfnis von etwas Musterhaftem müssen wir immer zu den alten Griechen zurückgehen, in deren Werken stets der schöne Mensch dargestellt ist. Alles übrige müssen wir nur historisch betrachten und das Gute, so weit es gehen will, uns daraus aneignen. Mittwoch, den 31. Januar 1827. in Eckermann, Johann Peter: *Gespräche mit Goethe-in den letzten Jahren seines Lebens*(《歌德谈话录——他生命中的最后几个年头》). Berlin und Weimar: Aufbau-Verlag, 1982. S.198.中译参见[德]爱克曼辑录:《歌德谈话录》,朱光潜译,人民文学出版社1978年版,第113—114页。

接触史之所昭示者也。"①这不仅是中国精英对待外来文化与传统资源的态度,推而广之,对各国择取与创造本民族之精神文化,皆有普遍参照意义。总体而言,德国古典时代对外来文化(包括中国文化)的汲取与转化创造,是一次文化交流的质的提升。文化交流史的研究,其意义在此。

至于其他方面的双边交流史,也同样重要。德印文化交流史的内容,德国学者涉猎较多且深,尤其是其梵学研究,独步学林,赫然成为世界显学;正与其世界学术中心的地位相吻合,而中国现代学术建立期的第一流学者,如陈寅恪、季羡林等就先后负笈留德,所治正是梵学,亦可略相印证。中法文化交流史内容同样极为精彩,由启蒙时代法国知识精英对中国文化资源的汲取与借鉴到现代中国发起浩浩荡荡的留法勤工俭学运动,其转易为师的过程同样值得深入探究。总之,德、法、中、印这四个国家彼此之间的文化交流史,应当归入"文化史研究"的中心问题之列。

当然,不可否认的是,作为中国学者,我们或多或少会将关注的目光投向中国问题本身。必须强调加以区分的是所谓"古代中国""中世中国"与"现代中国"之间的概念分野。其中,"古代中国"相当于传统中国的概念,即文化交流与渗透尚未到极端的地步,尤以"先秦诸子"思想为核心;"中世中国"则因与印度佛教文化接触,而使传统文化受到一种大刺激而有"易",禅宗文化与宋儒理学值得特别关注;"现代中国"则以基督教之涌入为代表,西学东渐

---

① 《冯友兰〈中国哲学史〉下册审查报告》,载刘桂生、张步洲编:《陈寅恪学术文化随笔》,中国青年出版社1996年版,第17页。

为标志,仍在进程之中,则是以汲取西学为主的广求知识于世界,可以"新儒家"之生成为关注点。经历"三变"的中国,"内在于中国"为第一变,"内在于东方"为第二变,"内在于世界"为第三变,"三变"后的中国才是具有悠久传统而兼容世界文化之长的代表性文化体系的国家。

先秦儒家、宋儒理学、新儒家思想(广义概念)的三段式过渡,乃是中国思想渐成系统与创新的标志,虽然后者尚未定论,但应是相当长时期内中国思想的努力方向。而正是这样一种具有代表性且兼具异质性的交流,在数量众多的双边文化交流中,具有极为不俗的意义。张君劢在谈到现代中国的那代知识精英面对西方学说的盲目时有这样的描述:"好像站在大海中,没有法子看看这个海的四周……同时,哲学与科学有它们的历史,其中分若干种派别,在我们当时加紧读人家教科书如不暇及,又何敢站在这门学问以内来判断甲派长短得失,乙派长短得失如何呢?"[1]其中固然有个体面对知识海洋的困惑,同时意味着现代中国输入与择取外来思想的困境与机遇。王韬曾感慨地说:"天之聚数十西国于一中国,非欲弱中国,正欲强中国,非欲祸中国,正欲福中国。"[2]不仅表现在政治军事领域如此,在文化思想方面亦然。而当西方各强国纷纷涌

---

[1] 张君劢:《西方学术思想在吾国之演变及其出路》,《新中华》第5卷第10期,1937年5月。
[2] 《答强弱论》,载王韬:《弢园文录外编》,中州古籍出版社1998年版,第304页。另可参见钟叔河:《王韬的海外漫游》,载王韬等:《漫游随录·环游地球新录·西洋杂志·欧游杂录》,岳麓书社1985年版,第12页。同样类型的话,王韬还说过:"合地球东西南朔九万里之遥,胥聚之于一中国之中,此古今之创事,天地之变局,此岂出于人意计所及料哉? 天心为之也。盖善变者天心也。"《答强弱论》,载王韬:《弢园文录外编》,中州古籍出版社1998年版,第304页。

入中国，使得"西学东渐"与"西力东渐"合并东向之际，作为自19世纪以来世界教育与学术中心场域的德国学术，则自有其非同一般的思想史意义。实际上，这从国际范围的文化交流史历程也可看出，19世纪后期逐渐兴起的三大国——俄、日、美，都是以德为师的。

故此，第一流的中国精英多半都已意识到学习德国的重要性。无论是蔡元培强调"救中国必以学。世界学术德最尊。吾将求学于德，而先赴青岛习德文"[1]，还是马君武认为"德国文化为世界冠"[2]，都直接表明了此点。至于鲁迅、郭沫若等都有未曾实现的"留德梦"，也均可为证。中德文化研究的意义，端在于此，而并非仅仅是众多"中外文化交流史"里的一个而已。如果再考虑到这两种文化是具有代表性的东西方文化之个体（民族—国家文化），那么其意义就更显突出了。

三、在"东学西渐"与"西学东渐"的关联背景下理解中德文化关系的意义

即便如此，我们也不能"画地为牢"，因为只有将视域拓展到全球化的整体联动视域中，才能真正揭示规律性的所在。所以，我们不仅要谈中国文化的西传，更要考察波斯—阿拉伯、印度、日本文化如何进入欧洲。这样的东学，才是一个完整意义上的东学。当东学西渐的轨迹，经由这样的文化交流史梳理而逐渐显出清晰的

---

[1] 黄炎培：《吾师蔡孑民先生哀悼辞》，载梁柱：《蔡元培与北京大学》，北京大学出版社1996年版，第12页。
[2] 《〈德华字典〉序》，选自《马君武集》，华中师范大学出版社2011年版，第273页。

脉络时,中国文化也正是在这样一种比较格局中,才会更清晰地彰显其思想史意义。这样的工作,需要学界各领域研究者的通力合作。

而当西学东渐在中国语境里具体落实到 20 世纪前期这辈人时,他们的学术意识和文化敏感让人感动。其中尤其可圈可点的,则为 20 世纪 30 年代中德学会的沉潜工作,其标志则为"中德文化丛书"的推出,至今检点前贤的来时路,翻阅他们留下的薄薄册页,似乎就能感受到他们逝去而永不寂寞的心灵。

昔贤筚路蓝缕之努力,必将为后人开启接续盛业的来路。光阴荏苒,竟然轮到了我们这代人。虽然学养有限,但对前贤的效慕景仰之心,却丝毫未减。如何以一种更加平稳踏实的心态,继承前人未竟之业,开辟后世纯正学统,或许就是历史交给我们这代人的使命。

不过我仍要说我们很幸运:当年冯至、陈铨那代人不得不因民族战争的背景而颠沛流离于战火中,一代人的事业不得不无可奈何地"宣告中断",今天,我们这代人却还有可能静坐于书斋之中。虽然市场经济的大潮喧嚣似也要推倒校园里"平静的书桌",但毕竟书生还有可以选择的权利。在清苦中快乐、在寂寞中读书、在孤独中思考,这或许,已是时代赠予我们的最大财富。

所幸,在这样的市场大潮下,能有出版人的鼎力支持,使这套"中德文化丛书"得以推出。我们不追求一时轰轰烈烈吸引眼球的效应,而希望能持之以恒、默默行路,对中国学术与文化的长期积淀略有贡献。在体例上,丛书将不拘一格,既要推出中国学者自己的研究著述,也要译介国外优秀的学术著作;就范围而言,文学、历史、哲学固是题中应有之义，学术、教育、思想也是重要背景因素，至于社会学、政治学、经济学等鲜活的社会科学内容，也都在"兼容并包"之列；就文体而言，论著固所必备，随笔亦受欢迎；至于编撰旧文献、译介外文书、搜集新资料，更是我们当今学习德国学者，努力推进的方向。总之，希望能"水滴石穿""积跬步以至千里"，经由长期不懈的努力，将此丛书建成一个略具规模、裨益各界的双边文化之库藏。

叶 隽

陆续作于巴黎—布达佩斯—北京

作为国际学域的"中德文学关系研究"
——"中德文化丛书"之"中德文学关系系列"小引

"中德文化丛书"的理念是既承继民国时代中德学会学人出版"中德文化丛书"的思路,也希望能有所拓展,在一个更为开阔的范围内来思考作为一个学术命题的"中德文化",所以提出作为东西方文明核心子文明的中德文化的理念,强调"中德文化关系史的意义,是具有两种基点文明代表性意义的文化交流与互动。中德文化交流是东西方文化内部的两种核心子文化的互动,即作为欧洲北方文化的条顿文明与亚洲北方的华夏文明之间的交流。中德文化互动是主导性文化间的双向交流,具有重要的范式意义"①。应该说,这个思路提出后还颇受学界关注,尤其是"中德二元"的观念可能确实还是能提供一些不同于以往的观察中德关系史的角度,推出的丛书各辑也还受到欢迎,有的还获了奖项(这当然也不足以说明什么,最后还是要看其是否能立定于学术史上)。当然,也要感谢出版界朋友的支持,在如今以资本和权力合力驱动的时代里,在没有任何官方资助的情况下,靠着出版社的接力,陆续走到了今天,也算是不易。到了这个"中德文学关系系列",觉得有必要略作说明。

---

① 叶隽:《中德文化关系评论集》,上海外语教育出版社 2008 年版,封底。

中德文学关系这个学术领域是20世纪前期被开辟出来的,虽然更早可以追溯到彼得曼(Biedermann, Woldemar Freiherr von, 1817—1903)的工作,作为首创歌德与中国文化关系研究的学者,其学术史意义值得关注①;但一般而言,我们还是会将利奇温(Reichwein, Adolf, 1898—1944)的《中国与欧洲——18世纪的精神和艺术关系》②视为此领域的开山之作,因其首先清理了18世纪欧洲对中国文化的接受史,其中相当部分涉及德国精英对中国的接受。陈铨1930—1933年留学德国基尔大学,完成了博士论文《德国文学中的中国纯文学》,这是中国学者开辟性的著作,其德文本绪论中的第一句话是中文本里所没有的:"中国拥有一种极为壮观、博大的文学,其涉猎范围涵盖了所有重大的知识领域及人生问题。"(China besitzt eine außerordentlich umfangreiche Literatur über alle großen Wissensgebiete und Lebensprobleme.)③作者对自己研究的目的性有很明确的设定:"说明中国纯文学对德国文学影响的程序""就中国文学史的立场来判断德国翻译和仿效作品的价值。"④其中展现的中国态度、品位和立场,都是独立的,所以我们可以说,

---

① 他曾详细列出《赵氏孤儿》与《埃尔佩诺》(Elpenor)相同的13个母题,参见 Woldemar Freiherr von Biedermann: *Goethe Forschung*(《歌德研究》). Frankfurt am Main, 1879. S.110-111。
② Reichwein, Adolf: *China und Europa - Geistige und künstlerische Beziehungen im 18 Jahrhundert*. Berlin: Österheld, 1923. 此书另有中译本,参见[德]利奇温:《十八世纪中国与欧洲文化的接触》,朱杰勤译,商务印书馆1991年版。
③ Chen, Chuan: *Die chinesische schöne Literatur im deutschen Schrifttum*(《德国文学中的中国纯文学》). Inaugural-Dissertation zur Erlangung der Doktorwürde der Hohen Philosophischen Fakultät der Christian-Albrecht-Universität zu Kiel. vorgelegt von Chuan Chen aus Fu Schün in China. 1933. S.1. 基尔大学哲学系博士论文。
④ 陈铨:《中德文学研究》,辽宁教育出版社1997年版,第4页。

在"中德文化关系"这一学域,从最初的发端时代开始,就是在中、德两个方向上同时并行的。当然,我们要承认陈铨是留学德国,在基尔大学接受了严格的学术训练并完成的博士论文,这个德国学术传统是我们要梳理清楚的。也就是说,就学域的开辟而言是德国人拔得头筹。这也是我们应当具备的世界学术的气象,陈寅恪当年出国留学,他所从事的梵学,那也首先是德国的学问。世界现代学术的基本源头,是德国学术。这也同样表现在德语文学研究(Germanistik,也被译为"日耳曼学")这个学科。但这并不影响我们独立风骨,甚至是后来居上,所谓"弟子不必不如师,师不必贤于弟子,闻道有先后,术业有专攻"[1],这才是求知问学的本意。

当然,这只是从普遍的求知原理上而言之。中国现代学术是在世界学术的整体框架中形成的,既要有这个宏大的谱系意识,同时其系统建构也需要有自身的特色。从这个意义上来说,当陈铨归国以后,用中文出版《中德文学研究》,这就不但意味着中国日耳曼学有了足够分量的学术专著的出现,更标志着在本领域之内的发凡起例,是一个新学统的萌生。它具有多重意义,一方面它属于德文学科的成绩,另一方面它也归于比较文学(虽然在当时还没有比较文学的学科建制),当然更属于中国现代学术之实绩。遗憾的是,虽然在20世纪30年代前期即已有很高的起点,但出于种种原因,这一学域的发展长期中断,直到改革开放之后才出现薪火相传的迹象。冯至撰《歌德与杜甫》,大概只能说是友情出演;但他和德国汉学家德博(Debon, Günther, 1921—2005)、长居德国的加拿大

---

[1] [唐]韩愈:《师说》。

华裔学者夏瑞春(Hsia，Adrian，1940—2010)一起推动了中德文学关系领域国际合作的展开，倒是事实。1982年在海德堡大学召开了"歌德与中国"国际学术研讨会，以冯至为代表的6名中国学者出席并提交了7篇论文。① 90年代以后，杨武能、卫茂平、方维规教授等皆有相关专著问世，有所贡献。②

进入21世纪，随着中国学术的发展，中德文学关系领域也受到更多关注，参与者甚多，且有不乏精彩之作。具有代表性的是谭渊的《德国文学中的中国女性形象》③，此书发掘第一手材料，且具有良好的学术史意识，在前人基础上将这一论题有所推进，是值得充分肯定的一部著作。反向的研究，即德语文学在中国语境里的翻译、传播、接受问题，则相对被忽视。范劲提出了德语文学符码与现代中国作家的自我问题，并且将研究范围延伸到当代文学。④ 笔者的《德国精神的向度变型——以尼采、歌德、席勒的现代中国接受为中心》则选择尼采(Nietzsche，Friedrich Wilhelm，1844—1900)、歌德、席勒这三位德国文学大师及其代表作在中国的接受史进行深

---

① Debon，Günther；Hsia，Adrian (Hg.)：*Goethe und China - China und Goethe*(《歌德与中国——中国与歌德》)．Bern：Peter Lang Verlag, 1985.关于此会的概述，参见杨武能：《"歌德与中国"国际学术讨论会》，载杨周翰、乐黛云主编：《中国比较文学年鉴1986》，北京大学出版社1987年版，第351—352页。亦可参见《一见倾心海德堡》，载杨武能：《感受德意志》，四川人民出版社2001年版，第7—28页。
② 此处只是略为列举若干我认为在各方面有代表意义的著作，关于中德文学关系的学术史梳理，参见谭渊：《德国文学中的中国女性形象》，武汉大学出版社2017年版，第7—15页；叶隽：《六十年来中国的德语文学研究》，重庆出版社2016年版，第211—219页。
③ 谭渊：《德国文学中的中国女性形象》，武汉大学出版社2017年版。
④ 范劲：《德语文学符码与现代中国作家的自我问题》，华东师范大学出版社2008年版。

入分析，以影响研究为基础，既展现冲突、对抗的一面，也注意呈现其融合、化生的成分。① 卢文婷讨论了中国现代文学中所接受的德国浪漫主义影响。② 此外，中国文学的德译史研究也已经展开，如宋健飞的《德译中国文学名著研究》探讨中国文学名著在德语世界的状况③，谢淼的《德国汉学视野下中国当代文学的译介与研究》考察中国当代文学在德国的译介和研究情况④，这就给我们展示了一个德语世界里的中国文学分布图。当然，这种研究尚处于初步阶段，现在做的还主要是初步材料梳理的工作，但毕竟是开辟了新的领域。具体到中国现代文学的文本层面，探讨诸如中国文学里的德国形象之类的著作则尚未见，这是需要改变的情况。至于将之融会贯通，在一个更高层次上来通论中德文学关系者，甚至纳入世界文学的融通视域下来整合这种"中德二元"与"文学空间"的关系，则更是具有挑战性的难题。

值得提及的还有基础文献编目的工作。这方面旅德学者顾正祥颇有贡献，他先编有《中国诗德语翻译总目》⑤，后又编纂了《歌德

---

① 叶隽：《德国精神的向度变型——以尼采、歌德、席勒的现代中国接受为中心》，中央编译出版社 2015 年版。
② 卢文婷：《反抗与追忆：中国文学中的德国浪漫主义影响（1898—1927）》，中国社会科学出版社 2014 年版。
③ 宋健飞：《德译中国文学名著研究》，外语教学与研究出版社 2016 年版。
④ 谢淼：《德国汉学视野下中国当代文学的译介与研究》，南京大学出版社 2017 年版。
⑤ Gu, Zhengxiang, wissenschaftlich ermittelt und herausgegeben: *Anthologien mit chinesischen Dichtungen*, Teilbd. 6. In Helga Eßmann und Fritz Paul hrsg.: *Übersetzte Literatur in deutschsprachigen Anthologien: eine Bibliographie*; [diese Arbeit ist im Sonderforschungsbereich 309 „Die literarische Übersetzung" der Universität Göttingen entstanden] (Hiersemanns bibliographische Handbücher; Bd. 13), Stuttgart: Anton Hiersemann Verlag, 2002.

汉译与研究总目(1878—2008)》《歌德汉译与研究总目(续编)》①，但此书也有些问题，诚如有批评者指出的，认为其认定我国台湾地区在 1967 年之前有《少年维特之烦恼》10 种译本是未加考订的，事实上均为改换译者或经过编辑的大陆重印本。② 这种只编书目而不进行辨析的编纂方法确实是有问题的。他还编纂有荷尔德林编目《百年来荷尔德林的汉语翻译与研究：分析与书目》③。

当然，也出现了一些让人觉得并不符合学术规律的现象，比如此前已发表论文的汇集，其中也有拼凑之作、不相关之作，从实质而言并无什么学术推进意义，不能视为严格意义上的学术专著。更为严重的是，这样的现象现在似乎并非鲜见。我以为这一方面反映了这个时代学术的可悲和背后权力与资本的恶性驱动力，另一方面研究者自身的急功近利与学界共同体的自律消逝也是需引起重视的。至少，在中德文学关系这一学域，我们应努力维护自己作为学者的底线和基本尊严。

但如何才能在前人基础上"百尺竿头，更进一步"，创造出真正属于这个时代的"光荣学术"，却并非一件易事。所以，我们希望在不同方向上能有所推动、循序渐进。

首先，丛书主要译介西方学界的中德文学关系研究成果，其中

---

① 顾正祥编：《歌德汉译与研究总目（1878—2008）》，中央编译出版社 2009 年版。顾正祥编：《歌德汉译与研究总目（续编）》，中央编译出版社 2016 年版。
② 主要依据赖慈芸：《台湾文学翻译作品中的伪译本问题初探》，《图书馆学与信息科学》2012 年第 38 卷第 2 期，第 4—23 页；邹振环：《20 世纪中国翻译史学史》，中西书局 2017 年版，第 92—93 页。
③ Gu, Zhengxiang：*Hölderlin in chinesischer Übersetzung und Forschung seit hundert Jahren: Analysen und Bibliographien.* Berlin & Heidelberg: Metzler-Verlag & Springer Verlag, 2020.

不仅包括学科史上公认的一些作品,譬如常安尔(Tscharner, Eduard Horst von,1901—1962)的《至古典主义德国文学中的中国》①。常安尔是钱锺书的老师,在此领域颇有贡献。杨武能回忆说他去拜访钱锺书时,钱先生对他谆谆叮嘱不可遗忘了他老师的这部大作,可见其是有学术史意义的,②以及舒斯特(Schuster, Ingrid,1940—)先后完成的《德国文学中的中国和日本(1890—1925)》《德国文学中的中国和日本(1773—1890)》;③还涵盖德国汉学家的成果,譬如德博的《魏玛的中国客人》④。在当代,我们也挑选了一部,即戴特宁(Detering, Heinrich,1959—)的《布莱希特与老子》。戴特宁是德国日耳曼学研究者,但他对这一个案的处理却十分精彩,值得细加品味。⑤ 其实还应当提及的是斯洛伐克汉学家高利克(Gálik, Marián,1933—2024)的《从歌德、尼采到里尔克——中德跨文化交流研究》。⑥ 高利克是东欧国家较早关涉中德文学关系研究的学者,一些专题论文颇见功力。

比较遗憾的是,还有一些遗漏,譬如奥里希(Aurich, Ursula)的

---

① Tscharner, Eduard Horst von: *China in der deutschen Dichtung bis zur Klassik*. München: Reinhardt, 1939.
② 《师恩难忘——缅怀钱锺书先生》,载杨武能:《译海逐梦录》,四川文艺出版社2018年版,第95页。
③ Schuster, Ingrid: *China und Japan in der deutschen Literatur: 1890–1925*, Bern & München: Francke, 1977. Ingrid Schuster: *Vorbilder und Zerrbilder: China und Japan im Spiegel der deutschen Literatur 1773–1890*. Bern & Frankfurt a.M.: Peter Lang, 1988.
④ Debon, Günther: *China zu Gast in Weimar*. Heidelberg: Guderjahn, 1994.
⑤ Detering, Heinrich: *Bertolt Brecht und Laotse*. Göttingen: Wallstein, 2008.
⑥ [斯洛伐克]马立安·高利克:《从歌德、尼采到里尔克——中德跨文化交流研究》,刘燕等译,福建教育出版社2017年版。

《中国在18世纪德国文学中的反映》[1], 还有如夏瑞春教授的著作也暂未能列入。夏氏是国际学界很有代表性的中德文学关系研究的开拓性人物, 他早年在德国, 后到加拿大麦吉尔大学任教, 可谓毕生从事此一领域的学术工作, 其编辑的《德国思想家论中国》《黑塞与中国》《卡夫卡与中国》在国际学界深有影响。我自己和他交往虽然不算太多, 但也颇受其惠, 可惜他得寿不遐, 竟然在古稀之年即驾鹤西去。希望以后也能将他的一些著作引进, 譬如《中国化: 17、18世纪欧洲在文学中对中国的建构》等。[2]

其次, 有些国人用德语撰写的著作也值得翻译, 譬如方维规教授的《德国文学中的中国形象(1871—1933)》。[3] 这些我们都列入了计划, 希望在日后的进程中能逐步推出, 形成汉语学界较为完备的"中德文学关系研究"的经典著作库。另外则是在更为多元的比较文学维度里展示德语文学的丰富向度, 如德国学者宫多尔夫(Gundolf, Friedrich, 1880—1931)的《莎士比亚与德意志精神》(*Shakespeare und der deutsche Geist*, 1911)、俄国学者日尔蒙斯基(Zhirmunsky, Viktor Maksimovich, 1891—1971)的《俄国文学中的歌德》(*Гёте в русской литературе*, 1937)、法国学者卡雷(Carré, Jean-Marie, 1887—1958)的《法国作家与德国幻象(1800—1940)》(*Les écrivains français et le mirage allemande 1800—1940*,

---

[1] Aurich, Ursula: *China im Spiegel der deutschen Literatur des 18. Jahrhunderts*. Berlin: Ebering, 1935.

[2] Hsia, Adrian: *Chinesia: The European Construction of China in the Literature of the 17th and 18th Centuries*. Tübingen, Niemeyer Verlag, 1998.

[3] Weigui, Fang: *Das Chinabild in der deutschen Literatur 1871–1933: ein Beitrag zur komparatistischen Imagologie*. Frankfurt a.M.: Suhrkamp, 1992.

1947）等都是经典名著，也提示我们理解"德国精神"的多重"二元向度"，即不仅有中德，还有英德、法德、俄德等关系。而新近有了汉译本的巴特勒（Butler, Eliza Marian, 1885—1959）的《希腊对德意志的暴政——论希腊艺术与诗歌对德意志伟大作家的影响》（*The Tyranny of Greece over Germany: A Study of the Influence Exercised by Greek Art and Poetry over the Great German Writers of the Eighteenth, Nineteenth and Twentieth Centuries*, 1935）则提示我们更为开阔的此类二元关系的可能性，譬如希德文学。[①] 总体而言，史腊斐的判断是有道理的："德意志文学的本质不是由'德意志本质'决定的，不同民族文化的交错融合对它的形成产生了深远的影响……"[②]而要深刻理解这种多元关系与交错性质，则必须对具体的双边关系进行细致清理，同时不忘其共享的大背景。

最后，对中国学界来说，更为重要的是如何推出我们自己的具有突破性的中德文学关系研究的代表性著作。时至今日，这一学域已经走过了近百年的历程，几乎可以说是与中国现代学术的诞生、中国日耳曼学与比较文学的萌生是同步的，只要看看留德博士们留下的学术踪迹就可知道，尤其是那些用德语撰写的博士论文。[③] 当然在有贡献的同时，也难免产生问题。夏瑞春教授曾毫不留情地批评道："在过去的25年间，虽然有很多中国的日耳曼学者

[①] ［英］伊莉莎·玛丽安·巴特勒：《希腊对德意志的暴政——论希腊艺术与诗歌对德意志伟大作家的影响》，林国荣译，社会科学文献出版社2017年版。
[②] ［德］海因茨·史腊斐（Schlaffer, Heinz）：《德意志文学简史》（*Die kurze Geschichte der deutschen Literatur*），胡蔚译，北京大学出版社2013年版，第103页。
[③] 参见《近百年来中国德语语言文学学者海外博士论文知见录》，载吴晓樵：《中德文学因缘》，上海外语教育出版社2008年版，第178—198页。

在德国学习和获得博士学位,但遗憾的是,他们中的绝大部分人或多或少都研究了类似的题目,诸如布莱希特(Brecht, Bertolt, 1898—1956)、德布林(Doblin, Alfred, 1878—1957)、歌德、克拉邦德(Klabund, 1890—1928)、黑塞(Hesse, Hermann, 1877—1962,或许是最引人注目的)及其与中国的关系,尤其是像席勒、海涅(Heine, Heinrich, 1797—1856)和茨威格(Zweig, Stefan, 1881—1942),总是不断地被重复研究。其结果就是,封面各自不同,但其知识水平却始终如一。"[1]夏氏为国际著名学者,因其出入中、德、英等多语种学术世界,娴熟多门语言,所以其学术视域通达,能言人之所未能言,亦敢言人之所未敢言,这种提醒或批评是非常发人深省的。他批评针对的是德语世界里的中国学人著述,那么,我以为在汉语学界里也同样适用,相较于德国学界的相对有规矩可循,我们的情况似更不容乐观。所以,这样一个系列的推出,一方面是彰显目标;另一方面则是体现实绩,希望我们能在一个更为开阔与严肃的学术平台上,与外人同台竞技,积跬步以至千里,构建起中国学术走向世界的桥梁。

叶 隽

2020 年 8 月 29 日沪上同济

---

[1] [加]夏瑞春:《双重转型视域里的"德国精神在中国"》,《文汇读书周报》2016 年 4 月 25 日。

目录

001	第一章 德国启蒙的时代命题与期待视野
001	一、欧洲语境里的德国启蒙时代及其大学功用
014	二、东学西渐背景里的中国文化与德国接受的谱系脉络
026	三、学术史概述
031	四、个案选择、理论框架与研究思路
038	第二章 德国启蒙早期进程里的"中国镜像":以莱布尼茨的人类理智论述为例
038	一、东学西渐视野里的中国资源与传教士:从"中国去西传教"的设想说起
050	二、莱布尼茨人类理智论述的核心内容及其与中国的关联
058	三、莱布尼茨"中国文化观"的历史意义及其民族立场
067	第三章 大学建制视野里的"中国资源":沃尔夫的普及功用与承上启下
067	一、莱布尼茨-沃尔夫体系中的代际传承
075	二、大学建制里的"中国资源"扩张及其挫折

001

089	三、"中国文化"的德国语境生成：承上启下的意义
094	四、中国资源与德国大学：后续教化的可能
098	**第四章　启蒙者的中国资源与德国转换：康德对中国的批评与选择及其"世界公民"概念的提出**
098	一、书斋生涯的思想史意义：康德与德国启蒙时代
107	二、康德的中国批评
113	三、康德思想的核心内容及其与中国文化的关联
124	**第五章　黑格尔的"世界精神"观念及其与中国思想的关联**
127	一、"历史哲学"与"精神现象"
132	二、作为集大成的"世界精神"观
139	三、"世界精神"观的中国资源
149	**第六章　中国小说与人类理想：以歌德对《玉娇梨》的论述为例**
149	一、三国文化因缘：从一封论学信谈起
157	二、作品之比较：人类的伦理观念
167	三、魏玛语境与歌德选择：明代小说的现代性萌芽与世界意识
180	**第七章　从"希腊理想"到"中国镜像"：论歌德、席勒的"古典图镜观"及其中国资源**
182	一、从"排斥"到"吸收"：狂飙突进至古典时代的歌德"中国观念"之变
191	二、"古典图镜观"的形成及其主要内容
201	三、从"尚三思路"到"中道思维"："蜕变""随命""断念"——兼论中国资源对"古典图镜观"形成之意义

211	第八章　暮年歌德的中国想象与女性之美：以《中德四季晨昏杂咏》与《中国才女诗人》为中心
211	一、歌德耄耋之龄与中国文学的亲密接触
222	二、伟人的心灵撞击与接受的创造意义：以伟大作品为中介
228	三、永恒之女性、上升之东方：中国女性之美在歌德心灵中的映射

236	第九章　文学旅行与诗人创化：从《埃尔佩诺》断片实践看歌德的"世界文学"理想
236	一、作为多种资源汇集的《埃尔佩诺》
243	二、古典图镜时代创作突破的重要标志：以歌德、席勒关于《埃尔佩诺》的讨论为中心
259	三、作为德人赠礼的大剧设想

272	第十章　结论
272	一、中国文化的位置：中心、边缘抑或流居
276	二、受者的主体意识：德国精英坚守的本来民族之地位
283	三、启蒙德国时代命题的阶段性完成与文明史意义：文化侨易学的分析

312	参考文献
326	西文-中文人名对照表（索引）
330	关键词（索引）
334	后　记

第一章　德国启蒙的时代命题与期待视野

一、欧洲语境里的德国启蒙时代及其大学功用

与19世纪以后中国地位的一落千丈相比,在世界范围内,尤其是在欧洲,中国文化曾长期具有极为重要的影响和意义。欧洲大国诸如法、德、英、意等莫不如此。相比之下,居欧陆的两大国法、德之吸收与接受更为值得关注。有论者谓德国思想家用中国思想来构建理论体系;法国思想家则用中国思想进行破坏,走向大革命与流血暴力[①]。这一论说也从德国人自己的判断那里得到一定的印证。恩格斯就如此作比较,"法国发生了政治革命,随同发生的是德国的哲学革命"[②],并对两者的关系也有所分析:

> 正像在18世纪的法国一样,在19世纪的德国,哲学革命也作了政治崩溃的前导。但是这两个哲学革命看起来是多么不同啊! 法国人同整个官方科学,同教会,常常也同国家进行

---

① 参见朱谦之:《中国哲学对欧洲的影响》,河北人民出版社1999年版,第376—377页。
② [德]恩格斯:《大陆上社会主义改革运动的进展》(1843年10月23日—11月初),载马克思、恩格斯:《马克思恩格斯全集》第3卷,人民出版社2002年版,第489页。

公开的斗争;他们的著作在国外,在荷兰或英国印刷,而他们本人则随时都可能进巴士底狱。相反,德国人是一些教授,一些由国家任命的青年的导师,他们的著作是公认的教科书,而全部发展的最终体系,即黑格尔的体系,甚至在某种程度上已经被推崇为普鲁士王国的国家哲学!①

如此立论,当然可备一说。在对思想不同路径进行简单概括的同时,可也有绝对化的危险,德国人中也有与主流意识形态相抗拒的人物,法国人中同样也有依附政治权力的表现。但至少可以肯定的一点是,德、法思想的形成和发展过程有很大的区别与各自的特质,而中国文化则在两者思想发展中都起到过重要的资源作用。这样一种外来资源的借用,是人类文化发展与进步史上的必然现象,也是重要步骤。没有文化的交流、借鉴与融合,进步是不可想象的。而对于古典时期的德国来说,这种选择与借鉴,又是极为必然的。海涅这样说道:

> 当革命的波涛在此地巴黎,在这人群的巨大海洋中奔流出来的时候,当它在这里汹涌澎湃的时候,来因河彼岸的德国人的心灵也就会慷慨激昂起来。……但他们是非常孤立的,他们侧身于完全没有感觉的磁器、茶杯、咖啡壶,以及一些只会机械般点头、宛然懂得事情原委的中国泥菩萨中间。②

---

① [德]恩格斯:《路德维希·费尔巴哈与德国古典哲学的终结》,载[德]马克思、[德]恩格斯:《马克思恩格斯选集》第4卷,人民出版社1995年版,第214页。
② [德]亨利希·海涅:《论德国宗教和哲学的历史》,海安译,商务印书馆1974年修订第2版,第135页。Heine, Heinrich: *Zur Geschichte der Religion und Philosophie in Deutschland* (1833). Berlin: Aufbau Verlag, 1955.(全集)

第一章　德国启蒙的时代命题与期待视野

虽然海涅有些看不起中国的资源,但至少反映出当时中国思想在德国有所影响这一事实。海涅对德国民族的崛起相当自信,他强调终究会有那样的时刻到来,即"各民族都将聚集在德国的周围,就象(像)坐在圆形剧场各级看台上一样,来观看这次伟大的角斗"①。这里显然脱不开作为一个德国人的民族自豪和自负,而事实上德国在启蒙运动中的特殊地位确实也不容小觑,因为它开辟出了另类的路径。那位日耳曼血统出身、日后转到英伦的思想史家哈耶克(Hayek, Friedrich A. von, 1899—1992),他对英、德两国的思想史意义做出了特别的强调:

> 200多年以来,英国的思想始终是向东传播的。曾在英国实现的自由法则似乎注定要传播全世界。至1870年左右,这些思想的流行或许已扩展到其最东端。从那时起,它开始退却,一套不同的、并不是真正新的而是很旧的思想,开始从东方西进。英国丧失了它在政治和社会领域的思想领导权,而成为思想的输入国。此后60年中德国成为一个中心,从那里,注定要支配20世纪的那些思想向东和向西传播。无论是黑格尔还是马克思,李斯特还是施莫勒,桑巴特还是曼海姆,无论是比较激进形式的社会主义还是不那么激进的"组织"或"计划",德国的思想到处畅通,德国的制度也到处被模仿。②

---

① ［德］亨利希·海涅:《论德国宗教和哲学的历史》,海安译,商务印书馆1974年修订第2版,第151页。Heine, Heinrich: *Zur Geschichte der Religion und Philosophie in Deutschland* (1833). Berlin: Aufbau Verlag, 1955.(全集)
② ［英］弗里德里希·奥古斯特·哈耶克:《通往奴役之路》(*The Road to Serfdom*),王明毅等译,中国社会科学出版社1997年版,第27—28页。

按照我的说法,"事实上,德国思想的扩张要早于1870年,早在18世纪后期开始,它就已经成为一种非常强势的思想势力。应该说,自19世纪以来,在长达200年的时间里,现代世界几乎可以说就是在德国思想的笼罩之下。"①这种说法,或许不无夸张之处,我们还是回到启蒙时代的整体背景,对此,盖伊(Gay, Peter, 1923—)有过这样的表述:

> 虽然启蒙运动是由一群启蒙哲人构成的,但不止于此。它还是一种文化氛围,一种社会环境:启蒙哲人在其中活动,从中发出反叛的鼓噪,也从中悄悄地获得许多思想,同时还试图对之推行自己的改革纲领。但是,启蒙哲人的社会环境,他们的18世纪,至少在一定程度上是一种意识形态的建构;他们斗志昂扬地介入他们的时代,从而使他们得以融入某些最深刻的潮流,但也会使他们对某些不利的现实不闻不问。我发现,因此关键是在于不仅要理解启蒙哲人的思想及其与周围世界的互动,而且要判断他们在认识上的优长与缺陷。②

这一判断非常重要,因为这可以更全面地理解启蒙哲人的丰富性和多元面相,"启蒙哲人的经历乃是争取独立自主的辩证斗争,是消化他们继承的两种遗产——基督教遗产和异教遗产——的尝

---

① 叶隽:《主体的迁变——从德国传教士到留德学人群》,上海外语教育出版社2008年版。
② 《前言》(1965),载[美]彼得·盖伊:《启蒙时代(上):现代异教精神的兴起》(*The Enlightenment: An interpretation, the rise of modern paganism*),刘北成译,上海人民出版社2015年版,第2页。

试;使之相互对抗,从而确保它们各自独立。启蒙运动可以用两个词来概括:批判与权力。"[1]由此,我们可以看出启蒙运动的复杂面相和博弈格局,所谓基督教遗产和异教遗产,也就是西方文化和异质文化的关系问题。而中国文化作为其中的核心之义,应当纳入视域。

盖伊提出了"启蒙家族"这个概念,并援引启蒙哲人自谓的"小团体"(petite troupe)概念为证,认为他们"有共同效忠的事业和共同的世界观。这种意识超越了他们彼此之间的激烈争吵:启蒙哲人没有一个政党纲领,但他们确实结成一党。有些最难听的指责只是发生在家庭内部,一旦变得公开,通常会用到大量的客套言辞来加以粉饰"[2]。他对18世纪的启蒙运动有这样的一种描绘:

> 那时,启蒙运动成了在一面旗帜下引导的一支军队,有一个大型的核心军团,有左翼和右翼,有勇敢的侦察兵,也有差劲的掉队者。启蒙运动还征募士兵,那些人并不自称是启蒙哲人,但他们是这些启蒙哲人的师友或门徒。这个启蒙家族聚在一起,源于政治策略的需要、教会和国家的敌意以及文人争取提高声望和增加收入的斗争。但是,启蒙哲人之间的凝聚力有更深的根源。在策略同盟和私人友谊背后,是一种共

---

[1] 《前言》(1965),载[美]彼得·盖伊:《启蒙时代(上):现代异教精神的兴起》,刘北成译,上海人民出版社2015年版,第2—3页。
[2] [美]彼得·盖伊:《启蒙时代(上):现代异教精神的兴起》,刘北成译,上海人民出版社2015年版,第3页。

同的经验使他们去建构一种融通的哲学。这种经验——给各个启蒙哲人打上的标记深浅不同,但给他们全体都打上了标记——就是他们对古代的追慕、他们与基督教的矛盾以及他们对现代性的追求这三者之间的辩证互动。这种辩证关系界定了启蒙哲人,使他们与同时代的其他开明人士迥然有别:与其他人不同,他们利用自己的古典学问来摆脱基督教遗产对他们的束缚,接着,在与古人打过交道后,又转向一种现代世界观念。启蒙运动乃是古典主义、对宗教的亵渎以及科学三者的变幻混合;启蒙哲人可以说是现代的异教徒。[1]

这样定位发人深省,启蒙运动是一种混合型产物,而启蒙哲人则成了现代的异教徒!从这个角度来看,莱布尼茨(Leibniz, Gottfried Wilhelm, 1646—1716)、沃尔夫(Wulf, Theodor, 1868—1946)、康德(Kant, Immanuel, 1724—1804)、莱辛(Lessing, Gotthold Ephraim, 1729—1781)、歌德、席勒、费希特(Fichte, Johann Gottlieb, 1762—1814)、黑格尔(Hegel, Georg Wilhelm Friedrich, 1770—1831)诸君则都构成了这批异教徒中的分子,他们的勠力前行和团结合作,使得德国启蒙打开了一扇整齐的门窗,而不可否认的是,在他们的知识资源中,多少都有来自异国的,甚至直接是中国的痕迹。虽然歌德、席勒的魏玛时代被称为狭义的古典时代,但我们这里在更加宽泛的意义上使用德国的古典概念,可以前溯至莱布尼茨时代,如此德国古典诗哲的启蒙路径则豁然跃出。

---

[1] [美]彼得·盖伊:《启蒙时代(上):现代异教精神的兴起》,刘北成译,上海人民出版社2015年版,第5页。

第一章 德国启蒙的时代命题与期待视野

其中,尤其应当提及大学的功用,虽然现代意义上的大学要等到 19 世纪初期柏林大学的建立,但早在 18 世纪,德国大学就已经展现出了向现代迈进的势态。18 世纪的德国,还不是一个统一的"民族"国家,处于极度的分裂与松散状态。尽管如此,它在民族文化上已然经由前代精英的不懈努力,而有了强烈的"民族自豪感"和"独立意识",这既表现在莱布尼茨提出的强调德语功用的思想之中①,也反映在莱辛等人对以戈特舍德(Gottsched, Johann Christoph, 1700—1766)为领袖所倡导的崇尚法国戏剧的新古典主义的批判上②。

---

① 如莱布尼茨曾撰文《关于德语运用与改善的不合时宜思想》(„Unvorgreifliche Gedanken, betreffend die Ausübung und Verbesserung der deutschen Sprache")、《敬告德意志国民善用知性与语言并附议缔造德语思维社会书》(„Ermahnung an die Deutschen, ihren Verstand und ihre Sprache besser zu üben, samt beigefügtem Vorschlag einer deutschgesinnten Gesellschaft") 等,虽均发表在身后,但价值意义很重大。这一问题详见关子尹《莱布尼茨与现代德语之沧桑》,《同济大学学报(社会科学版)》2005 年第 1 期,第 1—11 页。

② 莱辛强调:"下面谈谈为德国人创造一个民族戏剧的好心设想吧,因为我们德国人还不成其为一个民族! 我不是从政治概念上谈这个问题,而只是从道德的性格方面来谈。几乎可以说,德国人不想要自己的性格。我们仍然是一切外国东西的信守誓约的摹仿者,尤其是永远崇拜不够的法国人的恭顺的崇拜者;来自莱茵河彼岸的一切,都是美丽的,迷人的,可爱的,神圣的;我们宁愿否定自己的耳目,也不想作出另外的判断;我们宁愿把粗笨说成潇洒,把厚颜无耻说成是温情脉脉,把扮鬼脸说成是作表情,把合折押韵的'打油'说成是诗歌,把粗鲁的嘶叫声说成是音乐,也不对这种优越性表示丝毫怀疑,这个可爱的民族,这个世界上的第一个民族(他们惯于这样非常谦逊地称呼自己),在一切善、美、崇高、文雅的事物中,从公正的命运那里获得了这种优越性,并且成了自己的财产。"《第 101、102、103、104 篇》(1768 年 4 月 19 日),载[德]莱辛:《汉堡剧评》,张黎译,上海译文出版社 2002 年版,第 506 页。德文为:Über den gutherzigen Einfall, den Deutschen ein Nationaltheater zu verschaffen, da wir Deutsche noch keine Nation sind! Ich rede nicht von der politischen Verfassung, sondern bloß von dem sittlichen Charakter. Fast sollte man sagen, dieser sei: keinen eigenen haben zu wollen. Wir sind noch immer die geschwornen Nachahmer alles Ausländischen, besonders noch immer die untertänigen Bewunderer der nie genug bewunderten Franzosen; alles was uns von jenseit dem Rheine kömmt, ist schön, reizend, allerliebst, göttlich; lieber verleugnen (转下页)

这一点同样还表现在"教育场"的形成方面。那么,我们来看一看,"教育场"作为一个概念,在18世纪中后期的德国是怎样的一种情况?首先,我们应当意识到,德国此时的社会背景是一种非常特殊的情况,它的政治、经济虽然未能形成统一的"场域",但在文化领域则不然,由德语作为文化纽带,是一个相对一体的"文化场",由此,就决定了其子场——诸如文学场、教育场、学术场、艺术场、传播场等——都是一个一体化的"场域"。"教育场"中人物的流动是相当正常而频繁的,无论是学生还是教师。虽然,歌德少时即佼佼不凡,在学习方面显露出极为优秀的素质,但进入大学学习似乎与少年天分是两回事。歌德的大学时代虽并未展现出"流动性活动",但实际上他最初选择入学时已出现了这种"流动性可能",即对哥廷根大学的向往。相比较在这个世纪里即将兴起的哈勒大学、哥廷根大学的改革,莱比锡大学仍然保持着传统大学的特点;但这种传统也并非一成不变。值得指出的是,在16世纪时,萨克森公爵莫里茨［Moritz（Sachsen）1521—1553］曾领导了1542—1544年的莱比锡大学改革,他将原有的中世纪后期的宗教监督大学改变了,代之以将大学作为培养宗教、法律、教育人才的制度;如

（接上页）wir Gesicht und Gehör, als daß wir es anders finden sollten; lieber wollen wir Plumpheit für Ungezwungenheit, Frechheit für Grazie, Grimasse für Ausdruck, ein Geklingle von Reimen für Poesie, Geheule für Musik, uns einreden lassen, als im geringsten an der Superiorität zweifeln, welche dieses liebenswürdige Volk, dieses erste Volk in der Welt, wie es sich selbst sehr bescheiden zu nennen pflegt, in allem, was gut und schön und erhaben und anständig ist, von dem gerechten Schicksale zu seinem Anteile erhalten hat。［*Werke: Hamburgische Dramaturgie. Lessing: Werke*, S. 4420 - 4421（vgl. Lessing-W Bd. 4, S.698 - 699）http://www.digitale-bibliothek.de/band5.htm］

此,则神学院、法学院得到很大发展①。这样一种改革的意义,是值得特别重视的。也就是说,历史的潮流乃逐渐累积演进之过程,而非"猝然而就"的狂风暴雨。日后德国现代大学之典范形成,亦宜于在一个广阔的历史空间和时间维度中进行考察。因为,变革的线索始终贯穿德国大学的发展史之中,政治高层、知识精英乃至社会力量都对其有不同程度的推力作用。

然而,我们不得不承认的是,恰恰是这个以传统为主、兼具改革精神的莱比锡大学,培养出了如胡腾(Hutten, Ulrich von, 1488—1523)、闵采尔(Müntzer, Thomas, 1489—1525)、格奥尔格(Georgius, Agricola, 1494—1555)、弗莱明(Flemming, Johann Christian Friedrich, 1745—1811)、普芬多夫(Pufendorf, Samuel von, 1632—1694)、托马修斯(Thomasius, Christian, 1655—1728)、莱布尼茨、沃尔夫、克洛卜施托克(Klopstock, F.G. Friedrich Gottlieb, 1724—1803)、莱辛、歌德、费希特、诺瓦利斯(Novalis, 1772—1801)、瓦格纳(Wagner, Wilhelm Richard, 1813—1883)、尼采、魏茨泽克(Weizsäcker, Carl Friedrich von, 1912—2007)等一代代精英人物②。在德国启蒙运动中,莱比锡大学也是一个不容忽视的存

---

① 参见李逵六:《莱比锡大学》,湖南教育出版社1986年版,第33—34页。
② Bode, Christian; Becker, Werner; Klofat, Rainer: *Universitäten in Deutschland*(《德国的大学》). München: Prestel, 1995. S.174. 当然莱比锡大学不仅培养了本国精英人物,而且其在留学史上也有特别的意义,如奥地利的多米尼克(Fernkorn, Anton Dominik Ritter von, 1813—1878)、俄国的拉狄斯切夫(Radischtschew, Alexander Nikolajewitsch, 1749—1802)等都成为各国的启蒙运动先导。李逵六:《莱比锡大学》,湖南教育出版社1986年版,第49页。中国留德史的精英人物也有不少出自此校,如辜鸿铭、蔡元培、萧友梅、林语堂、郑寿麟、饶毓泰(1891—1968)、周培源(1902—1993)等皆是。

在,且不说两本杂志《博学》和《一月谈》[Monats-Gespräche (1688—1690),托马修斯主持]的重要性①,就是戈特舍德、格勒特(Gellert, Christian Fürchtegott, 1715—1769)教授等人的开明姿态,诸如允许旁听、欢迎女性入学等,也足以从中观出其受到"启蒙精神"之洗涤的痕迹②。

或者,有人要质疑说,歌德这样的天才人物难道竟是常规的教育体制可以造就的吗？但至少我们不应当否认,歌德确实也是在这样的大学传统中获得学位、完成其最初的知识域建构的。而即便在德国大学的整体视域中,莱比锡也是有其特殊传统的。歌德自己就这样评价道:

> 德国大学每一所都有它的特色,在我的祖国既不能实施一种统一的教化,所以每一个地方便墨守着它的风尚,把它的特别的个性尽量发挥；大学也恰是如此。在耶拿和哈雷两处,粗野之风登峰造极,重视体力,娴习剑术和最粗犷的自卫在那儿是司空见惯的；而这样一种状态,只可以通过放荡不羁的生活保持和传播下来。大学生与这两个城市的居民的关系,纵然有种种不同,但有一个一致之点,就是那些粗野的外地学生对于当地的市民是不尊重的,而且自视为拥有一切自由和横行无忌的特权的特殊人物。反之,一当来(莱)比锡的学生想要跟那儿的殷富和彬彬有礼的居民多少有点交往,就只好变

---

① 参见李逵六:《莱比锡大学》,湖南教育出版社 1986 年版,第 44—45 页。
② 同上书,第 49 页。

第一章 德国启蒙的时代命题与期待视野

成殷勤礼让。[1]

就德国古典大学(特殊概念)的形成,有三座标志性的大学,即哈勒(1694)、哥廷根(1737)、柏林(1809),当然我们可以说柏林大学的建立是一个划时代的事件,但如果没有哈勒[2],尤其是哥廷根的创新求变,则柏林大学的成就是不可想象的。所谓这"两所大学的建立,使德国大学向现代哲学和科学以及现代启蒙思想和文化敞开了大门,使后者成为德意志民族生活的一个组成部分"[3]。不过,相比较包尔生(Paulsen, Friedrich, 1846—1908)更突出埃尔

---

[1] 德文为:Jede der deutschen Akademien hat eine besondere Gestalt: denn weil in unserem Vaterlande keine allgemeine Bildung durchdringen kann, so beharrt jeder Ort auf seiner Art und Weise und treibt seine charakteristischen Eigenheiten bis aufs letzte, eben dieses gilt von den Akademien. In Jena und Halle war die Roheit aufs höchste gestiegen, körperliche Stärke, Fechtergewandtheit, die wildeste Selbsthülfe war dort an der Tagesordnung; und ein solcher Zustand kann sich nur durch den gemeinsten Saus und Braus erhalten und fortpflanzen. Das Verhältnis der Studierenden zu den Einwohnern jener Städte, so verschieden es auch sein mochte, kam doch darin überein, daß der wilde Fremdling keine Achtung vor dem Bürger hatte und sich als ein eignes, zu aller Freiheit und Frechheit privilegiertes Wesen ansah. Dagegen konnte in Leipzig ein Student kaum anders als galant sein, sobald er mit reichen, wohl und genau gesitteten Einwohnern in einigem Bezug stehen wollte。[Werke: Aus meinem Leben. Dichtung und Wahrheit. Goethe: Werke, S.10333 - 10334 (vgl. Goethe-HA Bd. 9, S.252) http://www.digitale-bibliothek.de/band4.htm]《歌德文集》第4卷《诗与真》上册,刘思慕译,人民文学出版社1999年版,第252页。来比锡即莱比锡。

[2] "建立于1692/1694年的哈勒大学是德国著名的有改革精神的大学之一,在德国的启蒙运动开始时,这所大学首先采取行动,它将矛头对准它认为是过于正统的神学研究模式——由莱比锡或微滕堡大学的勃兰登堡-普鲁士学生所采用的方式。"[瑞士]瓦尔特·吕埃格(Rüegg, Walter)主编:《欧洲大学史》(A history of the university in Europe)第2卷,贺国庆等译,河北大学出版社2008年版,第132页。

[3] [德] 弗里德里希·包尔生:《德国大学与大学学习》(The German universities and university study),张弛等译,人民教育出版社2009年版,第45页。

郎根大学（*Erlangen*，1743年建立）的作用①，我则强调正是由于哥廷根、柯尼斯堡、耶拿三所大学的同时发展②，才使得德国古典大学的整体态势进行了预备，从而才使得19世纪以柏林大学之建立为标志的德国大学成为世界范围现代大学的典范；但同时，我们不应过分低估以海德堡、莱比锡、图宾根等为代表的传统大学在向现代转型过程中努力适应时代的"艰难调试"的重要作用。

哈勒大学的意义，怎么高估也不过分，因为它是筚路蓝缕者。而其核心人物则为三人，即：托马修斯、弗兰克（Francke, August Hermann, 1663—1727）、沃尔夫（Wulf, Theodor, 1868—1946）③。尤其是以沃尔夫为代表的先锋尝试，使其成为新兴的启蒙运动的中心。但同时我们也应当注意到，这些学者本身并非由某个大学所孤立养成，譬如托马修斯、沃尔夫都有莱比锡大学的养成背景，托氏甚至还曾担任莱大教师，他当时用德语授课、冲决传统，因过于激进才被莱大驱逐④。这样一种流动性因素，是我们在考察大学史发展过程中需要特别关注的。对于耶拿、哈勒（Halle）两所大学，

---

① 他主要强调了埃尔郎根对联系德国的北部、南部的纽带和桥梁意义。[德]弗里德里希·包尔生：《德国大学与大学学习》，张弛等译，人民教育出版社2009年版，第45页。不过埃尔郎根是座小城，可以称之为名副其实的大学城，其地理战略意义似不可估价太高。关于埃尔郎根-纽伦堡的弗里德里希-亚历山大-大学（Friedrich-Alexander-Universität Erlangen-Nürnberg），参见 Bode, Christian; Becker, Werner; Klofat, Rainer: *Universitäten in Deutschland*（《德国的大学》）. München: Prestel, 1995. S.86。
② 耶拿大学比较特殊些，它最初于1548年建为文科中学（Gymnasium），1558年改建为大学。参见 Bode, Christian; Becker, Werner; Klofat, Rainer: *Universitäten in Deutschland*（《德国的大学》）. München: Prestel, 1995. S.156。
③ 参见[德]弗里德里希·包尔生：《德国大学与大学学习》，张弛等译，人民教育出版社2009年版，第45—47页。
④ 李逵六：《莱比锡大学》，湖南教育出版社1986年版，第45页。

第一章　德国启蒙的时代命题与期待视野

歌德已经有所置评,那么,哥廷根如何呢? 相比之下,哥廷根大学则属后来居上。其法学院当时也非常发达,被誉为"国家法之父"的皮特(Pütter, Johann Stephan, 1725—1807)就在此执鞭,1774 年该校注册生 894 名,其中有 563 名以法律为专业,由此可见其法学声誉之隆。皮特门下人才辈出,诸如梅特涅(Metternich, Klemens Wenzel Lothar von, 1773—1859)、哈登贝格(Hardenberg, Karl August Freiherr von, 1750—1822)等皆是其门生①。若是歌德也在此求学,则其或许走上一条法学之路也未可知。不过由此而引出的问题很可能是,当时一般家庭(尤其是像歌德这样的市民家庭)对于大学传统的不同判断,以及其对待时代潮流的态度。就当时的时代背景而言,由启蒙运动所主导的时代潮流,已蔚然成风,这也体现在教育场域之中;任何一种时代潮流,初起时或许仅是"星星之火",可一旦汇聚成为一种势力,则必然"可以燎原"。譬如我们提出的"启蒙大学观"就可作为大学场域对于时代风气的某种呼应来看待。但莱比锡大学虽然无法不受此时代潮流之激荡,却仍表现出传统大学的"保守"一面,作为建立于 15 世纪初期(1409)的德国早期大学之一②,莱比锡大学是经由教皇亚历山大五世(Alexander V., 1340—1410)批准建立的,梅尔瑟堡主教为大学总

---

① 戴问天:《格廷根大学》,湖南教育出版社 1986 年版,第 36 页。
② 德国第一批大学的创建情况大致如下:布拉格大学(1349)、维也纳大学(1365)、海德堡大学(1385)、科隆大学(1388)、爱尔福特大学(1392)、莱比锡大学(1409)、罗斯托克大学(1419)。14—16 世纪,德国已拥有 42 所大学,是当时欧洲大学数量最多、最密集的国家。有论者认为:"德国大学是相当年轻的,但德国大学后来居上,对中世纪文化作出了重要的贡献。"转引自贺国庆:《德国和美国大学发达史》,人民教育出版社 1998 年版,第 15 页。

务长,约翰(Münsterberg, Johannes Otto von, 1360—1416)担任首任校长①,其主导思路仍在于适应时代发展需要,在修道院、大教堂之外开辟新的传布福音的教育平台,故此其教会背景是很清楚的。所以总体而言,即便是在18世纪中前期、对启蒙运动冲击下的莱比锡大学来说,也具有相当明显的两面性,即"一面是传统、保守,一面又是激进、创造",相较而言,"局外人看来,莱比锡大学相当守旧"②。或许,这正是歌德之父看中莱比锡、执意拂逆儿子意愿而选择自己母校的重要原因吧。

二、东学西渐背景里的中国文化与德国接受的谱系脉络

从学界的研究来看,显然"东学西渐"的概念需要重新厘清。闪系文化是后起的文化,其从亚洲主体(印度、中国)汲取的文化资源不可低估。而此前的东风西渐则可以上溯至古典时代,即在轴心时代之前。譬如泰勒斯(Thales of Miletus,公元前624年—前546年)就曾经到埃及等地漫游求学,埃及文明对欧洲之影响毋庸赘言③,非洲文明的意义由此可以彰显出来,这是第一波东学西渐。第二波东学西渐则主要可从闪系文明的整体东渐算起,也就是在中世纪盛期的11—13世纪,波斯-阿拉伯文明对欧洲的影响;这样一种东学西渐对西方文化的贡献,尤其是对欧洲文明复兴的重大作用,是得到学界普遍承认的④。而第三波东学西渐则以梵印、华

---

① 李逵六:《莱比锡大学》,湖南教育出版社1986年版,第17—18页。
② 同上书,第44页。
③ 参见 Bernal, Martin: *Black Athena*. London: Vintage, 1991。
④ 有论者沿用西方学界的"东西方划分",即"拉丁西方"(今西欧、南欧)与"传统东方"(今西亚、北非,即伊斯兰-阿拉伯帝国、东欧之拜占庭帝国,但也涉及中国、印度的内容)。徐善伟:《东学西渐与西方文化的复兴》,上海人民出版社2002年版,第3页。

夏文明(就一个大的文明体来说,日本文明可以包括在其中)的西传为主体,自大航海时代开始,延绵不绝,尤其是以在现代大学与学术体制中梵学、汉学的分别建立为标志。

在这样一种整体性的大格局中,我们可以看到中国文化的意义,既不是无可替代、唯我独尊的,也不是可有可无、无足轻重的。而按照方豪的看法:"西人之研究我国经籍,虽始于十六世纪,但研究而稍有眉目,当在十七世纪初;翻译初具规模,乃更迟至十七世纪末;在欧洲发生影响,则尤为十八世纪之盛事。故我国文化之西被,要以十七八两世纪为重要关键。"①当然,要追溯其中的原因,则"介绍中国思想至欧洲者,原为耶稣会士,本在说明彼等发现一最易接受'福音'之园地,以鼓励教士前来中国,并为劝导教徒多为中国教会捐款。不意儒家经书中原理,竟为欧洲哲学家取为反对教会之资料。而若辈所介绍中国康熙年间之安定局面,使同时期欧洲动荡之政局,相形之下,大见逊色;欧洲人竟以为中国人乃一纯粹有德性之民族,中国成为若辈理想国家,孔子成为欧洲思想界之偶像"。② 这里凸显的传教士中介地位非常重要,没有他们的桥梁作用,欧洲知识精英很难获取中国知识资源。但值得注意的是,张国刚等认为,进入18世纪后耶稣会士有一种对"中国政治的理想化描述",而这点是与欧洲语境由宗教兴趣向世俗政治事务关切转变的缘故③;还不仅如此,欧洲语境里的这一兴趣转变,不但为耶稣

---

① 《十七八世纪来华西人对我国经籍之研究》,载方豪:《方豪六十自定稿》,学生书局1969年版,第190页。
② 方豪:《中西交通史》下册,上海人民出版社2015年版,第886页。
③ 张国刚、吴莉苇:《启蒙时代欧洲的中国观——一个历史的巡礼与反思》,上海古籍出版社2006年版,第181页。

会士所察觉,而且也被他们所迎合,所以尽管他们也意识到了中国的问题所在,但却仍正面描写中国的政治,以其"刻画的中国理想政治模式"而使得欧洲知识分子着迷,最重要的是"这些描述成为他们反思本国社会与政治状况并探索改革方向的参照系"①。应该说,传教士对欧洲文明进程的功用值得重新考察,他们的主动"建构性"功用应予以特别重视。他们既非高尚的学者,也非纯粹的文化交流使者,更非社会改革的承担者,但他们是传教士,这种特殊身份使他们既一身多任,更"意存多端",值得深刻体味并尝试"同情之理解"。当然也应注意到,这种建构更有其深层的制度性因素,譬如17世纪末开始很多耶稣会士是肩负为某个王室效劳的使命的。

德国知识精英对外来知识资源的择取相当谨慎,而民族主体地位之确立则为其核心,譬如对外来文化的滋养因素,歌德就有相当清晰的认知:"因为,通过外来风俗与外国文学而对高等阶级的教养,虽已给我们带来了如此之多的益处,但也阻碍了德国人作为德国人更早自我发展。"②这里,他提出了外来资源的双刃剑问题,值得特别关注。有趣的则在于,歌德会这样确立德国人的模范传统,强调不应将中国人或塞尔维亚人、卡尔德隆或尼伯龙根作为模

---

① 张国刚、吴莉苇:《启蒙时代欧洲的中国观——一个历史的巡礼与反思》,上海古籍出版社2006年版,第193页。
② 德文为: Denn die Bildung der höheren Klassen durch fremde Sitten und ausländische Literatur, soviel Vorteil sie uns auch gebracht hat, hinderte doch den Deutschen als Deutschen sich früher zu entwickeln.[*Werke: Literarischer Sansculottismus. Goethe: Werke*, S.8190 - 8191(*vgl. Goethe-BA Bd. 17*, S.324) http://www.digitale-bibliothek.de/band4.htm]。

范,而应到古希腊人那里去寻找①。这两段话似乎不无自相矛盾之处,一方面他强调外国资源的两面性,但另一方面他却将古典希腊奉为模范,而将属于本民族传统的尼伯龙根排除在外。这里主要涉及古典希腊在那代德国知识精英心目中的特殊地位问题,但也可以看出,歌德始终能超越自我,超越民族—国家之设限,而将自己放置在一个更为广阔的语境之中,并努力提升自己的思想高度,登上一种宽阔的跨文化平台之上,实在是难能可贵。这个传统在我看来,就是"西方传统"。而由波斯到中国的过程,则表现出歌德比较自觉而整体性的"东方建构意识",虽然还不是很全面,但"西方—东方"的二元景观已隐约可见,这显然也符合歌德的"二元互补"思想。我们不得不指出的是,无论是《西东合集》还是《中德杂咏》,表现出的是作为西方传统的知识精英代表人物的歌德所面对东方文化的态度。如果说,《西东合集》里的哈菲兹有浓烈的歌德自身的影子在,那么《中德杂咏》里对中国的理解也难免沾染上歌德的"中国想象"。但这种想象或误读也正是其可贵所在,伟大的诗人能够借助这两种作为异者的东方文化子文化的刺激和资源,完成自身的诗性创造,这才是问题的核心所在。无论如何,确立起东方文化的标尺,对歌德来说是非常重要的一个思路。从《西东合集》到《中德杂咏》,表明他对东方文化认知深度的提高,即从近东到远东的变化,毕竟,伊斯兰文化在西方传统中就是"东方的代言

---

① Mittwoch, den 31. Januar 1827. in Johann Peter Eckermann: *Gespräche mit Goethe — in den letzten Jahren seines Lebens*(《歌德谈话录——他生命中的最后几个年头》). Berlin und Weimar: Aufbau-Verlag, 1982. S.198. 中译参见[德]爱克曼辑录:《歌德谈话录》,朱光潜译,人民文学出版社 1978 年版,第 113—114 页。

人";而中国文化则代表着作为遥远的地方,是东方文化的"庐山真面目"。而如何借助作为另类世界的东方文化而达致其古典和谐思想的最终形成,这对歌德来说或许算是个未完成的课题,但至少与西方传统的相对单一性比较,来自波斯的激越与热烈,中国的深沉与多元①,会给歌德以全新的思维立足点。作为歌德的挚友与合作者,席勒同样对中国文化孜孜不已,他曾专门作诗,题为《孔夫子的箴言》(„Spruch des Konfuzius"),有如下诗句:

  它们给你一种象征:
   你要进入完美之境,
   须努力向前,永不休息,
   孜孜不倦,永不停止;
   你要看清世界的全面,
   你要向着广处发展;
   你要认清事物的本质,
   必须向深处挖掘到底,
  只有坚持才达到目的,
  只要充实才使人清楚,
  真理藏在深渊的底部。②

---

① Mittwoch, den 31. Januar 1827. in Johann Peter Eckermann: *Gespräche mit Goethe — in den letzten Jahren seines Lebens*(《歌德谈话录——他生命中的最后几个年头》). Berlin und Weimar: Aufbau-Verlag, 1982. S.196 - 197.中译参见[德]爱克曼辑录:《歌德谈话录》,朱光潜译,人民文学出版社1978年版,第112页。
② 席勒:《席勒诗选》,钱春绮译,人民文学出版社1993年版,第29页。

通过这首诗,显然可以看出,席勒对孔子的思想学说有所了解。《论语》开篇就是:"学而时习之,不亦说乎?有朋自远方来,不亦乐乎?人不知而不愠,不亦君子乎?"大体符合孔子"学而不厌,诲人不倦"的思想。作为世界范围的中国精神象征,孔子的形象与被接受过程值得特别关注,同样是在18—19世纪,法国有伏尔泰(Arouet, François-Marie, 1694—1778)、美国有爱默生,两人都对孔子推崇到了惊人的地步,并以他们各自在本国精神生活构建中的特殊地位和功用,将儒家之教渗透到本国的大众之中。席勒的孔子箴言诗,似也不妨纳入这样的谱系结构中来看待和解读。

德国的中国接受史虽然可以溯源到很早,但我认为其中具有最关键性意义的,仍属莱布尼茨中国观的横空出世。作为德国乃至欧洲的大哲人,莱布尼茨的意义怎么高估也不过分,其中当然也包括他对中国文化的深刻认知。沃尔夫作为其亲传弟子的重要性,是众所周知的,他甚至也因为对中国文化的推崇而蒙受苦难。之后的德国思想史,无论是康德还是哈曼(Hamann, Johann Georg, 1730—1788),其实都已经在自己作品中表现出中国的不可或缺性。而在赫尔德(Herder, Johann Gottfried, 1744—1803)身上,表现得更是极为清楚,他这样赞誉作为前驱者的莱氏:"对欧洲科学输入中国,最感欣喜若狂的当属莱布尼茨。这个伟人以其广阔的视野注视着欧洲科学由西方移植到东方。他从未动摇过自己的信念,即便在礼仪之争问题上,他也始终抱着理智的、公允的和温和的态度。"[1]赫尔德在注释中明确标明了莱布尼茨编辑的《中国近

---

[1] [德]赫尔德:《中华帝国的基督化》,载[德]夏瑞春编:《德国思想家论中国》(Deutsche Denker über China),陈爱政等译,江苏人民出版社1989年版,第98页。

事》①,显然是认真读过此书。更重要的当然是,莱布尼茨不但关注西学东渐,也同样瞩目东学西渐,尤其是中国文化的重要意义。这成为他自己创造思想时参照的重要资源谱系。但作为浪漫思脉代表人物的赫尔德,虽然有时未免意气用事,但他的见地真可谓"洞察而锐利"。以他的中国批评而言,就非常人可及。从17世纪后期到18世纪早期,因耶稣会士的桥梁中介功用,以法国为中心,在欧洲形成了一种华风热潮的语境;即便是在德国,因为有莱布尼茨与沃尔夫的极力推崇,"中国文化"也成为一种高级阶层的奢侈品。当赫尔德之世,"中国趣味"可谓风行欧洲,所谓"罗可可时代"是也。但是,曾经被莱布尼茨高度赞扬的中国的伦理学说被赫尔德毫不留情地剥下了假面:"中华帝国的道德学说与其现实的历史是矛盾的。"他举例说明,篡位的儿臣、暴虐的父皇、渎职的贪官、凶狠的上司……所以他认为在这种机制下,只会有"温驯听话的蠢驴",而他们"在履行公职时从早至晚扮演着狐狸的角色"②。何等的惟妙惟肖,何等的入木三分,又是何等的

---

① [德]赫尔德:《中华帝国的基督化》,载[德]夏瑞春编:《德国思想家论中国》(Deutsche Denker über China),陈爱政等译,江苏人民出版社1989年版,第98页注释2。
② 德文为: Daher der Zwiespalt der sinesischen Reichs-und Sittenlehre mit ihrer wirklichen Geschichte. Wie oft haben die Kinder des Reichs ihren Vater vom Thron gestoßen, wie oft die Väter gegen ihre Kinder gewütet! Geizige Mandarine lassen Tausende verhungern und werden, wenn ihr Verbrechen vor den höheren Vater kommt, mit elenden Stockschlägen wie Knaben unwirksam gezüchtigt. Daher der Mangel an männlicher Kraft und Ehre, den man selbst in den Gemälden ihrer Helden und Großen wahrnimmt: die Ehre ist kindliche Pflicht geworden, die Kraft ist in modische Achtsamkeit gegen den Staat verartet; kein edles Roß ist im Dienst, sondern ein gezähmter Maulesel, der in Gebräuchen von Morgen bis zum Abende gar oft die Rolle des Fuchses spielet。[Herder: Ideen zur Philosophie der Geschichte der Menschheit. Quellen Germanistik: Klassik, S.9958 -9959 (vgl. Herder-Ideen Bd. 2, S.15 - 16) http://www.digitale-bibliothek.de/QG02.htm]中译参见[德]赫尔德:(转下页)

一针见血! 但,这还只是"冰山一角",赫尔德对中国文化有着"触及底里"的尖锐抨击:

> 这种束缚人的理智、才干与情感的幼稚做法势必削弱整个国家的实力。如果教育只是矫揉造作的形式,倘若虚假与规矩充斥并束缚生活的各个方面,那么国家还会有什么巨大的作用! 人类思想和精神还会有什么崇高的作用! 当人们考察中国历史发展进程,研究它的活动的时候,谁不为他们在许多方面一事无成而感到惊诧! 这是一个为避免犯错误而仅有一个人在干活的群体:这里,所有问题的答案都是现成的,人们你来我去,你推我拖,只是为了不破坏该国那孩子般尊严的礼俗。无论是战斗精神还是思维精神都与这个终日守着炉火睡觉、从早至晚喝着热茶的民族无缘。他们只有在坦途上规行矩步的本事,只有攫取一己私利的那种洞察力和狡猾伎俩以及毫无男子汉气概的那种孩童般的复杂心理。他们总是不断地心中自忖:这事也值得干吗? 这事能否干得更好些呢? 在中国,唯有这样的德性才是皇家允许的。就连皇帝自己也不得不受这样的束缚:他必须身体力行,起表率作用,他不仅要在节日中祭祀祖先,而且平日的一言一行都得遵奉祖宗之法,因此他所受到的评价,无论是褒是贬,或许同样是不公正的。①

(接上页)《中国》,载[德] 夏瑞春编:《德国思想家论中国》,陈爱政等译,江苏人民出版社 1989 年版,第 88 页。

① 德文为: Notwendig mußte diese kindische Gefangenschaft der menschlichen Vernunft, Kraft und Empfindung auf das ganze Gebäude des Staats einen schwächenden Einfluß haben. Wenn einmal die Erziehung nichts als Manier ist, wenn Manieren und Gebräuche (转下页)

赫尔德这个洋大夫，把脉把得极准呀！若是历史能够倒退，时光能够逆转，18世纪的中国人，乾隆盛世啊，能够听一听这极不中听的"逆耳之言"，也许，中国近代的历史或可改写？这里涉及中华民族的"孽根性"问题，值得认真揭示：一是儒家伦理的教育功能已退化为"束缚人的发展"的机械工具；二是国民性的孽根在于"人们你来我去，你推我拖，只是为了不破坏该国那孩子般尊严的礼俗"；三是缺乏一种对"真理"的探索精神，缺乏对人类"理性"的积极认知，束缚于"儒家伦理"的教育机器，束缚于根深蒂固的传统观念，"应时世，谋私利"。

所以赫尔德毫不客气地批评说："这个帝国是一具木乃伊，

（接上页）alle Verhältnisse des Lebens nicht nur binden, sondern auch überwältigen; welche Summen von Wirksamkeit verliert der Staat! zumal die edelste Wirksamkeit des menschlichen Herzens und Geistes. Wer erstaunt nicht, wenn er in der sinesischen Geschichte auf den Gang und die Behandlung ihrer Geschäfte merkt, mit wie vielem ein Nichts getan werde! Hier tut ein Kollegium, was nur *einer* tun muß, damit es recht getan sei; hier wird gefragt, wo die Antwort daliegt; man kommt und gehet, man schiebet auf und weichet aus, nur um das Cerimoniel des kindlichen Staatsrespekts nicht zu verfehlen. Der kriegerische sowohl als der denkende Geist sind fern von einer Nation, die auf warmen Öfen schläft und von Morgen bis zum Abende warm Wasser trinket. Nur der Regelmäßigkeit im gebahnten Wege, dem Scharfsinn in Beobachtung des Eigennutzes und tausend schlauer Künste, der kindischen Vieltätigkeit ohne den Überblick des Mannes, der sich fragt, ob dies auch nötig zu tun sei und ob es nicht besser getan werden möge; nur diesen Tugenden ist in Sina der königliche Weg eröffnet. Der Kaiser selbst ist in dies Joch gespannt; er muß mit gutem Beispiel vorgehen und wie der Flügelmann jede Bewegung übertreiben. Er opfert im Saal seiner Vorfahren nicht nur an Festtagen, sondern soll bei jedem Geschäft, in jedem Augenblick seines Lebens den Vorfahren opfern und wird mit jedem Lobe und jedem Tadel vielleicht gleich ungerecht bestrafet。[Herder: *Ideen zur Philosophie der Geschichte der Menschheit.* Quellen Germanistik: Klassik, S.9959 – 9960（vgl. Herder-Ideen Bd. 2, S.16 – 17）http://www.digitale-bibliothek.de/QG02.htm]中译参见［德］赫尔德：《中国》，载［德］夏瑞春：《德国思想家论中国》，陈爱政等译，江苏人民出版社1995年版，第88—89页。

第一章　德国启蒙的时代命题与期待视野

它周身涂有防腐香料、描画有象形文字,并且以丝绸包裹起来;它体内血液循环已经停止,犹如冬眠的动物一般。"①将埃及的创造作为中国的比喻,并严厉地继续指责:"它对一切外来的事物都采取隔绝、窥测、阻挠的态度。它对外部世界既不了解,更不喜爱,终日沉浸在自我比较的自负之中。这是地球上一个很闭塞的民族。除命运使得众多的民族拥挤在这块土地上之外,它倚仗着山川、荒漠以及几乎没有港湾的大海,构筑起于外界完全隔绝的壁垒。要是没有这样的地理条件,它很难维持住现在这个模样。他们尽管仇视满族人,但却未能阻止满族政权在其内部诞生。那些野蛮的满族征服者为其统治的需要,轻而易举地找到了这把孩童般奴性的坐椅。他们无须对它做任何改造就做了上去统治起来。而中国人自己建造的那部国家机器上的一钉一铆又是那样奴性十足的服从,好象(像)它们降临人世就是为了当奴才。"②但是,我们必须清醒地意识到,赫尔德是在他那部著名的《人类历史哲学的观念》(*Ideen zur Philosophie der Geschichte der Menschheit*)中来讨论中国的,也就是说,其中与康德论战的背景不应被轻易忽略。但赫尔德也不是不客观的,他非常清醒地意识到中国文化的优越性方面:

---

① 德文为:Das Reich ist eine balsamierte Mumie, mit Hieroglyphen bemalt und mit Seide umwunden; ihr innerer Kreislauf ist wie das Leben der schlafenden Wintertiere。[Herder: Ideen zur Philosophie der Geschichte der Menschheit. Quellen Germanistik: Klassik, S.9960 (vgl. Herder-Ideen Bd. 2, S.17) http://www.digitale-bibliothek.de/QG02.htm]中译参见[德]赫尔德:《中国》,载[德]夏瑞春编:《德国思想家论中国》,陈爱政等译,江苏人民出版社1989年版,第89页。
② [德]赫尔德:《中国》,载[德]夏瑞春编:《德国思想家论中国》,陈爱政等译,江苏人民出版社1989年版,第89页。

023

中华民族那种吃苦耐劳的精神、那种感觉上的敏锐性以及他们精湛的艺术,都将永远受到世人称赞。在瓷器、丝绸、火药和铅的发明制造方面,或许还有指南针、活字印刷术、桥梁建筑、造船工艺以及许多其他精巧的手工艺术方面,中国人都领先于欧洲人,只是他们在精神上缺乏一种对几乎所有这些发明艺术做进一步改进完善的动力。另外,中国人对我们欧洲各民族实行闭关锁国政策,尤其限制荷兰人、俄国人和耶稣会士,他们这种做法不仅仅与他们的整个思维方式相一致,而且也有其政治上的根源,因为他们亲眼目睹了欧洲在东印度、在亚洲岛屿、在亚洲北部地区以及他们国家四周各地的所作所为。①

其中有几点特别值得揭出,一是对中国民族性的优点发掘,确实相当到位;二是对中国器物创造贡献的肯定及其局限滞止之处的思想根源追问;三是对中国外交政策的原因分析,提供出一个思维模

---

① 德文为:Immer bleibt dieser Nation der Ruhm ihres Fleißes, ihres sinnlichen Scharfsinns, ihrer feinen Künstlichkeit in tausend nützlichen Dingen. Das Porzellan und die Seide, Pulver und Blei, vielleicht auch den Kompaß, die Buchdruckerkunst, den Brückenbau und die Schiffskunst nebst vielen andern feinen Hantierungen und Künsten kannten sie, ehe Europa solche kannte; nur daß es ihnen fast in allen Künsten am geistigen Fortgange und am Triebe zur Verbesserung fehlt. Daß übrigens Sina sich unsern europäischen Nationen verschließt und sowohl Holländer als Russen und Jesuiten äußerst einschränket, ist nicht nur mit ihrer ganzen Denkart harmonisch, sondern gewiß auch politisch zu billigen, solange sie das Betragen der Europäer in Ostindien und auf den Inseln, in Nordasien und in ihrem eignen Lande um und neben sich sehen. [*Herder: Ideen zur Philosophie der Geschichte der Menschheit. Quellen Germanistik: Klassik*, S. 9965 (vgl. *Herder-Ideen* Bd. 2, S. 20) http://www.digitale-bibliothek.de/QG02.htm]中译参见[德]赫尔德:《中国》,载[德]夏瑞春编:《德国思想家论中国》,陈爱政等译,江苏人民出版社1989年版,第92页。

式与政治原因的二维层次,事实上是能够在宏通的视域中审视自身(欧洲)的不足。

史景迁在《可汗的大陆》一书中有非常清晰的论述,由此揭示出欧洲精英关于中国知识来源的不可靠性。我们不要忘记赫尔德的基本立场,还是其文化民族主义,中国资源也是必须在这样一种框架下才起到作用。他对文学极为重视,要求写一部能够清晰地描绘文学发展整体图象的著作。在他看来,"语言的天才必将是一个民族的文学天才"。刚过弱冠之年的赫尔德显然将文学与其思想中的致用思路紧密联系了起来,他始终在德国的总体背景下来考量文学的使命:"我们在德国工作便如同建造巴别塔时一样艰难,不同趣味的流派、诗艺上的各种派分、思想上的诸多学派彼此论争激烈;既没有首都,也没有共同利益;既没有共享的伟大承担者,也没有共享的制订(定)法则的天才。"[1]更重要的是,他由此发展出的文化民族主义思想,深刻地影响了世界历史的进程。伯林(Berlin, Isaiah, 1909—1997)有关赫尔德的两段话似颇为矛盾,一方面他说:"赫尔德绝不主张政治上的民族主义,政治上的民族主义必然导致侵略和培植民族自豪感,他痛恨这些东西。"[2]另一方面

---

[1] 德文为:Wir arbeiten in Deutschland wie in jener Verwirrung Babels: Sekten im Geschmack, Parteien in der Dichtkunst, Schulen in der Weltweisheit streiten gegeneinander; keine Hauptstadt und kein allgemeines Interesse; kein grosser allgemeiner Befoerderer und allgemeines gesetzgeberisches Genie. „Ueber die neuere deutsche Literatur", in Nationales Forschungs-und Gedenkstätten der klassischen deutschen Literatur in Weimar (hrsg.): Herders Werke in Fünf Bänden(《五卷本赫尔德著作集》). 2. Band. Berlin & Weimar: Aufbau-Verlag, 1978, S.9. 笔者译。

[2] [伊朗]拉明·贾汉贝格鲁:《伯林谈话录》,杨祯钦译,译林出版社2002年版,第93页。

他又说:"赫尔德是受着奥匈帝国、土耳其和俄罗斯帝国压迫的各民族的文化民族主义的最伟大倡导者,最后也成了奥地利、德国和其他各地的直接的政治民族主义的伟大倡导者。"①实际上,伯林已经意识到了所谓的文化民族主义、政治民族主义,或许还应添上经济民族主义,都是无法完全割裂,甚至是密切关联的,因为我们身处其中的文明本身,就是一个天然的三位一体结构,舍却任何一端都会在无形中使自己成为精神跛足者。

18世纪的中国文化热与19世纪的中国形象恶,都不能算是很成熟的理性认识。进入20世纪,随着人类历史上一个新阶段的展开,对中国的认识,也进入了一个更为全面和理性认知的时代。荣格曾这样说过:"东方精神的确拍打着我们的大门。我觉得,在我们这里,实现这种思想、寻求天道,已成为一种集体现象,这种现象来势之猛,超过了人们一般的想象。"②这确实是一个可以引为标志的描述,但即便如此,德国人也从未失去其主体地位的清醒认知,即便像卫礼贤这样热爱和强调中国文化重要的人物,最终还是不忘其民族主体地位,就是最好的例证。

三、学术史概述

此题关乎东西文化交流史,中德文学关系史,德国思想史、文学史等,是一个明显的跨学科的交叉性课题。即便将阿拉伯世界

---

① 《反启蒙运动》,载[英]以赛亚·伯林:《反潮流——观念史论文集》,冯克利译,译林出版社2002年版,第13页。
② Jung, Carl Gustav: „Zum Gedächtnis Richard Wilhlem"(《纪念卫礼贤》). 1930. 中译转自《编者后记》,载[德]夏瑞春编:《德国思想家论中国》,陈爱政等译,江苏人民出版社1995年版,第278页。

对西欧的影响暂时忽略的话，那么由传教士作为中介，系统地将东方文化译介、中转到西欧各国的事实，也足以证明西方文化与思想史的演进历程并非孤立发展，这一点拉克（Lach, Donald F., 1917—2000）在其皇皇巨著《亚洲在欧洲形成中的作用》里已经有非常清晰的揭示①。如果说，由于地理位置相互关联的便利条件，而早开端绪的伊斯兰世界-南欧世界的交流为东西文化交流的先驱，那么可以说，以地理大发现为标志，西学东渐-东学西渐基本上进入一个整体性的互动维度之中②。对于东方文化进入西方的整体过程，似尚缺乏从整体视域中来系统考察者。一般而言，西方学者此前的研究，更关注伊斯兰文化的西渐问题③；而对印度文化的研究，也是德国学界特别关注的一个主题。相比较而言，汉学受到关注较晚；但就中国文化之西渐与影响而言，相关研究并不缺乏。在中国现代学术建立期，就出现了包括方重《18世纪英国文学中的中国》、范存忠《中国文化在英国：从威廉·坦普尔到奥列佛·哥尔斯密斯》、陈受颐《18世纪英国文化中的中国影响》、钱锺书《17、18世纪英国文学中的中国》、陈铨《德国文学中

---

① Lach, Donald F.: *Asia in the making of Europe*. 2 vols. Chicago & London: The University of Chicago Press, 1971 (1965), 1977. 类似著作如 Panikkar, K.M.: *Asia and Western Dominance*. London: George Allen & Unwin, 1959。
② 有著作虽以此名为题，但基本属于普及之作，未能在宏观的整体视域中来阐释这一命题。如刘登阁、周云芳：《西学东渐与东学西渐》，中国社会科学出版社2000年版。
③ Geanakoplos, D. J.: *Medieval Western Civilization and the Byzantina and Islamic Worlds*. Lexington, 1979. Palacios, Miguel Asin: *Escatologia Musulmana en la Divina Commedia*(《穆斯林末世学与〈神曲〉》). Madrid, 1919. Renan, E.: *Averroes et l'averroisme*(《阿维罗伊与阿维罗伊主义》). Paris, 1852. Sarton, George: *Introduction to the History of Science*. 3 vols. New York, 1975. Waardenburg, Jacques: *L' Islam dans le miroir de l'Occident*(《西方之镜中的伊斯兰》). The Hague: Mouton & Co., 1963.

的中国纯文学》等名著,其中多为海外学位论文。近30年来,中国学者在关注"西学东渐"的同时,也注意到了中国文化的西渐问题,如季羡林主编"东学西渐丛书"①,虽然用的是"东学西渐"这个概念,但关注重点仍在东学范畴里的中国文化的西传;乐黛云主编"中学西渐丛书",更明确以中国文化为关注度,强调挖掘"西方主流文化中的中国文化因素"②。可如何站在一个宏观的高度上,既能把握全球化的整体趋势,又能洞烛现代性的基本命题,既有全局观,又在具体操作中不失之于空泛疏漏之讥,确实是一个极大的挑战。

在中德文学关系史领域,系统性的基本线索梳理,无论在德语还是汉语文献中,都已有可参考的资料。但以往对中德文学关系的研究,基本停留在或整体性的史实描述,或以个案研究见长。具体到德国文学里的中国影响的研究,也大致可归纳为这两类。前者如奥里希《中国在十八世纪德国文学中的反映》(*China im Spiegel der deutschen Literatur des 18. Jahrhunderts.* Berlin,1935)、常安尔《至古典主义德国文学中的中国》(*China in der deutschen Dichtung bis zur Klassik.* München,1939)、舒斯特《德国文学中的中国和日本(1890—1925)》(*China und Japan in der deutschen Litaratur 1890—1925.* Bern,1977),再如卫茂平《中国对德国文学影响史

---

① 季羡林:《〈东学西渐丛书〉总序》,载王宁、钱林森、马树德:《中国文化对欧洲的影响》,河北人民出版社1999年版,第2页。但还有另一种东学概念,更加历史悠长,早在清末之时,学界即比较普遍地使用"东学"这一概念来指称日本的思想学术。参见郑匡民:《梁启超启蒙思想的东学背景》,上海书店出版社2003年版。
② 乐黛云:《总序》,载曾艳兵:《卡夫卡与中国文化》,首都师范大学出版社2006年版,第5页。

述》,基本上是按照德国文学史的历史发展轨迹,从骑士文学一直叙述到第二次世界大战后文学,分阶段梳理了德国文学中的中国形象及影响[①]。后者则如方维规《德国文学中的中国形象(1871—1933)》[②],强调其理论思维,同时选择了若干个案如迈伊、凯泽林、卫礼贤等进行研究,但除德布林在德国文学史上有一定地位外,其他个案并非在文本批评层面特别重要。罗泽(Rose, Ernst)《面向东方——关于歌德晚期著作和十九世纪德国文学中的中国图象》(*Blick nach Osten-Studien zum Spätwerk Goethes und zum Chinabild in der deutschen Literatur des neunzehnten Jahrhundert*. Bern, 1981)倒是试图以重点个案兼及一个时段,显示出某种程度的宏观视域,但主题仍停留在所谓"中国形象"。当学术史发展推进到今天,大量的个案研究已经进行,系统的史料梳理也有轨迹可循,这就要求我们在对此题保持浓厚兴趣的基础上,提炼问题意识、构建语境观念、整合理论方法。能够在个案深入研究的基础上,努力达至宏观。具体说来,就是不求面面俱到的整体性叙述,而更倾向于设计带有强烈问题追问意识的研究架构。

就德国文学史研究领域来看,对于个案作家或哲学家的研究,可谓汗牛充栋,如歌德、席勒等都有相关论文集或资料集问世[③],至

[①] 卫茂平:《中国对德国文学影响史述》,上海外语教育出版社1996年版。
[②] Fang Weigui: *Das Chinabild in der deutschen Literatur, 1871 – 1933 — Ein Beitrag zur komparatistischen Imagologie*(《德国文学中的中国形象(1871—1933)》). Frankfurt am Main, Berlin, Bern, New York, Paris & Wien: Peter Lang, 1992.
[③] Debon, Günther & Hsia, Adrian (hg.): *Goethe und China — China und Goethe*(《歌德与中国——中国与歌德》). Bern: Peter Lang Verlag, 1985. 杨武能选编:《席勒与中国》,四川文艺出版社1989年版。

于反向的德国作家在中国的接受史梳理更是不乏其作①,英文版的文集《德国与东方》则较为宏观地讨论了各种子系统东方文化与德国的关系②。但如何既立足个案的细致研究,又能高屋建瓴地有宏观驾驭的气魄,并突出明确的问题意识,到目前为止尚无从这样的角度进行精深研究。故此,本研究尝试在整体架构上来探讨德国古典时代思想形成的外来文化因素,尤其是突出"古典诗哲"和"启蒙路径"两个概念,贯穿以思想史为线索的思路,并将其放置在较少为学界所关注的东学西渐的宏大语境之中来考察。长期以来,此领域的著作都出自德语,但从总体上看,这些研究主要立足于对文本的分析和史实的梳理,但基本上还是就文学论文学,没有在思想史的整体框架中,以及德国文学史发展的自身脉络中求解。而能从整体角度进行把握,乃至多重个案层面上升到宏观,尤其是在思想史层面进行深入开掘者,则尚未之见。本研究横跨多个领域,随着中国在世界地位的重又崛起,中国文化的地位问题再度为世界所瞩目,"东学西渐"再次为国际学界充分关注,其研究意义既具重要的学理价值,又对当代中国文化如何走向世界、进入西方知识精英思想内部具有很大的现实意义。更进一步说,如果能借助东方文化的整体性认知,强化中国传统学

---

① Zhu, Hong: *Schiller in China*(《席勒在中国》). Frankfurt am Main, Berlin, Bern, New York, Paris & Wien: Peter Lang Europäischer Verlag der Wissenschaften, 1994. Yang, Wuneng: *Goethe in China* (*1889 - 1999*)(《歌德在中国(1889—1999)》). Frankfurt am Main, Berlin, Bern, Bruxelles, New York, Oxford & Wien: Peter Lang GmbH Europäischer Verlag der Wissenschaften, 2000.
② Ingrao, Charles & Szabo, Franz A. J. (ed.): *The Germans and East*. West Lafayette: Purdue University Press, 2008.

术资源的整合意义,再来关注欧洲尤其是德国古典时代知识精英的思想建构过程,则很可能别出手眼、发前人之所未发、补前人之所未及就。

四、个案选择、理论框架与研究思路

本书选择的个案包括莱布尼茨、沃尔夫、康德、歌德、席勒、黑格尔,也就是说,既注意到在德国思想史进程中具有开辟性意义的大家(包括哲学、文学两个层面),诸如作为启蒙德国奠基者的莱布尼茨,集大成者的黑格尔,鼎盛期的康德、歌德等,也注意那些相对被忽视、思想冲击力没有那么重要,但在整体思想进程中却不可忽略、具有承上启下或独特功能的关键人物,譬如沃尔夫。这样的选择,使得个案相对具有更包容的丰富性、多面性。要知道:"当时的德国民族以此精神活力重振旗鼓,接替了在文艺复兴时期开始后又遭到外力破坏而中断了的文化运动并使之达到完美境地。正当德国民族内部(精神)发展达到顶峰的时候(这是史无前例的事件),它的外部历史却处在最低沉的境地。当它政治上地位低下软弱无力的时候,它却培养出世界第一流的思想家和诗人。而它的战无不胜的力量恰恰存在于哲学同诗歌的结合。康德和歌德诞生于同一时代,两人的思想又融合于席勒一身,这就是当时时代起决定作用的特色。通过这种极强的文化渗透作用,文学和哲学相互促进,创作园地百花盛开,致使德意志民族发展成为一个崭新的完整的民族。在此,德意志民族再一次发现自己的精神实质;从此精神实质迸发出无穷无尽的理智力量和道德力量,通过这些力量使得德意志民族在下一世纪里有能力使其获得的民族性在世界上发挥巨大作用。"[1]

观念梳理与影响研究,仍是基本的工作方法,但我会更加关注受者的主体意识与创造意义,以及中国资源本身的复杂性和错位性。就命题来说,启蒙已经成为学界所聚焦关注的主流问题,其重要性不言而喻。但泛泛讨论西方启蒙,则难免陷入具相模糊的尴尬局面,即便不考虑苏格兰启蒙在英伦内部的异端性质,德国所走出的与英、法迥然有异的路径,正为其日后的"德意志特殊道路"奠定下重要的思想观念基础。故此,强调启蒙路径的德国模式,其中尤其突出哲学史之外的诗思功能,则有其特殊之意义。

本研究借鉴侨易学理论,尝试提出重新理解德国古典时代的理论模型。即主要借鉴中国传统思维的"一分为三"论,提出理解德国文学史、思想史和文化史的"二元三维论",即以"启蒙思脉-浪漫思脉"作为贯穿的二元结构,同时引入古典思脉的中庸路径,构成基本的二元三维结构。以歌德、席勒、莱布尼茨、沃尔夫、康德、黑格尔等德国古典时代的知识精英(此处以诗哲这一概念名之)为重点个案,探讨德国古典诗哲启蒙路径的形成史,重点观照其东学西渐语境与中国知识资源。本书研究的基本思路是:以德国学为基本理论视域,充分借鉴侨易学的理论资源,尝试整合德国文学史、思想史、东西文化交流史、现代性、社会学等相关学科理论,引入全球化宏观语境作背景,突出"东学西渐"的知识史、思想史线索,强调对现代性问题呼应的时代进程的"诗思话语"的形成,在这

---

[1] [德]文德尔班(Windelband, Wilhelm):《哲学史教程——特别关于哲学问题和哲学概念的形成和发展》(*Lehrbuch der Geschichte der Philosophie*),罗达仁译,商务印书馆1993年版,第727页。

样一种框架下以个案研究为基础、以代际迁变为线索、以三元思脉架构为背景,把握德国文学史的历时性过程,进而凸显中德文学/文化关系史的重要意义,最后的问题则凸显为:在20世纪西方现代性形成的过程中,德国是如何走出其独具特色的"德国现代性"道路的,而作为重要外来资源的中国文化,又是如何创造性地介入并参与这一过程的。

在方法论上,本研究将整合与融通相关领域,努力打通文史哲的学科研究界限,既以史实考证、文本阐释、个案研究为基础,强调知人论世的背景,同时对研究对象努力抱有一种"理解之同情";在文化关系史的研究之外,努力考察这样一种交流与互动关系,是如何在思想层面达致提升,并最终帮助极具思辨力的德国作家群完成其个体独特的"文学思想观念"的形成。

本研究重点并不仅仅在于勾勒出重点个案与中国文化接触乃至接受影响的基本史实,更在于发掘出在交流过程中的关键点,即莱布尼茨、沃尔夫、康德、歌德、席勒、黑格尔等人是如何构建其中国知识域,并进而在自身的独特文学观念形成中接受或运用其"思路启迪"的;其难点在于不能仅以文学关系史的考证为满足,而应尽可能在完成"考证严谨"的基础上"由诗致思",探讨他们的中国书写、中国对话、中国致思的史实与可能、创获与疏忽,这才是比较文学研究的高层次追求,也是从事外国文学研究者能够从更高层面的思想史取径入手,在"识得庐山真面目"基础上重新考量其内外传统与资源的考镜源流。此外,要想更好地理解中国资源在德国古典时代的关键性作用,就不能一叶障目、坐井观天。而是需要在整体场景中尽可能复原历史现场,注意到广义东学大背景的其他资源,尤其是具有重要意义的印度资源、闪系资源的影响力,在一种比较维度中展现中国资源的特点所在。

本书强调德国古典时代作为人类现代文明史上的巅峰而具有一种世界胸怀,以及在这样一种"世界胸怀"的达成过程里,诗哲型的精英人物是如何通过有独特资源意义的异文化的汲取和融化来实现本土文化的自然转型和创造性发展的。这里则具体考察了具有数千年传统的中国文化,是如何成为一种有效资源,被18世纪德国诗哲纳入其整体思想构建之中的,其成败得失,又给后世留下了怎样的宝贵经验财富。而中国文化作为一种具有原创性思维的文化类型,它所具有的那种强烈的普适意义和规定性功用,也同样在此过程中得到了充分揭示。借助异邦之眼,中国传统文化强大的生命力和原创性,以及跨越文化界限的侨易功能,至今仍具有极大的资源价值。

本书主要观点包括:(1)以18世纪为主体的德国古典时代的诗思兴起是它在面对全球化背景中现代性问题的追问之下,作出的文学和思想层面的现代性问题回应,即提供了现代性命题的德国路径,对这个问题还应结合德国史的整体进程来考察;(2)古典时代的德国文学不仅意味着对现代性问题的回应,还有德国传统的现代性转化的一面,就文学史的发展来看,我们应摒除惯用的那种"流派思潮"划分的思维定式,以传统发展生生不息、延绵相连的眼光来看待德国文学史及其现代文学。从这个角度来看,我们可以理解思脉定型及其背后的"认知元模式"的制约功用;(3)在德国古典诗思的建构过程(即它整合多元知识域以应对现代性问题的过程)中,其知识精英,尤其是文学精英(作家诗人群体)对异文化的认知,尤其是以"深度悬异"且具"激发致思"功能的异文化为代表,如对中国文化给予高度重视,并充分汲取其思维养分,方才使得德国现代性的特殊道路的建构成为可能,并孕育了未来发展的多重可能。

本书创新之处有三:一是借助侨易学理论资源,尤其是"二元三维"的核心理念,引入宏观语境的全球化维度,强调现代性命题,将"东学西渐"设置为与"西学东渐"平行交错的两条基本线索。这就在通常的"西方—东方"二元之间建构起一种更深层次的"相互转化"的关联性,按照中国传统周易思维,即"任一事物的两个方面,不仅是对立着的,还是同一着的。正是同一,为对立提供了基地;一如对立为同一提供了内容一样。离开同一的对立,和离开对立的同一一样,本是不存在的。"[1]这一具体思维模式的引入和创发,对于我们理解西方文学史、思想史背后的认知模式乃至建构一种新的"二元—三元"关系,将具有重要意义,而即便是讨论东方,我们也不仅凸显中国,还努力将可能的多重元素纳入考量。二是在具体操作层面上,既以个案研究为基本方法,又不满足于就事论事,而是试图"以点带面",尽量从多重标准进行综合考量。在选择具有代表性的大家,进行深入个案研究的同时,也不忘关注其背后的整体性与历史背景。除了这里特别强调的莱布尼茨、沃尔夫、歌德、席勒、康德、黑格尔等,其他与中国文化产生密切或一定关联的古典德国精英,诸如莱辛、洪堡兄弟、施莱格尔兄弟等,在适当时候都会纳入考察视野;还有作为背景和中介者的汉学家如雷慕沙等,

---

[1] 庞朴:《一分为三论》,上海古籍出版社2003年版,第4页。

也都会作为"众生喧哗"的重要背景,纳入研究范围。三是在主题上凸显整体性。随着学术分科的细密化,我们的研究选题越来越倾向于"小处着手",这本来不错,但"小处着手"毕竟是为了"大处着眼",如果仅仅是无限放大自己研究对象的意义,那么对问题的认知也就不会真正地趋向于客观。故此,本书也尝试结合德国政治史、思想史的整体进程提出"启蒙的德国模式"概念,强调在"德国学"的整体视域中,凸显以中国文化接受群为代表的古典德国诗哲,是如何通过自己的作品运思并回应现代性的德国路径问题的。虽然受探讨重点作家个案数量的限制,我们不可能完全地在整体意义上作出这样的回答,但我们会努力在整体框架中和在宏观文学史、思想史的背景中凸显这一研究的意义。

之所以形成目前的框架,主要有这样几点考虑:其一,清楚呈现作为一种"哲学-文学"互动结构。上篇凸显哲学史轨迹主导的启蒙思脉,即莱布尼茨-黑格尔的轨辙,虽然进入19世纪之后,启蒙以一种摧枯拉朽的姿态顺流直下,但已经与18世纪的启蒙主潮不同;下篇通过杰出的诗人代表歌德、席勒来体现。其二,兼及个案散点铺散与重点凸显相结合的原则。上篇以个体人物的整体思想为主,凸显代际演变的轨辙;下篇则主要聚焦歌德一人,却选择不同的问题焦点,以强烈的问题意识和问题域覆盖方式切入,从而试图揭示歌德作为古典诗哲代表人物的意义。其三,展现德国现代思脉演变的关键性转折的可能,即启蒙思脉—古典思脉之形成及三条思脉架构下的立体结构,乃至彼此之间复杂的互动关系。也就是说,歌德既是古典思脉的创立者,也是启蒙思脉某种意义上的终结者。虽然作为整体概念的启蒙思脉仍将生生不息,但作为一个大时代的德国启蒙,基本上以歌德、黑格尔为其终结。而由中国镜像到中国资源,这样一种概念转化过程中体现的以中国文化作为异国思想核心催化剂的获得过程,正是歌德等人得以实现其在思想史上重大突破的关键因素之一。至于浪漫思脉之凸显以及延续,在本书中未做重点讨论,因为这确实是一个需要进一步探讨的问题。

第二章 德国启蒙早期进程里的"中国镜像"：以莱布尼茨的人类理智论述为例

一、东学西渐视野里的中国资源与传教士：从"中国去西传教"的设想说起

与轰轰烈烈的"西学东渐"相比[①]，"东学西渐"这个概念，似乎尚未得到我们足够的重视；而且意义的辨析，也始终不够清楚明白。季羡林先生主编"东学西渐丛书"时强调："中国人不但能'拿来'，也能'送去'"；"历史上我们不知道有多少伟大的发明创造送

[①] 我们所理解的"西学东渐"概念，实际上是"西学中渐"，大致可分为三个阶段：16世纪末—18世纪末、19世纪—20世纪上半期、20世纪晚期以来至今。作为一种具有强大潜在冲击力的外来思想资源输入方式，其实早在明清之际就已开始，"从16世纪末开始，直到18世纪末中断，在两个多世纪里，缓缓地流淌在雄浑壮阔的历史长河之中"。参见陈卫平：《第一页与胚胎——明清之际的中西文化比较》，上海人民出版社1992年版，第1页。这一过程中扮演主角的是远来的传教士，"利玛窦等之来也，一以传西方之宗教，一以传西方之学术。既供地志、时钟，兼自述其制器现象之能，明其不徒恃传教为生也"。柳诒徵：《中国文化史》下册，中国大百科全书出版社1988年版，第675页。到了晚清之后，"西学"一词逐渐成为西方学术文化的总称，梁启超在他那部影响极大的《西学书目表》中，将其分为27门，包括属于自然科学类的算学、重学、电学、化学、声学、光学、天学、地学、医学等，也包括社会科学类的法律、矿政、兵政等，还包括人文学科的史志等。如此，则现代意义上的西方学术（科学）文化都被囊括在内。参见熊月之：《西学东渐与晚清社会》，上海人民出版社1994年版，第2页。关于"西学东渐"与"东学西渐"的问题，可参见刘登阁、周云芳：《西学东渐与东学西渐》，中国社会科学出版社2000年版。但此书只是提出这样的问题，并未能在理论高度上予以阐发。

第二章 德国启蒙早期进程里的"中国镜像":以莱布尼茨的人类理智论述为例

到外国去,送给世界人民。从全世界范围内历史和现状来看,人类文明之所以能发展到今天这样辉煌的程度,中国人民与有力焉。"①虽然用的是"东学西渐"这个概念,但关注的重点,仍放在了中国文化的西传上面。这当然与其一贯强调的东方文化的复兴,尤其是中国文化拯救世界的观念相一致。但从学术角度来看,显得不太全面与客观,所以也就不免遭到众多的批评。

就汉语学界研究而言,徐善伟撰《东学西渐与西方文化的复兴》,可以说是站在世界学术的宏观角度上来考察这个问题,他选择作为中世纪盛期的 11—13 世纪,沿用西方学界的"东西方划分",即"拉丁西方"(今之西欧、南欧)与"传统东方"(今之西亚、北非,即伊斯兰-阿拉伯帝国、东欧之拜占庭帝国,但也涉及中国、印度的内容)②。尽管如此,此书对"东学西渐"这一概念仍无完整、明晰的理论阐述。

"东学西渐"概念的厘清,对于中国学界乃至世界学术来说具有极为重要的意义。因为这关涉到我们认识与理解现代世界的形成方式,举凡当今重要的命题,诸如全球化、现代性、后殖民、后现代可能都与此大有关联。在我看来,所谓"东学西渐"应设定为一个宏观的概念,即与"西学东渐"并峙鼎立的相对面。而我们以往

[①] 季羡林:《〈东学西渐丛书〉总序》,载王宁、钱林森、马树德:《中国文化对欧洲的影响》,河北人民出版社 1999 年版,第 2 页。近来又有较为系统的论述,参见季羡林:《东学西渐与东化》,《新华文摘》2005 年第 3 期,第 109—110 页。但还有另一种东学概念,更加历史悠长,早在清末之时,学界即比较普遍地使用"东学"这一概念来指称日本的思想学术。参见郑匡民:《梁启超启蒙思想的东学背景》,上海书店出版社 2003 年版。本书所论述的"东学西渐"乃是一个宏观概念,具体的关注仍主要集中于"中学西渐",但这并不意味着对梵学、日本学等不重视。

[②] 徐善伟:《东学西渐与西方文化的复兴》,上海人民出版社 2002 年版,第 3 页。

谈论的"西学东渐"的概念,也仅是西学东渐的一个子概念,即"西学中渐"——西学入中国的影响过程;事实上,关于西学在东方其他各国,诸如日本、朝鲜、印度乃至阿拉伯的传播过程①,其实也当予以足够重视,只有当各国的西学传播史都有了较为扎实深入的研究之后,才可能在宏观上来把握对人类发展进程具有重要意义的"西学东渐"史。具体言之,"东学西渐"乃是指东方(所谓第三世界)各民族的传统学术、思想、文化向西方传播、流布并发生影响的过程,其关键在于,我们将东方视为一个完整的概念②。但这是一个大概念,需要再仔细分解研究,按照东学源流本身,可以再划

---

① 关于这方面研究,一般本国学者会比较关注。如[日籍韩人]姜在彦:《朝鲜西学史》;[韩]李元淳:《朝鲜西学史研究》,王玉洁等译,中国社会科学出版社2001年版。对日本的研究,郑彭年:《日本西方文化摄取史》,杭州大学出版社1996年版。对中日的比较研究,于桂芬:《西风东渐——中日摄取西方文化的比较研究》,商务印书馆2001年版。对于印度、阿拉伯的"西学东渐"问题,我们的关注显然还不太够。
② 但必须指出的是,与我们较为完整成型的"西学东渐"概念不同,这里所讲的"东学西渐"具有较新的意义。也就是说,我会更注重强调中国学者的本土立场,但这是在对世界客观理性认知的前提下。表现在对这些基本的宏观概念的确定和理解上,对"西学东渐",我会强调应注重这是个中国人的自身概念,在当下,我们需要加强对这一概念的解构,即应深入去了解构成西学的复杂成分,即所谓的"英国学""法国学""德国学""美国学",甚至是"希腊学""罗马学"等,在这一基础上,再宏观地通论西学。而对"东学西渐",则恰恰相反,这是我们提出的一个概念,西方虽然有"东方学"等学术建制,但绝对不像我们对待西学那样高看或存在一个相当明确的"东学"概念,而我们所用的东学,一般也指"中学",所以对"东学西渐"概念中的东学,我们一定要注意在学理上进行"整合"的工作。这就需要充分借助与东方学相关的各个学科的现有成果,国学不必谈了(即所谓的"中学"),还有梵学、日本学、阿拉伯学、朝鲜学、蒙古学等;而且目前这些领域的学科建设可能还不是很够,需要大力加强;更重要的是,在建设各个相关子学科领域的同时,注意进行"东学"的整合工作,即自觉地将"中学"放入其中进行考察。从民族自豪感的角度,我当然希望"中学"能居于核心地位,但究竟是否成立,应在客观的、系统的、冷静的学术研究上得出结论,即"论从学出"。在这个基础上,我们才能进一步去谈"东学西渐",系统地研究东学各个部分的西渐过程,再看能否成功地勾勒出相对完整的"全球化"早期的景象。

第二章 德国启蒙早期进程里的"中国镜像":以莱布尼茨的人类理智论述为例

分为"中学西渐""梵学西渐""日学西渐"等子概念;而即便是我们所重点关注的"中学西渐"部分①,也可更具体地又划分出子概念,比如"中学德渐""中学法渐""中学英渐"等。

说到这一点,就必然要涉及文化交流史的问题,对于中国学者来说,一般以关注"中外"为主题。譬如说,我主要关注的领域就是"中德文化交流史"。但这个思路有利有弊。利处是以中国为中心,既符合我们对本土问题的关注,也有利于发掘中方史料,在实质层面上推进学术;但弊处也很明显,如果我们观照问题的视域亦以此为限,就必然会妨碍我们对世界的客观认知。现代世界的形成、全球化的进程,绝对不是仅以中国为中心的。当然,我并不是说要改变所有学者的研究方向,但至少,我们应在思维方式上对此有所警醒,即入手处不妨选择这样的讲究策略与具体而微的"领域",但思考问题却不能仅"以此为限",乃至就此而"坐井观天"。将未来的世界描述成中国或中国文化的"唯我独尊",既不符合事实,也难免让人觉得我们有"王婆卖瓜"的嫌疑。倒是如何以更加建设性的姿态融入"现代世界"的进程,值得细加推敲。

对"东学西渐"与"西学东渐"的研究,有三个维度值得特别关注:一是影响维度;二是平行维度;三是互动维度。虽然我们力图

---

① 在这方面,西方学者的研究相对更加深入。如[法]安田朴(Etiemble):《中国文化西传欧洲史》(*L'Europe Chinoise*),耿昇译,商务印书馆 2000 年版。[法]毕诺:《中国对法国哲学思想形成的影响》,耿昇译,商务印书馆 2000 年版。且他们的史观非常之客观,安田朴是对中国文化影响极为重视的一位学者,尽管如此,他仍强调:"但学者们也不应认为我把中国对欧洲的影响(这至少已有 2000 年的历史了)视为欧洲在历史发展中所受到的唯一影响。[法]安田朴:《中国文化西传欧洲史》,耿昇译,商务印书馆 2000 年版,第 7 页。

将其放在平行、平等的语境中来客观衡量,但事实上,历史的真实本身就是不平等、不平行的;所以,无论是"西学东渐"还是"东学西渐",来到异境,发生影响,是非常正常的,也应是研究中所关注的重点所在,就研究策略来说,这也容易落到实处。但话说回来,我们不能过分夸大影响的因子,因为每种思想或文化,它都有其本土生成语境(这是最根本的),虽说文化交流是民族进步和发展的动力,但又绝不可以认为只要有文化交流,就可以"万事大吉",足以走在时代的前列了,"南橘北枳"的道理其实最为浅显不过;所以,我们应特别关注的是"互动维度",即在一个更高的平台上来打量这样的现象。这个平台就应是宏观的东西方文化交流史视野[①],我们要以此为宏观背景,考察每个民族—国家作为主体本身,是怎样"以我为主"来借鉴、择别和化用外来思想文化资源,实现自己的文化提升功能的。

就"东学西渐"研究而言,其中作出贡献的学者主要是西方的东方学学者,诸如吉那科普罗斯(Geanakoplos, Deno John, 1916—2007)对拜占庭与拉丁西方文化关系的研究、帕莱西奥斯(Palacios,

---

[①] 在我看来,东西方文化交流史从纵向时间范畴上可以划分为三大阶段,即16世纪之前(无意识平衡)、17—18世纪(东学西渐为主)、19—20世纪(西学东渐为主)。刚刚开始的21世纪,应该可以进入"有意识融合"的第四阶段。有点符合道家的思路,元初无为故平衡,其次是西风压倒东风,再次是东风压倒西风,最终还应该恢复到"平衡"的自觉融合状态。所以,季羡林先生等主张"东化",恐怕过多地夸大了东方的作用,且尤其夸大了中国文化的作用。此中对目前"西风压倒东风"的不正常感觉是对的,但马上就按照"三十年河西,三十年河东"的说法判断说日后是东方(尤其说中国)的天下,很明显有些"过犹不及",难以让人信服,事实上也不太符合未来的趋势。我以为比较稳妥、客观的说法应是"极高明而道中庸",未来世纪应为"合和"的时代。而在16世纪之前的无意识平衡又可再作仔细的区分,容专门论述,此处不赘。根据世人对世界的认知,世界历史可分为两大阶段,以地理大发现为标志,之前为地中海时代,之后为全球化时代。我们所经历的,正是全球化的后期。

第二章 德国启蒙早期进程里的"中国镜像":以莱布尼茨的人类理智论述为例

Miguel Asin,1871—1944)对穆斯林与拉丁西方的宗教及文学关系的研究、勒南(Renan,Joseph Ernest,1823—1892)对伊斯兰科学及哲学给予西方影响的研究、萨顿(Sarton,George,1884—1956)对中世纪东西方科学及其联系的研究[①];汉语学界如吴长春、陈志强、纳忠、秦惠彬、徐善伟等的相关研究[②]。总体来说,还是非常有限,尚不足以为我们在宏观上来探讨"东西方文化关系"提供足够的借鉴。所以,就目前而言,加强各个微观领域的扎实研究,乃是当务之急。

同时,我们也应观照西方学术体系中的"东方学"这个概念来理解"东学西渐"。在理论上对"东方学"这个概念进行颠覆的,是萨义德(Said,Edward W.,1935—2003),在他看来:"东方并非一种自然的存在。""作为一个地理的和文化的——更不用说历史的——实体,'东方'和'西方'这样的地方和地理区域都是人为建构起来的。因此,像'西方'一样,'东方'这一观念有着自身的历史以及思维、意象和词汇传统,正是这一历史与传统使其能够与'西

[①] Geanakoplos, D. J.: *Medieval Western Civilization and the Byzantina and Islamic Worlds.* Lexington, 1979. Palacios, Miguel Asin: *Escatologia Musulmana en la Divina Commedia*(《穆斯林末世学与〈神曲〉》). Madrid, 1919. Renan, E.: *Averroes et l'averroisme*(《阿维罗伊与阿维罗伊主义》). Paris, 1852. Sarton, George: *Introduction to the History of Science.* 3 vols. New York, 1975.

[②] 吴长春:《阿拉伯文化传播到西方的途径》,《世界历史》1987年第3期。吴长春:《阿拉伯文化的西传和西欧的文艺复兴》,《西亚非洲》1987年第6期。吴长春:《中世纪西欧吸收古希腊文化渠道问题初探》,《历史教学》1988年第2期。陈志强:《试论拜占庭文化在中世纪欧洲和东地中海文化发展中的地位和作用》,《历史教学》1986年第8期。陈志强:《拜占庭对西欧文化的作用——兼与吴长春同志商榷》,《历史教学》1991年第2期。纳忠等:《传承与交融:阿拉伯文化》,杭州:浙江人民出版社1993年版,该书专列一章论阿拉伯文化对西方的影响。秦惠彬主编:《伊斯兰文明》,中国社会科学出版社1999年版,该书专列一章论伊斯兰文明对世界文明的贡献。徐善伟:《东学西渐与西方文化的复兴》,上海人民出版社2002年版。

方'相对峙而存在,并且为'西方'而存在。因此,这两个地理实际上是相互支持并且在一定程度上相互反映对方的。"① 从文化权力的角度来理解东西方文化关系,萨氏之论当然可备一说,事实上他也在西方知识生产场域中获得了足够的成功。但此处我只想借用萨氏的论述,即其对"西学东渐"与"东学西渐"中的"西学""东学"概念也同样是有效的,当然此处的"东学"乃是扩展意义上的、与西方具有鼎立意味的、广泛的"东方"概念,而非仅阿拉伯、印度、中国

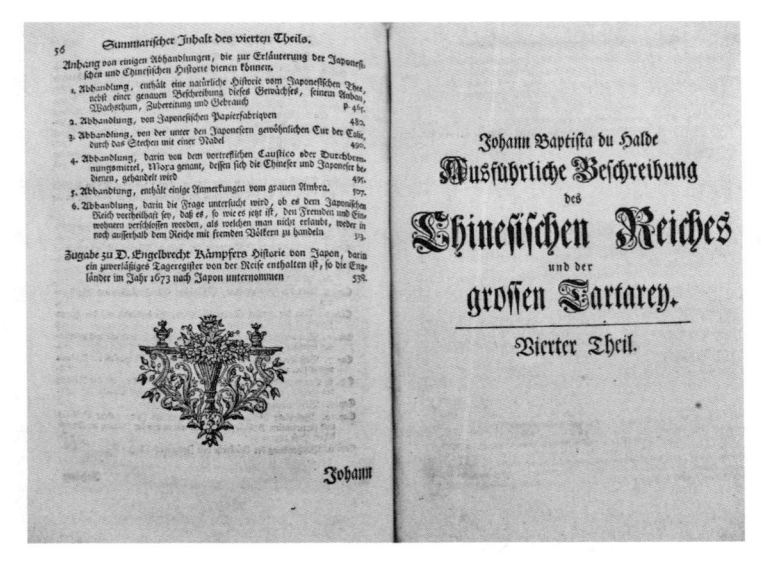

图 2-1 杜赫德(Du Halde, Jean-Baptiste, 1674—1743)
《中华帝国全志》德译本书影

---

① [美]爱德华·W.萨义德:《东方学》,王宇根译,生活·读书·新知三联书店1999年版,第6—7页。但必须承认,萨氏的学术思维有其自身利益衡量的策略选择,所以并非是最佳叙述。譬如,他此处的东方概念,就主要是指伊斯兰-阿拉伯的东方,而对中国等未予包含。同样,季羡林先生关于"东学西渐"的概念,也基本是以我为主,对其他国家、文化少有提及。这两种思路都反映了同一问题,即有意识地以西方的价值观为基本尺度,以之为批评对象,而提升自我民族/文化中心的思维方式。

第二章 德国启蒙早期进程里的"中国镜像":以莱布尼茨的人类理智论述为例

或其他某个地域文化概念。而在这个方面,西方的"东方学"研究中确实有相当多的成果值得关注,譬如从学术史角度来看,帕尼卡尔的《亚洲与西方霸权》、华登伯格的《西方之镜中的伊斯兰》等都值得重视①。

我的主要关注点仍在"中德文化交流史",这只能算是"东学西渐"的子课题"中学西渐"的又子课题"中学德渐"的内容。在我看来,关于"东学西渐"这样的大命题当然是值得讨论的,但就目前学界积累乃至国内学者的整体学养,尚不足以从容论此命题,偶尔论涉思路、交流看法则可,盖棺论定、判断高下则不可。更值得踏实去做的,是每个研究者根据自己的兴趣与能力,择定可以入手的具体研究领域。设若如斯,"中国学术共同体"的高楼大厦则能不断地被添砖瓦,未来也可能真的在宏观上为人类发展的路向提供真正有价值的"客观认知"。如此则言归正传,我们要探讨的这个背景是在"东西方文化交流史"的第二阶段,即"东学西渐"占主导地位的阶段,也就是17—18世纪欧洲的"东方文化热"。与第一阶段伊斯兰、拜占庭文明占主导地位不同,此期由于传教士的东行,而将中国、印度、日本等远东国家凸显到前台,而在此中扮演重要角色的则首推中国。莱布尼茨有过一个非常有远见但却始终未能实现的设想,就是让中国西行传教,他这样说:"鉴于我们道德急剧衰败的现实。我认为,由中国派教士来教我们自然神学(natürliche Theologie)

---

① Panikkar, K.M.: *Asia and Western Domincance*. London: George Allen & unwin, 1959. Waardenburg, Jacques: *L'Islam dans le miroir de l'Occident*(《西方之镜中的伊斯兰》). The Hague: Mouton & Co., 1963.更详细的内容,可参见[美]爱德华·W.萨义德:《东方学》,王宇根译,生活·读书·新知三联书店1999年版。

的运用与实践,就像我们派教士去教他们由神启示的神学(die geoffenbarte Theologie)那样,是很有必要的。"①这种想法当然很有益于文化交流,但操作起来不太可能,这与东西文化各自的立场有关。东方文化本质上就不是那种进攻性的文明,让它派传教士西行传教,别说实行,连想恐怕都没想过。②

我们应注意到,莱布尼茨面对"中学西渐"的时刻,乃是欧洲与德国历史上的特殊语境,即三十年战争(Dreißigjähriger Krieg, 1618—1648)之后的背景。这次战争主要发生在德国的领土之上,对于理解德国历史具有重要意义,③它所反映的乃是德意志神圣罗马帝国(Das deutsche heilige Römische Reich)的根本冲突,即皇帝与诸侯之争。这场战争,在政治上表现为以皇帝为代表的中央政权与以诸侯为代表的地方政权的"权力之争";在思想上表现为天

---

① [德]莱布尼茨:《〈中国近事〉序言:以中国最近情况阐释我们时代的历史》,载[德]夏瑞春编:《德国思想家论中国》,陈爱政等译,江苏人民出版社1989年版,第9页。
② 事实亦正如此,直到今日,在世界范围内也未兴起过与传教士东向传播耶稣福音活动相媲美的文化壮举。
③ 关于三十年战争的描述颇多,早期的如[德]格里美尔斯豪森:《痴儿西木传》,李淑、潘再平译,人民文学出版社2004年版。日后席勒先后以史著、戏剧等不同方式先后阐释三十年战争。Schiller, Friedrich von: *Geschichte des Dreißigjährigen Kriegs*(《三十年战争史》). Leipzig & Wien: *Bibliographisches Institut*,无出版年份。席勒撰作的此部历史著作不妨视作《华伦斯坦》的前期准备,虽然其以作家撰史书,文采飞扬。但值得注意的是,在这两部作品中其史观的变化,作为史学家的席勒把瑞典国王阿道尔夫过于理想化,将其比作"欧洲唯一的一名可拯救被蹂躏的自由之诸侯";而事实并非如此,他不过以一个侵略与征服者的角色出现在德国。但作为诗人的席勒将华伦斯坦塑为英雄,显然是一个根本立场的转换。Schiller, Friedrich von: *Wallenstein. (Wallensteins Lager. Die Piccolomini. Wallensteins Tod)*. In Martini, Fritz und Müller-Seidel, Walter (Hrsg.): *Klassische Deutsche Dichtung. Band 13.*(《德国文学经典》,第13册) Freiburg im Breisgau: Verlag Herder KG, 1964. S.207-470.中译参见[德]席勒:《华伦斯坦》,郭沫若译,人民文学出版社1955年版。

第二章 德国启蒙早期进程里的"中国镜像":以莱布尼茨的人类理智论述为例

主教(包括同盟、帝党)与新教(包括联盟、诸侯)的"宗教之争"①。但归根结底,乃是德意志民族的精英分子试图构建自己的"民族"国家努力未得实现的一幕"悲剧"。② 而这种失败,又是发生在欧洲语境之中的,很显然,这种语境与第一次世界大战之后的欧洲背景有相似之处,即对西方文明的幻灭。历史显然证明,过激时刻的发言有必要"仔细斟酌"。所以,对莱布尼茨的这一判断,我们也需要辩证看待。

莱布尼茨在三个层面比较了中西文化的高下:在手工艺技能

---

① 长期以来,德国皇帝都承担了一个"莫名其妙"的责任,即维护罗马教廷的权益。参见刘新利:《基督教与德意志民族》,商务印书馆2000年版,第79—120页。所以德国历史的自身进程,往往并非仅局限于德国,而是与欧洲的整体历史颇有关联。所谓"德意志神圣罗马帝国",是既不神圣,又非罗马,充其量,也就是个德意志的松散联邦首领而已。对这一背景我们应予以关注,与法国的中央集权不同,德国长时期以来都实行着松散的"分封制",虽然有一个名义上的德意志皇帝,但实际上诸侯众多、分疆裂土、各自为政。德皇的政令与法王的权威不可相提并论,故此华伦斯坦有言:"我要德国皇帝也象[像]法国国王那样,是自己江山的主人。"转引自童中焘:《席勒》,复旦大学出版社1984年版,第176页。虽然,作为统帅的华伦斯坦有着非常自觉的民族—国家建构的意识,然而可惜他生不逢时,皇帝斐迪南二世(Ferdinand II., 1619—1637在位)却既无远见卓识,也非大度明君,这些,都是造成时代悲剧的重要原因。这且按下不论。1648年签订的《威斯特伐里亚和约》(der westfälische Friede),对于德国的发展进程来说影响极大。诸侯独立的格局由此而确立、帝国解体的噩梦终于成为事实,至于经济落后、人口减少、政治衰弱,都是必不可少的后遗症。这更意味着,自16世纪初年(1517)由路德开启的以实现德意志民族国家统一为理想的时代告一段落,宗教改革时代结束了。应该说,有过教士宗教改革(以路德为代表)、骑士宗教改革(以济金根为代表)、人民宗教改革(以闵采尔的农民战争为代表)、诸侯宗教改革等不同尝试。参见丁建弘:《德国通史》,上海社会科学院出版社2002年版,第47—66页。

② 因为华伦斯坦的出现,呈现了德国宗教改革时代的政治最强音,虽以失败告终,但它确实反映了时代精神。时代精神是什么,就是德意志民族—国家的统一命题。有论者认为通过这部戏剧的创作,席勒"证明自己是个眼光尖锐的诗人,对华伦斯坦的性格比同时代的历史学家以及他自己作为历史学理解得都更加尖锐、更加深刻"。[德]席勒:《威廉·退尔》,载[德]梅林:《论文学》,张玉书等译,人民文学出版社1982年版,第122页。

方面"不相上下"、在思辨科学方面"略胜一筹"、在实践哲学（即生活与人类实际方面的伦理与治国学说）方面则"相形见绌"。① 这话基本反映出了中西差别（但他似乎未能意识到，思辨科学与实践哲学的差别，却可能导致工艺技能方面的巨大差距）。陈寅恪曾说过"此后若中国之实业发达，生计优裕，财源浚辟，则中国人经商营业之长技，可得其用。而中国人，当可为世界之富商。然若冀中国人以学问美术等之造诣胜人，则决难必也"。这段话讲得很让人有"切肤之痛"，但你又不得不佩服他的深刻与洞察。近百年以下，似乎此言的前半部有可能得到历史的印证；但若论及学问艺术之道，将会如何呢？陈氏接着说道："夫国家如个人然。苟其性专重实事，则处世一切必周备，而研究人群中关系之学必发达。故中国孔孟之教，悉人事之学。而佛教则未能大行于中国。尤有说者，专趋实用者，则乏远虑，利己营私，而难以团结、谋长久之公益。即人事一方，亦有不足。今人误谓中国过重虚理，专谋以功利机械之事输入，而不图精神之救药，势必至人欲横流，道义沦丧。即求其输诚爱国，且不能得。西国前史，陈迹昭著，可为比鉴也。"②陈氏的这段话，与莱氏的以上论述正可相互参照，在学术思想层面西方胜于中国；在伦理学说方面西方弱于中国。也就是说，中国人的长处不在抽象思辨，指望在学术方面有大的突破，不太现实。

---

① ［德］莱布尼茨：《〈中国近事〉序言：以中国最近情况阐释我们时代的历史》，载［德］夏瑞春编：《德国思想家论中国》，陈爱政等译，江苏人民出版社1989年版，第5页。
② 《雨僧日记：一九一九年十二月十四日记陈寅恪论中、西、印文化》，吴学昭：《吴宓与陈寅恪》，清华大学出版社1992年版，第9—10页。

第二章 德国启蒙早期进程里的"中国镜像":以莱布尼茨的人类理智论述为例

图2-2 莱布尼茨《中国近事》书影
资料来源:http://wer-war-leibniz.de/leibniz-der-schriftsteller。

莱布尼茨当时对中国的了解主要是通过耶稣会士实现的[1],这也是那个时代欧洲汲取中国文化的近乎唯一渠道。而恰恰是这些传教士,引发了中西文化交流的第一轮思想史"撞击"。[2] 中国文化直接引发了西方文化的"自我追问"。传教士这种身份很有意思,他们作为中介者一方面将基督教与西学"东传";另一方面又自觉地将中国文化"西输";同时,还要扮演价值判定者的"法官"角色。

---

[1] 参见 Widmaier, Rita(hrsg.): *Leibniz Korrespondiert mit China — Der Briefwechsel mit den Jesuitenmissionaren (1689-1714)*(《莱布尼茨与中国的联系——1689—1714年与耶稣会士的通信》). Frankfurt am Main: Vittorio Klostermann, 1990.
[2] 参见吴莉苇:《当诺亚方舟遭遇伏羲神农——启蒙时代欧洲的中国上古史论争》,南开大学历史学院博士论文,2003年。

以利玛窦等为代表的"调和派",对中国文化给予高度评价,而以龙华民等为代表的"批评派",则强烈贬斥中国文化。① 这一分野也进一步深刻影响到欧洲中国观的形成,而莱布尼茨与法之伏尔泰一样②,成为中国文化的坚定捍卫者。其实,与其说他们是中国文化的域外保护人,不如说他们更是站在文明进程的亲历者角度上来冷静省思外来资源的分辨、厘清与择用问题。然则无论如何,"中国文化"之西传已经毫无疑问,"中国资源"是否成型,却显然取决于受者本身的判别与态度,而这又与时代的客观语境与历史背景密切相关。

二、莱布尼茨人类理智论述的核心内容及其与中国的关联

启蒙运动虽然在欧洲范围内都浩浩荡荡,掀起了极为壮观的思想与社会运动场景,但受制于本土的特殊语境,德国的启蒙运动与英、法都很不相同③,对民主与共和的期待,在很大程度上都被压抑于民族统一的特殊需求之下。而莱布尼茨的意义,不仅应放在横向的欧洲历史语境中来解释,他对德国思想史中支柱路径之一的"启蒙理性"的发展,贡献尤其重大。

诚如康德1784年专门撰文《什么是启蒙》(Was ist Aufklärung)

---

① 这一对中国文化的态度,实际上也牵涉传教士传教策略与信仰原则的基本分歧问题,参见[法]谢和耐:《中国文化与基督教的冲撞》,于硕等译,辽宁人民出版社1989年版,第1—63页。
② 参见孟华:《伏尔泰与孔子》,新华出版社1993年版。
③ 参见陈海文:《启蒙论——社会学与中国文化启蒙》,牛津大学出版社2002年版,第29—47页。Bödeker, Hans Erich: „Prozesse und Strukturen politischer Bewußtseinsbildung der deutschen Aufklärung" (《德国启蒙之政治意识构建的过程和结构》), in Bödeker, Hans Erich & Herrmann, Ulrich (hrsg.): *Aufklärung als Politisierung — Politisierung als Aufklärung*(《作为政治化的启蒙—作为启蒙的政治化:问题立场》). Hamburg: Felix Meiner Verlag, 1987. S.10 - 31.

第二章 德国启蒙早期进程里的"中国镜像":以莱布尼茨的人类理智论述为例

所总结的那样,他对"启蒙"这一重要概念有如下阐释:"启蒙就是人脱离咎由自取的童稚状态。童稚状态就是没有他人引导便无能于运用自己的理智。如果个中原因不在于缺乏理智,而在于缺乏决心和勇气,没有他人的引导就不敢运用理智,那么,这种童稚状态就是咎由自取的了。Sapare aude!(贺拉斯语)要有勇气运用你自己的理智!这就是启蒙的口号。"①在我看来,启蒙不可脱离历史语境而孤立理解之。正如康德还有言曰:"如果现在有人问:'我们目前是不是生活在一个启蒙了的时代?'那么回答就是:'并不是,但确实是在一个启蒙运动的时代。'"②

而莱布尼茨作为"德国启蒙早期"的旗手人物,他既曾与托马修斯并肩作战,③又经由沃尔夫接通了康德等启蒙中期的脉络,乃

---

① 德文为:Aufklärung ist der Ausgang des Menschen aus seiner selbstverschuldeten Unmündigkeit. Unmündigkeit ist das Unvermögen, sich seines Verstandes ohne Leitung eines anderen zu bedienen. Selbstverschuldet ist diese Unmündigkeit, wenn die Ursache derselben nicht am Mangel des Verstandes, sondern der Entschließung und des Mutes liegt, sich seiner ohne Leitung eines anderen zu bedienen. Sapere aude! Habe Mut, dich deines eigenen Verstandes zu bedienen! Ist also der Wahlspruch der Aufklärung. Kant, Immanuel:„Was ist Aufklärung?" in Bahr, E: *Was ist Aufklärung?* — *Kant, Erhard, Hamann, Herder, Lessing, Mendelssohn, Riem, Schiller, Wieland*(《什么是启蒙?》). Stuttgart, 1974.中译参见孙周兴译文,孙周兴:《作为语言哲学的元批判——哈曼与康德》,同济大学"德国哲学与现代中国"研讨会论文,2004年6月,第3页。另参见李伯杰者:《德国文化史》,对外经济贸易大学出版社2002年版,第123页。[德]康德:《历史理性批判文集》,何兆武译,商务印书馆1990年版,第22页。
② [德]康德:《历史理性批判文集》,何兆武译,商务印书馆1990年版,第28页。
③ 托马修斯是德国哲学史与思想史上具有连接意义的重要人物,但我们对他关注不够。1687年,他拒绝使用拉丁文而改用德语在大学授课,乃是开风气之举,当时却使学术界为之侧目。而在使德国哲学摆脱神学藩篱而得以卓然自立的过程中,他亦厥功甚伟。参见 Tscharner, Horst von: *China in der deutschen Dichtung bis zur Klassik*(《至古典主义德国文学中的中国》).München, 1939. S.48.关于托马修斯对中国文化的认知,参见卫茂平:《中国对德国文学影响史述》,上海外语教育出版社1996年版,第17—18页。

051

是"功名不自我立"的典范。莱布尼茨作为德国之启蒙鼻祖,贡献诸多,可圈可点处正可谓"比比皆是",此处只将问题缩小,以其《人类理智新论》为中心,考察其具有代表意义的"人类理智论述"。

就思想史而言,莱布尼茨的《人类理智新论》乃是直接针对洛克(Locke, John, 1632—1704)的《人类理智论》的批评之作。[①] 就政治社会发展而论,17世纪的德国尚远非已然崛起的资本主义英国可比,但英、德两国思想传统的对峙,却不妨由此视为一种开端。哲学史上将其看作唯物主义经验论与唯心主义先验论之间的斗争,具体言之,则是英国经验主义的代表洛克与德国理性主义的旗手莱布尼茨的对垒。但此处并不以此为限,而试图整合并探讨莱氏思想体系的一些基本原则,并梳理其与中国思想渊源的可能关联。

第一,"人类知识"意识。莱布尼茨对"人类知识"这个概念似乎有独到的见解,他在哲理上曾做过这样的阐释:"我们的知识不超出我们观念的范围,也不超出对观念之间符合或不符合的知觉的范围……因此不仅我们的观念是极受限制的,而且我们的知识比我们的观念还更受限制。但我并不怀疑人类的知识是能够大大推进到更远的,只要是人们愿意以完全的心灵自由,并以他们用来文饰或支持谬误、维护他们所宣布的一个系统、或他们所参与的某一党派或涉及的某种利益的那全部专心和全部勤勉,来真诚地致力于找到使真理完善的方法。但我们的知识毕竟是永不能包括涉及我们所具有的观念方面我们可能希望认识的全部东西的。"[②]这段论述有几点值得揭出:一是人类知识进步的可能;二是人类知识

---

① 该书中译为[英]洛克:《人类理解论》,关文运译,商务印书馆1959年版。
② [德]莱布尼茨:《人类理智新论》下册,陈修斋译,商务印书馆1892年版,第442页。

第二章 德国启蒙早期进程里的"中国镜像":以莱布尼茨的人类理智论述为例

的局限;三是知识与观念(可引申为真理)的关系问题,且彼此之间又相互关联。他在1692年3月21日致闵明我的长信中开篇就说:"我非常敬重您本人和您那些宏伟计划,希望它们将会大大地促进人类的虔敬、丰富人类的知识。"他特别强调异族文明之间的知识交流:"您为他们带去了我们的技艺,在我眼中,您和那些与您同行的众多仁人志士仿佛凝聚着全部的欧洲知识。反过来说,从中国这个有几千年文明历史的帝国那里首先带回由他们的传统保持并且发扬光大了的物理学奥秘,也是你们义不容辞的责任。"①他一再希望传教士们传回中国的知识,目的"主要是获得知识,而并非为了实用"②。应该说,只要看看莱氏一生的生命轨迹,尤其是他为了解中国所付出的极大的辛劳(对他来说同时是乐趣),就可以认定他本人是"言行一致"的,即符合他所提出的条件,既以"完全的心灵自由",又用"全部专心和全部勤勉"去寻访人类知识的。而这一点就必然指向另一个终极目的,即真理探询的问题。

第二,"理性真理"溯源。真理不可能凭空而至,莱氏自己曾提出过一个问题:"究竟是一切真理都依赖经验,也就是依赖归纳与例证,还是有些真理更有别的基础。"③洛克有言:"我们的全部知识是建立在经验上面的;知识归根到底都是导源于经验的。"④这一立论虽过于绝对,但本身并非毫无道理。所以莱布尼茨将真理划分

---

① [德]莱布尼茨:《致闵明我的两封信》,载[德]夏瑞春编:《德国思想家论中国》,陈爱政等译,江苏人民出版社1989年版,第21页。
② 同上书,第22页。
③ 《序言3》,载[德]莱布尼茨:《人类理智新论》上册,陈修斋译,商务印书馆1892年版,第3页。
④ [英]洛克:《人类理解论》第2卷第1章,关文运译,商务印书馆1959年版。

为两类,一为"事实真理",一为"理性真理",前者自然是指由经验而归纳得来的"洛克式真理";后者则是他独创的"莱氏式真理",具体论证之则为:"像我们在纯粹数学中,特别是在算术和几何学中所见到的那些必然的真理,应该有一些原则不靠举例便可以得到证明,也不依靠感觉的见证。"①在这里,他的数学家身份大放光芒,对自然科学的娴熟使得他论证起来得心应手。但从这里我们可以看到,用纯粹的唯心、唯物的立场来确定思想家之间的分歧,似乎并不全面。他在这里用的是"一分为二"的手法,并未将洛克的"唯物主义"绝对否定。所以,莱布尼茨的"真理溯源",有其自觉的道路选择,亦即"理性之路"。莱布尼茨有过这么一段表彰中国民族性的论断:

> 事实上,我们在中华民族之中,发现(现)了优美的道德。即在道德上,中华民族呈现着异样的优越。在工艺与技术方面,双方可以说是平等的;就思辨的科学而言,欧洲较为优越;可是在实践哲学方面,换言之,即在生活与人类实际方面的伦理与政治,我们实不足于(与)中国相比拟(这是一种忍耐的屈辱)。因为中国民族,在可能范围内,相互团结以实现公共的安全与人类的秩序。这与他国的法律相比较,其优劣当不可同日而语。对于人类的善恶,由人类自身所发生的,返还到人类自身。所以人心如狼的谚语,在中国永不适合。我们的愚昧,使我们沉沦于不幸之中,同时我们自身,又创造了苦难。

---

① 《序言3》,载[德]莱布尼茨:《人类理智新论》上册,陈修斋译,商务印书馆1892年版,第4页。

第二章 德国启蒙早期进程里的"中国镜像":以莱布尼茨的人类理智论述为例

如果理性是一付清凉的解毒剂,那末(么)中国民族便是首先获得此药剂的民族。中国全社会所获得的效果,较之欧洲宗教团体所获得的,更为优良。[①]

与其说莱布尼茨发现了中国,不如说他发现了理想之中的"虚拟镜像"。中华民族之中诚然有他描述的"美德",但也有更多他未及(或不愿)发现的"孽根"。而将中国树为理想,不过是将欧洲比为愚昧的需要而已。就事实而言,所谓欧洲人创造苦难的说法,对中国人也一样适用。但最关键的,其实莱氏是借中国这幅理想化的"虚拟镜像",来将他炼制已久的"药方"——理性和盘托出。

作为德国启蒙的开山人物,莱布尼茨的基本立场非常明确,就是坚持理性。而在"事实真理"与"理性真理"之间,莱氏虽不否定前者,但显然更看重后者。也就是说,除人类可以通过经验收集归纳的"事实真理"之外,必然还有一些部分是人类未必能够通过自身的认知达到的。所以这就要回到上面的论述,亦即人类知识的局限问题。也就是说,在莱布尼茨那里,虽然强调人类对真理探索的可能性与进步性,但他所强调的理性,是承认人类认识的局限性的,即"我们的知识毕竟是永不能包括涉及我们所具有的观念方面我们可能希望认识的全部东西的"[②]。这与后来强调理性万能、科学可以征服自然的"逻各斯"主义是有本质区别的,后者显然是变形走样,有些"走火入魔"了。而莱布尼茨之所以在高张的"理性"旗

[①] 转引自[日]五来欣造:《儒教对于德国政治思想的影响》,刘百闵、刘燕谷译,商务印书馆1936年版,第258页。
[②] [德]莱布尼茨:《人类理智新论》下册,陈修斋译,商务印书馆1892年版,第442页。

帜下，仍不乏作为人的"感性"调节的一面，与其"知性"与"智性"的一面有密切的关系。这就涉及他整个哲学体系的构建问题。

第三，"前定和谐"系统。在莱布尼茨的思想体系中，这是最重要的概念。而这又与他"单子论"与"连续性"的思维密切相关①，必须略加说明。在莱氏理论中，自然界是一个到处充满了"力"、由数学和逻辑原则所统率的和谐整体。自然界在物质上是无限可分的；在精神上由无数能动的、不可分割的单子组成。单子不具有广延性，只具有一定的质的真正不可分割的点，它们自由而独立，各自通过知觉参加宇宙活动，同时每个单子本身也是一个小宇宙。

自然界中不存在任何绝对间断的东西，一切对立面、空间、时间与方式的所有界限都消失在世界的绝对连续性与无限联系之中。自然物的全部秩序组成一个统一的链条，各个不同种类的存在像链条的各个环节那样紧密衔接，以致感觉和想象都无法准确地判定这一环节结束、那一环节开始的那个点。这种单子的绝对不间断理论即"连续性定律"。这样的话，单子的变化也只能是渐进的、不发生突变的。

众多单子经由连续性定律的规范，便使得构成世界的无数单子和谐地形成一个整体。这种和谐秩序是由上帝（这是在无数单子之上的最高单子）安排的。上帝在创造每个单子时，预先规定了其本性，并规定它在以后的全部发展过程中自然地与其他单子的

---

① 关于这个问题，参见《译者序言　莱布尼茨及其哲学简介》，载［德］莱布尼茨：《人类理智新论》上册，陈修斋译，商务印书馆1892年版，第19—38页。另参见安文铸、关珠、张文珍编译：《莱布尼茨和中国》，福建人民出版社1993年版，第54—64页。

第二章　德国启蒙早期进程里的"中国镜像":以莱布尼茨的人类理智论述为例

发展过程相一致。上帝这样创造出来的世界是许多可能世界中最好的世界,是预先确定的最为和谐的世界。这就是所谓"前定和谐"系统。①

由于莱布尼茨毕竟处于西欧特殊的历史语境,尊崇上帝乃自然之举。但莱氏借上帝立论,实际上要建立的则是自己的"宇宙论"理论。即这个世界是始终处于一种稳定状态的"前定和谐",所以即便在过程之中出现不和谐的状况,那也只是暂时的,其最终结局、居于基本支配原则的仍是"和谐"。正如其科学预见的洞察性一般(自然界无真空,植物和动物之间存在着某种中介生物),这种和谐论思想,也表现在莱布尼茨尝试调和中西文化的努力上,他这样说:"全人类最伟大的文化和最发达的文明仿佛今天汇集在我们大陆的两端,即汇集在欧洲和位于地球另一端的东方的欧洲——支那(人们这样称呼它)。我相信,这是命运的特殊安排。大概是天意要使得这两个文明程度最高的(同时又是地域相隔最为遥远的)民族携起手来,逐渐地使位于它们两者之间的各个民族过上一种更为合乎理性的生活。俄罗斯人以其帝国广袤无垠的疆域联结着中国与欧洲,统治着北冰洋沿岸那块最野蛮的地区。听说,他们现今执政的君王自身积极努力,与辅佐他的元老们一道领导他们正竭力效仿我们的业绩。我以为,这决非偶然。"②在莱氏的这段表达中有几点值得注意:一是中国文明与欧洲文明是成对峙互补之

---

① 参见安文铸、关珠、张文珍编译:《莱布尼茨和中国》,福建人民出版社1993年版,第55—57页。
② [德]莱布尼茨:《〈中国近事〉序言:以中国最近情况阐释我们时代的历史》,载[德]夏瑞春编:《德国思想家论中国》,陈爱政等译,江苏人民出版社1989年版,第3—4页。

势的,它们是人类文明中最伟大的;二是因其伟大,所以这两种文明须携手共进,可以造福他族;三是居间联系调处的是俄国文明,同时因执行这样的使命而会将理性之光传给欧亚大陆中间的各个民族。显然,在莱布尼茨的思想中,中国文明与欧洲文明之间的关系应是和谐的。不但如此,他还像安排微生物那样,给中欧之间安排了俄罗斯的角色。事实似乎也予以印证,最好的例子当然就是"二进制"与"周易思维"的洽合。

综上所论,我们不难看出,作为德国启蒙思想的奠立者,莱布尼茨确实建构了自己独特的思想体系。因为特殊的历史语境,他必须祭起理性的大旗,但他对理性的坚持,绝非没有限度。而其"前定和谐"系统的思维方式,也在相当程度上导致了他的调和思路,亦即不会走上极端。所以,他对人类知识有效性与有限性的认知,是非常有启发的。这也让我们在认知走向极端的"启蒙理性"问题上保有警惕,即历史演化本身就充满了变数。在莱氏思想形成的过程里,中国文化扮演着重要角色,同时反过来促成莱布尼茨形成自己独特的"中国文化观",并进而对德国乃至欧洲语境发生影响。

三、莱布尼茨"中国文化观"的历史意义及其民族立场

作为"德国头一个创立一种独立的、卓有成果的哲学的重要人物",其虽主要生活于17世纪,但其影响却至为深远,尤其对18世纪的德国启蒙思想有开启之功。说他是17—18世纪的承前启后人物,当不为过。难怪后人认为:"从莱布尼茨的哲学开始,出现了一种新的精神力量。莱布尼茨不仅改变了流行的世界图景的内容,

第二章　德国启蒙早期进程里的"中国镜像"：以莱布尼茨的人类理智论述为例

而且赋予思维以新的形式和新的基本方向。"①而之所以能取得这样的成绩，与其善于接受外来资源，尤其是对中国文化智慧的采择与创化大有关联，值得细加梳理。

莱布尼茨的头衔有很多，对他这样的近乎"百科全书"式的学者，加上任何一项帽子也许都不过分，诸如哲学家、逻辑家、数学家、史学家、法学家、语言学家等，但恐怕也都不是那么贴切。说莱布尼茨志在"匡救天下"，或许过分地以中国儒家思维去衡量西人行为模式，但终其一生，莱氏"以各种方式，致力于在新、旧教之间的调解疏通"倒是确有其事。② 这一点，充分表现在他对中国文化的明确"资源意识"上，正如前面所引述的，他将欧洲与中国称为"全人类最伟大的文化和最发达的文明"，并将其归为天意，认为"这是命运的特殊安排"，要使得"两个文明程度最高的（同时又是地域相隔最为遥远的）民族携起手来"，其目的则归为"逐渐地使位于它们两者之间的各个民族都过上一种更为合乎理性的生活"③。这段话非常重要，值得细加解读。

一是"理性思维"。这是启蒙时代最重要的时代特征，针对传统的神秘主义（宗教统治）而兴起的理性思维，实际上是人对神的主体位置的取代，而"尽管启蒙运动存在着许多内在的弱点，受其影响的范围也很有限，同时不屈从于其理性概念或不承认其普遍规律的世界向它提出了日益兴起的挑战，这个运动还是

---

① ［德］卡西尔：《启蒙哲学》，顾伟铭等译，山东人民出版社1988年版，第26页。
② 卫茂平：《中国对德国文学影响史述》，上海外语教育出版社1996年版，第22页。
③ ［德］莱布尼茨：《〈中国近事〉序言：以中国最近情况阐释我们时代的历史》，载［德］夏瑞春编：《德国思想家论中国》，陈爱政等译，江苏人民出版社1989年版，第3页。

059

对世界历史的进程发生了很大的影响。对它的影响怎样估计都很难说是过高"①。有论者这样深化启蒙的概念:"启蒙运动决不仅止于1800年,将其作为一种单纯的思想性、哲学性、文学性的运动来看待,都是过于狭隘的。我们必须将启蒙运动更多地做另样看,即把它看成是一种意识、方式与行动更变的过程,把它看成是一种社会-文化的运动。无论是其前提还是后果,都包括经济、社会、政治与文化的变迁。这种对于世界的理性渗透式的启蒙追求,导致了政治立场的精神游移性扩张,产生社会后果,并以获得一种新的国家与社会理解为目标。"②在这一概念中,启蒙的复杂性显然得到很大程度的揭示。确实,启蒙在不同的时期与外在形式上都不是一个完整的统一体,无论是论欧洲,还是谈德国,都是如此。但尽管如此,对于德国来说,由莱布尼茨发展到康德的线索,仍是其中最具标志性的"启蒙象征",正如康德的阐释那样:"启蒙就是人脱离咎由自取的童稚状态。……要有勇气运用你自己的理智!这就是

---

① [英]J.O.林赛编:《新编剑桥世界近代史》第7册《旧制度:1713—1763年》,中国社会科学院世界历史研究所组译,中国社会科学出版社1999年版,第143页。
② 德文为: Aufklärung hört nicht um 1800 auf, und sie wäre als eine intellektuelle, philosophische, literarische Bewegung zu eng gefaßt. Aufklärung muß vielmehr als ein Prozeß der Veränderung des Bewußtseins, des Verhaltens und des Handelns, als eine soziokulturelle Bewegung begriffen werden. Zu ihren Voraussetzungen wie zu ihren Folgen gehören ökonomische, soziale, politische und kulturelle Wandlungen. Das aufklärerische Streben nach rationaler Durchdringung und Erfassung der Welt führt zu einer Ausweitung der geistigen Regsamkeit auf politische problemstellungen hin, hat soziale Implikationen, zielt auf ein neues Staats-und Gesellschaftsverständnis. Bödeker, Hans Erich & Herrmann, Ulrich:„Aufklärung als Politisierung — Politisierung als Aufklärung: Fragestellungen"(《作为政治化的启蒙—作为启蒙的政治化:问题立场》), in Bödeker, Hans Erich & Herrmann, Ulrich (hrsg.) : *Aufklärung als Politisierung — Politisierung als Aufklärung* (《作为政治化的启蒙—作为启蒙的政治化:问题立场》). Hamburg: Felix Meiner Verlag, 1987. S.4 - 5。

第二章　德国启蒙早期进程里的"中国镜像":以莱布尼茨的人类理智论述为例

启蒙的口号。"①说到底,仍是理性思维。

二是"资源意识"。表面上看,莱布尼茨强调的是两种最高文明的融合,实际上更重要的立足点仍落在了借鉴中国文化而发展德国文化的思路上,即将"中国文化"作为发展德国思想的"启蒙资源"。请注意,当莱布尼茨萌发出这样高明的文化思想见识时(《中国近事》编于 1697 年),欧洲仍在整体上处于一种"无知自大"的状态,龙华民就毫不客气地批评中国文化②;莱布尼茨则毫不犹豫地为中国文化辩护:"中国是一个大国,它在版图上不次于文明的欧洲,并且在人数上和国家的治理上远胜于文明的欧洲。在中国,在某种意义上,有一个极其令人赞佩的道德,再加上有一个哲学学说,或者有一个自然神论,因其古老而受到尊敬。……我们这些后来者,刚刚脱离野蛮状态就想谴责一种古老的学说,理由只是因为这种学说似乎首先和我们普通的经院哲学概念不相符合,这真是狂妄之极!"③

难怪后世史家要认为在启蒙运动中"第一个认识中国文化对西方发展之巨大精神作用的,是莱布尼茨"了。④ 正是这样一种对外来思想资源的敏锐洞察力,才能使得莱氏在 17—18 世纪群星灿

---

① 中译参见孙周兴译文,孙周兴:《作为语言哲学的元批判——哈曼与康德》,同济大学"德国哲学与现代中国"研讨会论文,2004 年 6 月,第 3 页。
② 龙华民(Longobardi, Nicolas, 1559—1654)是意大利来华耶稣会士,他在 1701 年出版的《论中国宗教的若干问题》批评中国文化。莱布尼茨在《致德雷蒙先生的信:论中国哲学》(1716)中有针锋相对的反驳。关于其人,参见[法]费赖之:《在华耶稣会士列传及书目》上册,冯承钧译,中华书局 1995 年版,第 64—71 页。
③ 转引自焦树安:《谈莱布尼茨论中国哲学》,《中国哲学史研究》1981 年第 3 期,第 23 页。
④ [德]利奇温:《十八世纪中国与欧洲文化的接触》,朱杰勤译,商务印书馆 1962 年版,第 69 页。

烂的启蒙时代中皎然独立,成为不仅是德国思想史,亦是欧洲思想史上重要的承上启下之过渡性关键枢纽人物。当然,更重要的一点是,莱布尼茨本身的思想与中国文化有相当的契合之处,这点值得特别关注,有论者如此概括:

> 莱布尼茨亦如中国圣人一样,相信实体的世界是一个整体,是精神实体的不断继续充实提高。两者对于先定的和谐的信仰和对于天道的信仰,产生了无限的乐观精神(可能的最好的世界——天邦)。莱布尼茨与孔子都认为宗教的精义(包括基督教),在于实际生活中。宗教的主要服务在于创造知识;宗教的目的,在于教育群众,使他们的举动符合社会的利益。这也就是启明时代的明白而单纯的宗旨。它与孔子所谓"道也者,入德之门",意思十分相近。两者都认为品德就表示快乐,为善最乐,亦即一切思想的崇高目的。①

但这样也有问题,一方面这说明,话语垄断是不可取的,谈对中国的认知和了解,莱布尼茨当然不如龙华民亲历实地的"感同身受",但双方的见识和判断,却不可同日而语;另一方面话又说回来,由于莱布尼茨的"资源意识",他对中国的"刻意理想化"倾向,也值得充分警醒。在他的心目中,康熙帝乃是"圣君贤主",从他不吝抛出的种种褒扬之语就可以看出这当然不免过于主观化的"理想成分"。这也是一种时势使然的"纠枉过正",需要后人有清醒的认识。总体而

---

① [德]利奇温:《十八世纪中国与欧洲文化的接触》,朱杰勤译,商务印书馆1962年版,第70页。

第二章 德国启蒙早期进程里的"中国镜像":以莱布尼茨的人类理智论述为例

言,正是由于莱布尼茨,德国(甚至欧洲)有可能在 18 世纪形成一种"中国文化热"。[①] 他的判断,既有利于德国人(欧洲人)认识到中国文化的"资源意义",更对中国文化获得世界声誉良有助益。[②]

三是"民族使命"。因为无论是理性思维,还是资源意识,最终仍不可避免地归结到日耳曼民族的历史使命上来。所谓"两个文明程度最高的民族",一为中国,另一恐怕多半指的是德国(或者说德国代表了欧洲文明)。日后黑格尔发展出的"日耳曼意识"[③],早在莱布尼茨这里已萌发无余。莱布尼茨的主要著作虽都用非德语撰成(这当然有那个时代的特定背景和原因,学界通用语是拉丁文),但却已开始意识到民族语言构建的重要性。其文章《关于德语运用与改善的不合时宜思想》(„Unvorgreifliche Gedanken, betreffend die Ausübung und Verbesserung der deutschen Sprache")、《敬告德意志国民善用知性与语言并附议缔造德语思维社会书》(„Ermahnung an die Deutschen, ihren Verstand und ihre Sprache besser zu üben,

---

[①] 关于 18 世纪的中国文化在英、法、德的传播与利用,参见严建强:《十八世纪中国文化在西欧的传播》,中国美术学院出版社 2002 年版。
[②] 有论者将莱布尼茨中国文化观的意义总结为:中、西方文化的互补作用(包括中西思维的同构性等)、开创了对中国文化的学术性研究之风气、预见到俄国文化处于东西文化交流的中介地位、对其德国学生与后来者产生重要影响等。参见忻剑飞:《世界的中国观——近二千年来世界对中国的认识史纲》,学林出版社 1991 年版,第 175—185 页。似乎过于宽泛了些,我这里的立论主要针对其时的历史语境而言。
[③] 黑格尔将世界历史划分为四个阶段:东方世界—希腊世界—罗马世界—日耳曼世界。他强调:"'精神的光明'从亚细亚洲升起,所以'世界历史'也就从亚细亚洲开始。"黑格尔的这种对世界历史的把握,主观色彩过于浓厚,即最终将使命归结到本民族身上来,有过于浓烈的民族-国家色彩。[德]黑格尔:《历史哲学》,王造时译,世纪出版集团/上海书店出版社 1999 年版,第 106 页。事实亦已证明,日耳曼文明过于强调自身的世界使命之承担,其幸在于此,如俾斯麦以铁血政策所实现的民族-国家统一以及在欧洲的崛起;其不幸亦在此,从威廉二世到希特勒,其对德意志民族所带来的巨大灾难,思想根源亦不妨追溯于此。

samt beigefügtem Vorschlag einer deutschengesinnten Gesellschaft")虽均发表在莱布尼茨身后,但就其价值意义而言尤为重大①,可与日后费希特《致德意志国民书》(„Die Reden an die deutsche Nation")相提并论,只不过后者发表于国家沦亡的时代背景下,更具象征性的民族政治意味,故而影响极大;前者虽作于国家升平之际,但却是在语言文化上奠立一民族精神的开山鼻祖,意义实则极为深远,惜为世人不察。② 莱布尼茨对中国文化的认知正宜纳入这样一种整体背景中来考察。

以上三点恰可较为全面地展现出那个时代历史语境的特殊需求。也就是说,莱布尼茨通过引中国文化为重要的思想资源,从而参与了德国启蒙理性路径的构建,其最终落足点仍在德意志民族-国家建构的根本情结之上。而这样一种特殊的资源取径,也就导致了文化资源的流转、接受与变化不但与中介者的选择与处理方式颇有关联,更重要的还取决于受者的志趣、需要与抉择。欧洲语境中宗教背景相当复杂而重要,基督教新教与天主教之势同水火,

---

① 这一问题详见关子尹《莱布尼茨与现代德语之沧桑》,《同济大学学报(社会科学版)》2005年第1期,第1—11页。
② 而由莱氏所指出的德语语言表达问题,无论是在哲学方面,还是在文学方面,都在18世纪中期以后得到了充分的解决,也充分说明了莱氏的远见卓识。前者如康德、费希特、黑格尔,后者如莱辛、歌德、席勒,无论是"抽象认知的表述",还是在"心灵搏动的表达",哲人与诗人们都实现了一个"前无古人,后乏来者"的德意志文化创造年代。也就是说,不仅是通过诗人(文学家)的艺术构建,也同样受惠于学者的学术探究。其实我们读德国哲学的著作,当然不乏有艰深晦涩之感,但只要仔细体味,就有可能发掘德语语言本身的奥妙灵转与出新之处。当然,德语语言的辉煌时代仍与文学创造的古典时代同步,所谓歌德、席勒"创造性的语言特点是我们永远追随的典范"。Bach, Adolf: *Geschichte der deutschen Sprache*(《德语史》). Heidelberg: Quelle & Meyer, 1970. S.381. 说的就是这个意思。

第二章 德国启蒙早期进程里的"中国镜像":以莱布尼茨的人类理智论述为例

不仅是路德与罗马教廷结下的宿怨,也更由于其时的政治背景使然。也许,只有莱布尼茨这样的理想主义者才会想到去调和其间的冲突。可这其实也与德国本身的宗教状况有关,与法国为天主教国家不同,与英国为新教国家亦有异,这两个教派在德国境内的状况基本上是势均力敌,彼此之间的矛盾与斗争实际上严重阻碍了德意志民族-国家的建构进程。[①] 所以,莱布尼茨的调和教派,固然有理想主义者的"天真烂漫",却也不乏民族-国家建构考量的"深层意识"。最后,当然还得归结到启蒙时代"德国哲学"奠立者的定位,虽然此前托马修斯已经花了大量精力,试图使哲学从神学中摆脱出来,但真正使其获得独立地位者,仍当属莱布尼茨。但莱布尼茨不是经院哲学家,请注意:"他不仅从未受聘当过哲学教授,而且由于他的兴趣广泛而使他把哲学工作看作只不过是他的许多活动中的一项活动。"所以,这就意味着莱氏作为"全面的天才"(德国人语),应将之作为一个完整的人来对待,"他决(绝)不象(像)康德说的那样是一个极端的理性主义者,他自己的真正目的是创造出一个新的综合,以超出早期传统之间在各个理智活动领域中看起来不可调和的冲突"[②]。这其实也符合他关于前定和谐的基本思维,莱布尼茨始终在寻求一种中和与平衡,在教派之间如此,

---

[①] 参见 Novak, Kurt: *Geschichte des Christentums in Deutschland — Religion, Politik und Gesellschaft vom Ende der Aufklärung bis zur Mitte des 20. Jahrhunderts*(《德国基督教史——从启蒙末期至 20 世纪中期的宗教、政治与社会》)。München: Verlag C.H.Beck, 1995. S.21-30。关于此前基督教与德意志民族发展进程中错综复杂的关系,参见刘新利:《基督教与德意志民族》,商务印书馆 2000 年版。
[②] [英]麦克唐纳·罗斯(Ross, G.Mac Donald):《莱布尼茨》(*Leibniz*),张传友译,中国社会科学出版社 1987 年版,第 3 页。

在东西文化之间如此,在生命进程之中亦如此,无论是理性思维(其非极端性与中国文化的影响相关),还是资源意识(夸大中国文化的优势正是为了"借钟馗打鬼"),归根结底还是摆不脱那日耳曼民族的"血水相融"的浓重情结,忘却不了那似乎与生俱来的"民族使命"。

第三章　大学建制视野里的"中国资源"：沃尔夫的普及功用与承上启下

一、莱布尼茨-沃尔夫体系中的代际传承

沃尔夫一般作为德国哲学史上的莱布尼茨哲学继承者为人所知，而其自身的哲学观点往往被人低估，甚至被当作僵化莱布尼茨哲学体系的罪人。而实际上，沃尔夫本人对中国资源的理解在当时已经足够前沿而应该得到哲学史的认可，同时，其哲学体系也对莱布尼茨对中国的经典理解进行了升华。因此我们理解沃尔夫，一定要将其放置在莱布尼茨-沃尔夫体系中来考察。① 如此，被莱布尼茨接受的中国资源不仅初步形成了可以二度阐释的"中国资源"，就不仅仅属于莱氏一人而已，它在德国语境中便有了充分的"延展可能"，即转化为德国"启蒙运动"的"中国资源"，第一次为沟通两大文化体在思想层面交流奠定了基础，这一过程正是通过沃尔夫这样重要的人物来实现的。因此沃尔夫的地位不但在哲学史上应被重新定义，他在跨文化思想史上同样应占据一席之地。

---

① 关于莱布尼茨-沃尔夫体系，参见赵林：《"莱布尼茨-沃尔夫体系"与德国启蒙运动》，同济大学"德国哲学与现代中国"研讨会论文，2004年6月。

沃尔夫的本行虽是数学,但他作为莱布尼茨的忠实信徒,其对孔子之推崇揄扬、宣传推介一直不遗余力,甚至不惜丢掉教职,引起敌视。伏尔泰作为其同时代人,对他有这样的评述:

> 哈勒大学数学教授、知名的沃尔夫有一天发表了一篇很好的演说推崇中国哲学;他称赞这个眼耳鼻须和推理都跟我们不同的古老的民族;他称赞中国人敬奉一位至高无上的神并且好德;他把这归功于中国皇帝、国老、法官、学士。对于和尚的看法就完全两样了。
>
> 要知道这位沃尔夫教授在哈勒吸引了1 000多名各国的学生。在这个大学里有一位名字叫郎格的神学教授,他却一个人也吸引不到。这个人在课堂上坐冷板凳很失望,就有理由想要毁坏数学教授。他不免按照他那一类人的习惯,诽谤数学教授不信神。[①]

沃尔夫在1721年任哈勒大学校长期满后,发表《论中国人的实践哲学》(„De Sinarum Philosophia Practica")作为离职演说,在哈勒大学引起了轩然大波,最后导致他不得不隐身避祸,国王要求他选择,或是24小时离开哈勒,或是被处以绞刑。只要不是呆子,多半会选择前者。何况,当时远未统一的德国(这一概念仅为方便理解,虽然"德意志"会更符合历史语境,但考虑到国内语言习惯仍使用"德国"一词作为deutsch的对应概念。下同),更不存在谭嗣同

---

① [法]伏尔泰:《哲学辞典》(*Dictinnaire Philosophique*)上册,商务印书馆1991年版,第328—329页。

第三章 大学建制视野里的"中国资源":沃尔夫的普及功用与承上启下

"去留肝胆两昆仑"的语境和背景。大学教授因学术观点与执政者发生矛盾被迫易地而处乃是平常事,教授之间因思想不和或者实际的场域利益冲突发生龃龉也不鲜见,沃尔夫的公开表态即引发了两方面势力对他的不满,伏尔泰所提朗格即是此中激化沃尔夫与国王矛盾的推波助澜者。但我们也可以看到,引来遥远东方的中国资源,尤其是尚在"哲学为神学婢女"的前启蒙时代,在德国也不是那么容易的一件事,不仅要面对来自哲学认识本身的争论,还要防备同事甚至学生出于争夺教职资源、维护已有利益而施放的暗箭。正是这些我们今人看来唏嘘不已的经历、汲取外来先进文明的选择和无畏使得沃尔夫虽然不是"盗火者",但给他所言所行蒙上了一层格外的亮色。为何沃尔夫的选择和做法是独特的?为何沃尔夫担当了启蒙运动先导思想资源的媒介?这一问题,必须结合当时德国的时代与历史背景,才能看得更加清晰。18世纪早期的德国,还处于神圣罗马帝国时代,多少有点"虚君"联邦制的意味,除选帝侯外,各小邦国诸侯的实际统治权也很大,所以威廉一世一声令下沃尔夫就不得不颠沛流离;但诸侯林立的事实也有另一个好处,即诸侯之间的世俗权力角力和整体的欧洲各地区权力制衡为知识精英原本处于劣势的政治场域博弈提供了"资本";这种"资本"是知识分子可贵的一点点思想资产,不能换取富贵,但至少可保一处安身之地,简言之就是使得选择的可能多样化。沃尔夫这里刚被驱逐,早就有其他君主虚席以待,像彼得大帝、瑞典国王等都愿意为其提供教席位置就是明证。这也从侧面反映了"唯神学"的宗教主导执政方针的没落,先进的执政者首先意识到了大学及大学教职人员的重要价值,既然神权和教权无法为世俗统治保驾护航,知识和理性所代表的生产力预期就成为君主瞄准的下一个目标。而相比那些借助诸侯威权而压制沃尔夫的哈勒大学同事,沃尔夫以自己的知识价值获得了王权的尊重,这本身也说明了权力变换的不可预见性,借助神学体系统治人民的君王失去了一言九鼎的话语权,那么离"上帝代言人——教会"的传统知识结构话语衰落还会远吗?

按照沃尔夫的观点:"在地球上,短暂易变是恒久不变的规律。中国人的智慧和治国才智刚刚兴盛不久,马上就开始走下坡路,逐渐败落,最后几乎到了不可收拾的地步,原因是:诸侯们悖离道德之正道;贵人们置法不顾;师长们弃誓负义;庶民百姓蜕化变质,肆无忌惮,那时的中华帝国真是世风直下!人的至高美德——道德才智,朝廷悉数丧尽。国富民强赖以存在之法惨遭践踏,教育幼童知书达理、培养成年人谦虚美德的学校,如今几乎无一幸存,到头来,举国之民贪色好逸,毁于堕落,亲爱的听众,面对这样的世风,有谁不忧虑万分呢?!"①沃尔夫的论述是紧紧扣住德国的现实而言的,18世纪初的德国刚刚从三十年战争中恢复元气,但造成的内部分裂实难逆转,统一的宗教加皇帝统治已经崩坏,邦国之间的权力斗争对经济破坏极大,虽然经历了马丁·路德的宗教改革,但这并没有在道德层面扫除教会的贪腐乃至统治者的阳奉阴违,市民阶层的受教育者和宫廷中的觉悟者首先将自己的情感通过文学作品表达出来,并对统治者的道德失范进行隐晦的谴责,然而,种种问题的根源并没有被明示,而沃尔夫是胆

---

① [德]克里斯蒂安·沃尔弗:《关于中国人道德学的演讲》,载[德]夏瑞春编:《德国思想家论中国》,陈爱政等译,江苏人民出版社1995年版,第30页。

第三章 大学建制视野里的"中国资源":沃尔夫的普及功用与承上启下

敢公开呼吁对神学在哲学方面的指导(或者说禁锢)、对宗教在政治方面的指导(即统治基础)进行反思和解放的第一人,是早期启蒙的领袖人物,德国知识精英始终有"参政议政"的传统,尤其是考虑到德国一直没有统一的民族国家认知,在实际社会政治层面也缺乏统一的号令,由宗教纠纷引发的三十年战争虽然过去百余年,但在邦国之间存在的宗教矛盾始终还有,严重影响了国家发展,并对大学产生了一定的负面影响,而知识精英的主体和自觉还未确立。在这样的背景下,沃尔夫试图以中国之事"兴"德国之实,他对孔子、儒家及其思想的引证,也是围绕着理性的面相而展开的。这也就意味着,他分离了莱布尼茨蒙在前定和谐论中的上帝概念,第一次没有借着上帝的法旨谴责诸侯的背离和教会的腐败,因为他知道这肯定是无效的,而从道德、法理的层面进行了理性的分析,或者说,虽无理性之名,但存理性之实。

莱布尼茨是德国乃至欧洲思想史上具有转折意义的关键性人物,其中涉及一个非常重要的环节,或者说多条线索的枢纽凝结于莱布尼茨一人身上,而此前此后的最重要枢纽性意义究竟在哪里体现?我以为一个核心点是在"大学"。大学既是知识传承的机构,又是知识精英容身之所,此时的大学并非现代教育过程的一种必然,而是蕴含了知识精英本身的主观选择,这样的机构选择更具特殊的个人感情色彩。以莱布尼茨为例,他的工作基本上是在图书馆进行的,他的职业选择(Bibliothekar)和依托是图书馆(王家图书馆,Herzog August Bibliothek),并没有托身大学,这是一个与现代意义上的知识人的根本差别所在。而到了作为弟子的沃尔夫,情况发生了重大变化：一方面，大学迎来了第一次建设高峰，如哈勒大学、哥廷根大学和埃尔朗根大学等，另一方面，大学中的教、学、研体制逐渐成熟并初步形成了德国特色，即学术独立和自由。沃尔夫的重大突破，是将其知识创造和思想传播工作，依托大学进行，而哈勒大学作为德国现代大学的前驱型典范，其重要意义也正是在于突破了教会学校时期的封闭式知识分享圈子，以及对知识教授方式和内容的控制，逐渐发展了神学以外的学科知识体系，并为这些学科提供了基本的培养框架。或许正是这样的参与经历和切身感受，使得沃尔夫很重视教育体制的功用，他说："当中国人在前面提到的帝王的领导下过着幸福的日子的时候，他们在全国各地设置到了两种学校，一种他们称为小学，它以心灵的低级部分为基础；另一种他们称为大学，它完全以心灵的高级部分为对象。8—15岁的男孩上小学，因为他们还不能运用自己的理性，还必须由感性的观念引导和管理。因此，所有的孩子，不论是皇子王孙，还是官人子弟、贫家儿孙，都可以上小学。大学只收满16岁的年轻人，这样他们在学习运用理性的时候，可以考虑高级一些的事物。大学的招生对象是官贵子弟，虽然也吸收少数贫家少年，但是这些人必须让人感到他们比别人更加勤奋，比别人具有更多的理性和判断力。"[①]这种说法不知所据为何，但德国此时的大学培养学生也是以贵族子弟为主，在大学和贵族之间显然有着资源交换的默契，而市民或者普通民众的相应资源缺乏势必会打破这种规则，沃尔夫有此判断不足为奇，他看上去倒是对这种制度设计一清二楚，而且他显然将理

[①] ［德］克里斯蒂安·沃尔弗：《关于中国人道德学的演讲》，载［德］夏瑞春编：《德国思想家论中国》，陈爱政等译，江苏人民出版社1995年版，第36—37页。

第三章 大学建制视野里的"中国资源":沃尔夫的普及功用与承上启下

性-感性的概念与这种制度设计联系起来,这部分认识来自朱熹在《大学章句序》和《小学》序中提到的古代小学、大学之区分。① 虽然"修身、齐家、治国、平天下"②在中国语境下是老生常谈,也常被当作中国儒家思想跟从者的阶段性的理想目标,但从沃尔夫的角度来看,这恰恰说明了道德伦理在国家治理中的基础作用,"德治主义有两个目的,第一目的以理性判别善恶与真伪,第二目的即修身、齐家、治国、平天下。这样尊重理性的精神,就是我们哲学家狄德罗的精神"③,即东方德性与西方理性之间是存在着内容联系的。这种理性沟通了中国的孔子和西方的启蒙主义,回到道德伦理,即不仅只是通往世俗成功的一个台阶,而且"修身"的自觉性和自发性以及动机都和沃尔夫眼中的德国不同,即中国人为了得到道德高尚的表扬而约束自己,而德国人为了不受到上帝的惩罚而约束自己,这种动机的差异在沃尔夫看来也直接导致了结果的差异:中国人的治国成功,而德国的教士(甚至国王)却贪污享乐。这就更使他对中国资源产生深入了解和研究的兴趣。沃尔夫也认识到这样一个问题:"为何中国人考虑得更多的是追求德性,而非避免恶?"他对此解释道:"中国人不会偏离正确的道路,那是因为他们很少顾虑恶之污,而是竭尽所能促进对德性的追求、保持对恶的不知。在这一点上,他们与知性的逻辑家们相似,后者很少考虑避免偏见,而是追求知性之力量,并习惯于探求如何让它们服务于对真

---

① 参见[德]沃尔夫:《中国人实践哲学演讲》,李鹃译,华东师范大学出版社1995年版,第33页。
② 《礼记·大学》。
③ 朱谦之、黄夏年:《朱谦之文集》第十卷,福建教育出版社2002年版,第206—207页。

理的研究,因为他们确定,偏见在真假判然有别的地方绝无可能存在;而在追求真知之力量缺位的地方,也就绝无可能避免偏见。人类心灵具有一些追求懿行、避免与其相对之恶行的力量,对此我看无人会质疑。"①正是对恶的欠缺、无知导致了一种好的行为,而以"全知"的上帝为指导,反而导致了偏见,这体现了自然之力的匮乏,而自然之力的缺乏同时导致了感性压过理性成为行为指导。因此在他的心目中,中国的教育制度是相当合理的,小学和大学分别对应着感性阶段和理性阶段。而沃尔夫又是如何对这种合理性进行论证的呢?首先,可行性。沃尔夫认为灵魂区分为高级部分和低级部分②,低级部分如感官、想象、情感是基础的,因而可以在小学部分加以教育。知性、理性等自由意志属于高级部分,按照人的自然成长阶段可以在大学得到教育。其次,必要性和必然性。小学教育对于国民是必要的,因为可以培养他们遵守规则、行为优良、顺从帝王统治。大学教育因其知性培养而对修己、治人有所帮助,这也就意味着教育制度的结构性差异,是大学小学如此发展的必然。对于沃尔夫来讲,其中的参考价值是显而易见的,即如何通过当时逐渐发展的大学制度来完善德意志的国民教育,进而恢复德国的社会、政治秩序。这也就涉及了一个实际问题,即如何把沃尔夫汲取的中国资源在德国的大学制度内安置下来。

---

① 参见[德]沃尔夫:《中国人实践哲学演讲》,李鹏译,华东师范大学出版社2016年版,第14页。
② 同上书,第17页。

第三章　大学建制视野里的"中国资源":沃尔夫的普及功用与承上启下

二、大学建制里的"中国资源"扩张及其挫折

"莱布尼茨与沃尔夫两人在17、18世纪的欧洲,确是发挥了很大的影响。……因为今日的中国学家与西方哲学家,都可以从他们的遗论学到许多东西,都可以从他们的所知所论扩大自己原有的学术视野,并且更进一步,从深处研究中国思想。的确,莱氏和沃氏,都是为了自己原有的哲学观点寻找例证而向往中国哲学的。"①秦家懿(Ching, Julia, 1934—2001)的分析其实有道理,无论莱布尼茨也好,沃尔夫也好,都是借中国为自己的论说服务,"他与莱布尼茨一样'利用'中国,以达到各自的目的"②。这种借他人酒杯,浇自家心中块垒的思路,其实在各民族文化发展的过程都屡见不鲜,而这种跨文化资源的"引经"和"用典"则是受到时代、传播途径以及中介的主观性等因素共同限制的一种文化现象。因此必须认识到沃尔夫并非认识到了全部的中国资源,更没有认识到完全正确的中国资源(这里的"正确"指的是语文学层面的含义),但是因沃尔夫的思想价值并不在于他对中国资源的阐释如何,而在于他在跨文化资源的引经据典中为德国思想创造了何种新物质。当然,创造性的思想不可能是"无源之水",必须有"利器"与"资源"才行。有论者谓:

> 促使17、18世纪的欧洲人去询问中国文明是否包含着与基督教相同的本土的东西,与促使第二次世界大战前西方汉

---

① 秦家懿:《德国哲学家论中国》,生活·读书·新知三联书店1993年版,第38页。
② 同上书,第54页。

学家去询问中国文明是否包含着本土的科学形式,两者的动机有惊人的相似之处。这两种情况都暗示着,这个询问至少部分地是由对西方文化的根本观念和根本做法的正在增长的犹豫和怀疑引起的。通过在国外发现相同的东西,人们大大增加了对深信的国内事物的犹豫动摇。这种哲学上的、精神上的探寻,表面上似乎只涉及信心的表现形式,但国内正发生的事折射在世界其他地方,这些折射也可以表达隐含在保全面子的言词中的深深的怀疑。①

这一表述,相当深刻地阐述了文化交流的某些基本规律,更直接地,当然是不仅说出了耶稣会士的基本思路,还可观照出与其有极密切联系的莱布尼茨的可能思想取向。

自莱布尼茨开始,首先从非思想层面引入了中国文化资源,八卦和微积分之间的联系被各个时期和不同主体反复追问、神话、祛魅、解构,而从思想层面来看,这种参照或者说灵感来源至少反映了研究中国哲学的一种尝试和正式开端,更重要的是,反映了研究中国哲学的一种动机和可能引发的思想变化趋势。1729 年,沃尔夫在马堡回顾自己之前的卸职演讲时总结说:

中国人的伟大哲学家孔子,在她身上可以看到有系统知性②的自然倾向;因为他的观念中所包含的东西,不仅展示了

---

① [美]孟德卫(Mungello, David E.):《莱布尼茨和儒学》(*Leibniz and Confucianism — The Search for Accord*),张学智译,江苏人民出版社 1998 年版,第 124 页。
② 拉丁语 intellectus systematicus,译者李鹃翻译为系统知性,亦即"认识、理解、认知"。

第三章 大学建制视野里的"中国资源":沃尔夫的普及功用与承上启下

他的深刻洞察力,而且他们相互之间也以极美妙的方式相互联结,从而如果一个人既具有系统知性、又具有与孔子言行相对应的概念,那么他就能将孔子极为清楚、但还不够明确的观点中所包含的真理在一个有序的系统中表达出来。……但对于孔子来说,这一系统知性的自然倾向并非多余无用,否则孔子就不会得到关于道德和政治事物的独特观念,而且这些观念已构成了一个非常美妙、且与真理相合的系统。①

孔子的学说,按照我们的常识,并不是按照沃尔夫所谓"系统知性"来编纂的;恰恰相反,孔子学说是在儒家思想获得了中国古代皇权认可之后逐渐被不同时期的学者阐释成一个体系的。也就是说,沃尔夫眼中的孔子确实是具备"整体认识"和"个体自然性"的结构完整,但是此孔子是一个概念孔子,而不是实际孔子,所以沃尔夫建立在论孔子基础上的论中国哲学才有其可能性。沃尔夫明确地追问:"几百年来,人们一直赞颂着中国哲学,亲爱的读者,如果我们想进一步研究中国哲学的基础,那么我们必须有一块能去伪存真、正确评价真的试金石。"②这个自我设问确实精彩,那么大家自然要问,评判正误或者检验实际意义的试金石该是什么?按照沃尔夫的说法,"我们知道,所谓哲学无非是一门幸福的科学,但是,并非所有人都能涉足此科学领域,只有制度完善的国家中致力

---

① 转引自[德]沃尔夫:《中国人实践哲学演讲》,李鹃译,华东师范大学出版社 2016 年版,译者导言第 14 页。
② [德]克里斯蒂安·沃尔弗:《关于中国人道德学的演讲》,载[德]夏瑞春编:《德国思想家论中国》,陈爱政等译,江苏人民出版社 1995 年版,第 32 页。

于良好社会风尚的人才有权力从事这门科学。这样我们中间不会有人否认：哲学的真正基础就是与人类理性的自然性相一致的东西，违背人类理性的自然性的东西不能被看作是真正的基础，它是伪。同样，其他或产生于物，或部分产生于物的东西，其基础也只能从它们自身的本质和自然性中得出，因此，依赖于我们理性的东西的基础也只能从我们理性的属性中得出"①。他显然将哲学的定义简单化了，当然简单化有简单化的好处，就是一目了然，让人觉得清楚简洁。沃尔夫在论述中提高了哲学的地位，特别是没有将神学前作为哲学研究的基础。同时赋予"人的理性的自然性"更加崇高的意义，人不仅仅是以神旨指导自己的行为。沃尔夫同时在这段论述中隐藏了自己的一个设问：即假如神和人的理性产生冲突时，该遵照哪一个领导？回答其实也可以从字里行间找到，即"哲学的真正基础就是与人类理性的自然性相一致的东西，违背人类理性的自然性的东西不能被看作是真正的基础"，这意味着就是在哲学研究的范畴内首先质疑了神学的伦理作用。当然按照沃尔夫自己在演讲中辩解的那样，这种质疑并不是堂而皇之的，而是继续作为一种辩解：

> ……通常所谓神学家们，他们也并非无端地宣称：蒙受神恩者就能够做出超越自然之力的事情。然而无论如何，被神光照亮之人所洞视到的东西也必须与事物之真理相一致：这也并不与我们的论断相抵牾。……自然之力借神恩之

---

① ［德］克里斯蒂安·沃尔弗：《关于中国人道德学的演讲》，载［德］夏瑞春编：《德国思想家论中国》，陈爱政等译，江苏人民出版社1995年版，第32页。

第三章 大学建制视野里的"中国资源":沃尔夫的普及功用与承上启下

力得到扩展、并被提升至更高的程度,这与人之自然是相和谐的。①

沃尔夫如此论述的意义有两点:第一,将理性作为人的一种先天自然属性确定下来;第二,将这种自然属性作为超越宗教的行为前提,或者说,自然属性的必要性高于宗教。这种质疑的勇气或者说为理性铺平了未来能够登堂入室的可能性,是由教权的控制力被削弱、市民阶层的受教育程度加深导致的,教士对知识的独占及其所导致的宗教仪式的神秘感同时被剥离,大学教授成为最先可能从上帝手里接过自己身体操纵权的一类人,而大学的发展一方面迎合了社会的这种发展趋势,另一方面也不断促进这种趋势成为一种事实和不可阻挡的洪流。

我们都知道德国大学在现代(此处的"现代"是广义的立体概念,即包含了经济上的工业革命以来、思想上的启蒙运动以来、社会上的民族国家崛起以来的多层进程背景下的现代)范围的大学兴起过程中扮演了重要角色,但一般都追溯到建立于19世纪初期的柏林大学;但如果追本溯源的话,至少还应上溯到此前17、18世纪的哈勒大学、哥廷根大学。而沃尔夫执鞭时代的哈勒大学,可以说是现代萌芽意义上的第一所德国大学,该校建立于1694年②,德国早在17世纪末期诞生了18世纪早期的学术重镇。

---

① [德]沃尔夫:《中国人实践哲学演讲》,李鹃译,华东师范大学出版社2016年版,第12页。
② Paulsen, Friedrich: *Geschichte des gelehrten Unterrichts auf den deutschen Schulen und Universitäten vom Ausgang des Mittelalters bis zur Gegenwart*(《德国中学和大学教育史:从中世纪到当代》). vol.1. Berlin, 1919/1921, S.535.

对这所大学来说,其于创建初期就包容过坚持己见、与正统不合的托马修斯与弗兰克(Francke, August Hermann, 1663—1727),一举成为思想自由的重镇;所以沃尔夫以此为基地赢得在哲学界的卓越声誉也就并非意外之事。而我们需要更进一步理解的是"大学基地"与"思想传播"之间相辅相成的功用,沃尔夫之所以在儒家思想的德国影响史上相当关键,其原因很大程度上就是因为哈勒大学为沃尔夫思想传播贡献的重要体制性因素。诚如史家所认定的那样,"继莱布尼茨之后将孔子一派思想用德语遍布于大学知识界而收很大效果的是沃尔弗"[①]。简单地肯定或接受孔子思想都容易做到,难就难在能够在时代语境里将其发扬光大,大学作为知识生产、传播和流通的核心基地,正是枢纽要害之所在,沃尔夫的功用正在于此。而这只是为沃尔夫提供了平台,或曰可能性,而实际上完成思想传播流程的根本因素还是在于知识精英本身:沃尔夫的思想价值当然是重要前提,但是他的教职身份、学术地位以及前期成就更是必要条件。

换言之,也正是在大学里开帐授徒,使得沃尔夫较莱布尼茨有更广泛而直接的影响,这不仅表现在思想体系本身的精进,而且表现在对大学制度的善用方面。沃尔夫的弟子舒尔兹(Schultz, Franz Albert, 1692—1763),可以被认为是沃尔夫思想传播线路中的一个承上启下的关键人物,所谓的"莱布尼茨-沃尔夫-舒尔兹"学派[②],一方面固然反映出莱氏学说的持续性影响,或者说"中国资源"在师徒间的传承;但另一方面还需要看到延续性的功用,即中国资源

[①] 朱谦之:《中国哲学对欧洲的影响》,河北人民出版社1999年版,第375页。
[②] 同上书,第354页。

第三章 大学建制视野里的"中国资源":沃尔夫的普及功用与承上启下

逐渐融合进德国语境,在德国哲学发展历史中的隐性线索,即舒尔兹-康德-费希特,这条线索既是形而上转向形而下实践哲学的折线,也是伦理学相伴发展的一条暗线。如有论者对费希特(Fichte, Johann Gottlieb,1762—1814)的伦理观及其政治意义概括为:"**自我**,只要是理性的,或者说纯粹的,就不是被自然驱使,而是被自由驱使。这种纯粹**自我**在自我和自发活动层面是跟随自己的道德法则的,或者说这种**自我**是具有形而上自由的个体。也就是在创造性的活动的理论和行动方面实现了绝对吻合。在这种观点下的人类历史就是为了达到更大自我和自由的行为过程。政治的社会生活形态是通过不断完善的理性法规而前进的。这也就不难理解为何费希特基于哲学论点支持法国大革命以及它的理性自愿、它的抽象普遍的立法。"①其中对理性和道德之间的关系论证以及这种关系对政治社会的影响是这条线索发展到费希特的重点,而这是继承了康德以及前人对道德伦理哲学所做的思考。如沃尔夫已经就自由意志和道德约束说过:"谁若使心灵上升至对事物的明确知识,并且通过哲学家们所称的理性欲求而被带往善;那么他便是因自由意志的规定而行善行,并且为了持续行善,他并不需要长上②,因为他既知道好与坏的内在差别、也能够在必要时给别人进行充分的解释。在形塑人类道德的路上,谁还曾经比中国人更正确地观察到了这些?"③与德国伦理学的后天发展不同,"传统上,儒家是

---

① Kohn, Hans, „The Paradox of Fichte's Nationalism", *Journal of the History of Ideas*, Vol. 10, No.3 (Jun., 1949), pp.319–343.
② 指的是地位和知识处于统治位置的人。
③ [德]沃尔夫:《中国人实践哲学演讲》,李鹃译,华东师范大学出版社2016年版,第17页。

生产官方知识体系或者意识形态的主体,而儒家知识体系的主体就是道德"①。这也是沃尔夫等以儒家道德为切口入手中国资源的原因所在。舒尔兹当年著《信仰与理性合一》颇有影响②。日后大名鼎鼎的康德,正是舒尔兹的高足,这也就难怪,康德在18世纪中晚期开启的德国哲学革命,一方面固然是"推翻了前世纪末欧洲各大学所采用的陈旧的莱布尼茨形而上学体系"③;另一方面却也保存了莱氏的"二元算术"(二进制),这与易经思维密切相关,康德并由此发展出"二律背反"④。要知道,这本就是一条师承脉络的薪火不绝。在康德早期著作里,这种影响相当明显,即便是到了他的成名作如《纯粹理性批判》中,他仍然充分表现出对沃尔夫哲学的尊重和认同:

> 在实行由这个评判所寻得的计划,就是关于将来形而上学的系统,我们必须遵随那大名鼎鼎的沃尔弗的严密法则;他是在独断的哲学家当中最伟大的。他是第一个指出如何只有关于合法的建设原则清楚的规定概念的界说,严格的证据的企图,以及免除一切孟浪的结论的构成,方能得到科学的正确方法(因他的这个榜样,在德意志全境,引起深沉的彻底的研究精神,至今尚未全然消灭)。他实为最适当的人物,可以提

---

① 郑永年:《中国的知识重建》,东方出版社2018年版,第38页。
② 朱谦之:《中国哲学对欧洲的影响》,河北人民出版社1999年版,第354页。
③ 《大陆上社会改革运动的进展》,载《马克思恩格斯全集》第1卷,人民出版社,第588页。转引自朱谦之:《中国哲学对欧洲的影响》,河北人民出版社1999年版,第356—357页。
④ 朱谦之:《中国哲学对欧洲的影响》,河北人民出版社1999年版,第357页。

第三章 大学建制视野里的"中国资源":沃尔夫的普及功用与承上启下

高形而上学赋彼以科学的威严,可惜他未曾(承)想到以逻辑学的批判,即纯粹理性的批判定基础,这个忽略是那个武断的时代应负其疚。关于此点,在他同时以及以前的哲学家,谁也不能互相责备。而同时凡反对沃尔弗的方法与纯粹理性批判的程序者,除了要完全脱去科学的束缚,因之使工作化为游戏、信仰变为意见、哲学变为空虚的嘲弄而外,无他目的。①

如果我们了解到康德论述背后的师承关系的话,这个逻辑应更好理解。在这样一种谱系中,我们可以看到德国的哲人是如何爱师爱真、取舍有度,开创自己的思想体系并艰难推进哲学整体知识不断进步的,回到这条线索的终者费希特,费希特对这条线索的最初——也就是沃尔夫对德国命运的关注——给出了自己的答案,在《论学者的使命、人的使命》(Einige Vorlesungen über die Bestimmung des Gelehrten, die Bestimmung des Menschen)中,他对学者所在大学的特殊性以及学者作为国民的责任普遍性进行了详细论述,更身体力行地实践了自己对"理性王国"的理想。费希特的论述和思想的重要意义在于揭示了知识精英为何要承担社会使命,以及这种选择的哲学逻辑。

对于这种论述进行追根溯源,可以回到沃尔夫对君臣关系的论述。伯伦知理(Bluntchli, Johann Caspar, 1808—1881)就明确指出:"沃尔弗将君主与臣民的义务,特辟一章。他叙述君主与人民

---

① 《纯粹理性批判》序二,商务印书馆1935年版,第32页。转引自朱谦之:《中国哲学对欧洲的影响》,河北人民出版社1999年版,第354—355页。

的关系,大抵来自中国人的国家学与孔子的著述。"①这就很明确地提示了三点:一则沃尔夫是"中为德用"的;二则其主要知识来源为孔子;三则德国人也是用其知识系统来调理中国的固有知识。譬如,这里用国家学(Staatslehre)的概念。所谓国家学,最早也是由伯伦知理提出的,德国语境下学者对此多有论述,如法学和政治学家卡尔·施密特(Schmitt, Carl, 1888—1985)、社会学家马克思·韦伯(Weber, Max, 1864—1920)等;譬如"国家学的人物是调查我们周围的国家生活的特殊性。国家学的目的在于掌握国家的结构和功能、发展史和发展趋势"。②通常认为国家(Staat)的要素有3个,即国土(Staatsgebiet)、国民(Staatsvolk)、国权(Staatsgewalt)。③传统中国特别是孔子所在的封建社会到之后的专制社会,并没有治国理政方针的体系化理论

图 3-1 马克思·韦伯《中国的宗教:儒教与道教》书影

资料来源:https://www.walkaboutbooks.net/pages/books/21152/max-weber-the-religion-of-china。

---

① 转引自[日]五来欣造:《儒教对于德国政治思想的影响》,商务印书馆1936年版,第313页。
② Heller, Hermann: *Staatslehre*. 6. Auflage, Tübingen 1983. S.12.
③ 由德国公法学者耶林内克(Jellinek, Georg)提出,或称领土、人民、主权。

第三章　大学建制视野里的"中国资源":沃尔夫的普及功用与承上启下

出现,而大部分是具体的劝政类型谏言,而中国语境下出现可比的概念可能要等到辛亥革命时孙中山所提的三民主义。这里并不仅仅因为词义属性的相近,也是因为所提背景都是"民族国家",即nation。值得注意的还有,三民主义中的民权为Volksrechte,即人民享有何种权利,而德语国家学中"国权"则强调国家有何种权力(Staatsgewalt)。这也体现了两国政治文化背景中一贯的差异:中国人的快乐(伦理幸福)来自自我约束,而德国人的快乐(合乎伦理)来自约束国家。中国人以受道德约束为高标准,德国人以遵守法纪为行为准则。即便沃尔夫在1721年做《论中国人的实践哲学》之前不久的一本《德国政治学》(*Deutsche Politik*)的前言里写道:

> 在一个尽可能以理性治国的地方,每个人都有他的快乐……中国人从古时起就致力于治国的技艺;而我在他们的作品中通过反复验证所努力发现的内容,正与我的学说相合。那么,既然这个民族在治国的及以上超过了其他所有民族,并以此而远近文明;因此我很想用我的方法对他们的准则进行证明。也许我可以找个机会,把中国人的道德学说和国家学说以科学推理的方式展现出来,由此也可以清楚看到他们的学说和我学说的和谐一致。[①]

但这不意味着中国的"国家学"能解决德国实际问题,这也被验

[①] 转引自[德]沃尔夫:《中国人实践哲学演讲》,李鹃译,华东师范大学出版社2016年版,译者导言第13页。

证是无法实现的。但沃尔夫从中获得了关于阐释德国君臣、君民关系的灵感。他在1752年的一封信中对孔子学说与政治学即治国的联系做出了概括："在他那个时代，政治原则使如何从其源头、也即孔子学说中流出的。中国人正是通过这些原则来维持和促进国家的繁荣，而其源头孔子学说我也已经证明过了。"[1]道德规范是孔子治人的基础，而在孔子及中国背景下治人又是治国的基础，也就是政治的基础，沃尔夫以此来阐释为何中国在缺乏上帝指引的情况下仍然能达到政治清明的景象。这是因为其中蕴含了沃尔夫的个人理想，所以沃尔夫明确地宣布："中国人的哲学基础同我个人的哲学基础是完全一致的。"[2]这无疑宣告了他的基本观点，即多少有借助中国哲学来"为我做注"的因素在内。在沃尔夫看来：

> 人类最崇高的善，在于坚持不懈地朝着更高一级的完善奋进。中国人清楚地认识到，在道德的大路上，人应当不断奋进，不达到最高的完善决不停步，可是最高的完善又是一个永远不可抵达的境地，因此，我认为，中国哲学家的看法也是如此；如果不坚持不懈地天天向上地追求更高的完善，人就没有幸福可言。[3]

---

[1] 转引自［德］沃尔夫：《中国人实践哲学演讲》，李鹃译，华东师范大学出版社2016年版，译者导言第15页。
[2] ［德］克里斯蒂安·沃尔弗：《关于中国人道德学的演讲》，载［德］夏瑞春编：《德国思想家论中国》，陈爱政等译，江苏人民出版社1995年版，第45页。
[3] 同上书，第42—43页。

第三章 大学建制视野里的"中国资源":沃尔夫的普及功用与承上启下

这大概有一点"止于至善"的境界,但至善是很难达到的,甚至更多是作为一种悬起的鹄的而已,沃尔夫显然是理解了这一点的,所以他强调最高的善是一个可望而不可即的境界;而幸福恰恰在于不断追求这个无法达致的"至善"。还有一段也是与此相关的,"中国人时刻铭记着,在改造自身和他人的过程中,不达到至高的完善决不停步,可是最高的完善又是一个永远不可抵达的目标。因此,人永远不应当停下脚步,要坚持不懈地努力奋进,只有这样,我们还有他人才能达到较高程度的完善。中国人所有的行为都以自身和他人的最高的完善为最终目的。我以前讲过,中国人的行为包含有一种完完全全的自然权力,而在我们欧洲人的行为中,这种权力看上去只有几分存在,这还是句好话。在欧洲人看来,中国人对完善好象(像)并没有一个明确的概念。以人的心态完善为目的的各种行为之所以能相互联系,是因为它们之间存在着一种纽带。究竟是什么构成了这根纽带。"[①]1737年,沃尔夫对中国人追求的"至善"境界再次进行了动机上的升华:

> 他(孔子)没有关于上帝的明确概念,不知道上帝是世界的创造者和领导者,因为他从没提过这些,也从不借上帝的属性来获得行善的动机。尽管如此,他仍过着一种可赞扬的生活,他一生都在努力追求德性、并且也指导别人如此。因此那些因传教事业而被派往中国的耶稣会士在绪论中赞扬孔子为人无私谦逊、威严正直。孔子极为强调外在行为与内在行为

---

① [德]克里斯蒂安·沃尔弗:《关于中国人道德学的演讲》,载[德]夏瑞春编:《德国思想家论中国》,陈爱政等译,江苏人民出版社1995年版,第42页。

的一致，认为没有这种一致便不可称为有德性；他努力追求诚（sinceritate）这些例子清楚地证明了，那些在我们的时代从新教教会中重又复活的"新法利赛主义者们"[①]是多么可耻。通过不懈努力，他最终在七十岁之际使感性欲求与理性欲求达到一致，这是其他人从未想过、也更未达到过的境界，这我也已经在《中国人实践哲学演讲》的注释中讲过。[②]

德是外在的，知是内在的。这与中国传统哲学的心学所讲"知行合一"是一个道理。对于德和知的区别，沃尔夫是借助于中德国民总体特征的差别进行阐释的："那些从行为结果来评价行为的人们，完全以理性来指导自己的行为，他们所养成的德性全凭自然之力。而那些完全依靠理性之光来对上帝之属性和神意之遇见进行思索的人，以该思索来规定自己的行为，他们的德性则源于自然宗教。最后，那些通过由上帝启示的、缺乏自然明证性的诸真理而做出行为的人们，他们的德性则有赖于神恩之力。"[③]内在的自然是理性，外在的自然是行为，内外"自然"的一致就是和谐，也就是沃尔夫追求的德意志国家和社会的理想状态。而中国人属于第一种，沃尔夫所批评的德国人属于第三种，和谐的、理想的情况为第二种。所

---

① Die Pharisäer (hebr. פְּרוּשִׁים peruschim, Abgesonderte', lat. pharisæ︱us, -i) waren eine theologische, philosophische und politische Schule im antiken Judentum. 特征是：律法只是做给别人看的，能说不能做，内心并不爱神、爱人如己。参见 Stegemann, Wolfgang: *Jesus und seine Zeit*. Stuttgart 2010, S.230 ff.
② 转引自[德]沃尔夫：《中国人实践哲学演讲》，李鹍译，华东师范大学出版社 2016 年版，译者导言第 15 页。
③ 同上书，第 13 页。

谓自然宗教,虽归根于宗教,但取决于自然,也就是内在自然,是理性。中国人的智慧完全有赖于一个原则,即"中国人首先强调的便是,要正确地养习理性,因为人必须获得对善恶的明确知识,从而才无须因畏戒长上、希求长上奖赏而致力于追求德性……智慧的先贤们总是致力于使理性日益完善。"①

因此,沃尔夫认为德国人的德性是感性德性,而孔子所倡导的中国德性是理性德性,借助于将道德伦理引入德国的哲学研究的步骤,如果获得赞同,可以为其背后的真实依据即"理性"寻求到依据。

三、"中国文化"的德国语境生成:承上启下的意义②

就德国语境来说,"中国文化"作为一个主体的生成过程无疑是值得考察的。因为从一个客观的中国文化实存到具体语境中的中国文化,概念不同、内涵不同,所得到的接受和阐释也是不一样的。

沃尔夫对于"理性"概念的关注,就是非常"理性的"。他说:"如果有谁在探求真理时,想给理性划定界线(限),那么这一举动不仅极欠考虑,而且还极为危险;如果有谁试图限制'行善'这一自然的力量,那么他的举动同样也是极欠考虑、鲁莽危险的。在进一步认识到人的理性之后,采用中国人的方式精读记载古代帝王生

---

① 转引自[德]沃尔夫:《中国人实践哲学演讲》,李鹍译,华东师范大学出版社 2016 年版,译者导言第 19 页。
② 关于一个平行比较的尝试,参见张品端:《朱子理学与莱布尼茨、沃尔夫的启蒙哲学之比较》,《商丘师范学院学报》2010 年第 5 期,第 6—10 页。

平业绩的史书,是不是就能达到中国人已经达到的高度呢?有一点可以肯定的是,中国人也没有达到至高无上的完善。正因为如此,才绝不会有人认为,我们往下走的路不应超过中国人已经走过的路。我们现在面临的是当今的事业,我们不应去过问我们应当走多远,而要看看能走多远。这同古代中国人的习惯是完全一致的。中国人不论面临什么样的情况都已前师为榜样,他们教导后世:只有在达到至高无上的完善时,人才能停下脚步,这就是说,人绝不会停留在任何水平上。尊敬的听众,这就是源泉,正是从这个源泉中流淌出了中国人的哲学、中国人的聪明才智!我们还必须观察源泉中流出的东西(我们的主要目的在于此),以便在水流经过的河中更进一步地了解泉水的纯洁度。"[1]在这里,"止于至善"应该作为一个核心词来理解沃尔夫的中国概念,这种概念在中国古代的语境以及沃尔夫的接受首先都是政治的而不是哲学的或者伦理的。如沃尔夫所认为的:"当时之世,由身为天子和诸侯的古代哲学家们所牢固奠立的学说已经深深扎根于中国人的心中,因此天子诸侯之表率就是臣民的行为规范。正是由于古代天子诸侯挑选堪为表率的东西作为他们自己生活和治国的标准,所以他们才凭借在道德方面的可亲可敬和在治国方面的最高明智,至今都为认为所一致称颂。"[2]对于德国人来说,一方面要从宗教的角度理解完美的道德榜样,另一方面要从哲学的角度来阐释为何追求至

---

[1] [德]克里斯蒂安·沃尔弗:《关于中国人道德学的演讲》,载[德]夏瑞春编:《德国思想家论中国》,陈爱政等译,江苏人民出版社1995年版,第35—36页。
[2] [德]沃尔夫:《中国人实践哲学演讲》,李鹏译,华东师范大学出版社2016年版,第9页。

第三章　大学建制视野里的"中国资源"：沃尔夫的普及功用与承上启下

善能够带来政治上的清明。而与"理性"的有限相比，至善是一个不可及的目标，则"完满似乎被把握为德性的一种程度。尽管这并不与完满之真正概念相矛盾。但是对我们而言，问题并不在于完满是否与德性之程度相一致，而在于孔子以及中国人是否认识到了什么是完满"①。这说明沃尔夫在阐释"至善"概念的时候，首先掌握了自己理解中国概念的一把尺子，即单独为中国哲学构建了一个价值维度，而没有停留在"我注六经"的阶段。但说到底，理性才是沃尔夫选择中国概念的最重要原因，而中国人的道德只是在理性指导下获得的一种表象。

对于孔子学说以及其道德伦理原则的实际作用或者对德国实际政治情况的作用问题，沃尔夫就认为："孔子并没有做到使廉洁朝政、敦厚风尚之花在中国常开不败，这是因为在孔子生前死后，中国总是世道多变，师长们因缺乏孔子的那种理智和敏锐而永远也达不到这位伟大哲人的学说所具有的深度和广度。孔子曾明确指出，古代帝王的表率应是后人行为的准绳，可是后世帝王们却弃此原则而去，走上了歧途；百姓们的行为举止也与谨小慎微的先师孔子的教诲相去甚远。"②在这里，孔子并不是一个十全十美、符合德国先验神学传统下的上帝的道德形象，沃尔夫谨慎地补充了柏应理的译文："我们的哲学家非常谦逊，他不仅在谈及自己和私事时表现谦卑，甚至还公开说道，他没有做到学而不厌和诲人不倦，

---

① ［德］沃尔夫：《中国人实践哲学演讲》，李鹃译，华东师范大学出版社2016年版，注释部分第123页。
② ［德］克里斯蒂安·沃尔弗：《关于中国人道德学的演讲》，载［德］夏瑞春编：《德国思想家论中国》，陈爱政等译，江苏人民出版社1995年版，第31页。

没有始终注意改善不足,也没有努力追求和践行德性。"[1]如果说莱布尼茨对中国文化的接触和研究说明了中国人到底信不信神的问题,那么沃尔夫的研究就进一步说明了即使中国人不信神,其文化资源还有没有资格同德国平等对话的问题。这一问题在此后百年间也不断被提出、被回答、被质疑,但是沃尔夫至少部分地消除了笼罩在孔子及其所代表的中国文化上因其无神论而产生的隔阂,开启了中国资源进入以宗教文化为主导的德国场域的可能性。

不过,沃尔夫的命运也是多舛的,当年他被腓特烈·威廉一世驱逐,却在腓特烈二世即位后被召回,并出任大学副校长,可以说是随着"城头变幻大王旗",个人境遇发生了极大扭转。但考虑到沃尔夫在哲学思想上的立场,他还是担当得起"独立"二字的,没有因政治特别是宗教立场影响自己的思想。因此,以下这段评论应当是颇为中肯的:"莱布尼茨-沃尔夫体系虽然在哲学上导致了一种理性主义独断论,但是这个体系同时也是对当时在德国思想界占统治地位的虔敬主义神学或信仰主义独断论的猛烈冲击,从而极大地推动了德国启蒙运动的发展。与法国启蒙运动最终导致了无神论的结论不同,德国启蒙运动通过对《圣经》的历史考证和理性批判而建立起一种理性宗教。德国启蒙运动的重要代表莱辛力图在理性知识与宗教信仰之间寻求一种妥协,他通过展示上帝对人类实施教育的历史过程,将理性与信仰辩证地统一起来。莱辛试图建立一种实践理性宗教的愿望及其在对立之

---

[1] [德]沃尔夫:《中国人实践哲学演讲》,李鹏译,华东师范大学出版社2016年版,注释部分第51页。

第三章　大学建制视野里的"中国资源":沃尔夫的普及功用与承上启下

中实现同一的辩证思想,对于康德、黑格尔等人都产生了深刻的影响。"①

图 3-2　欧尔克《莱辛和他的时代》书影

从沃尔夫到康德,其实相隔不止一代人,德国哲学的脉动步伐,也从以宗教规则为主的神学节奏舒缓下来,经由舒尔兹中转交棒的德国哲学,走向道德伦理伴奏的理性启蒙时代。理性集大成的德国哲学,最终以康德为代表,将理性和自我意识进行了有机整合,最后发展到黑格尔,将主观精神上升到超越神的地位,可谓是沧海桑田,走过了百年巨变。

---

① 赵林:《"莱布尼茨-沃尔夫体系"与德国启蒙运动》,《同济大学学报》2005 年第 1 期,第 12—20 页。

四、中国资源与德国大学：后续教化的可能

德国大学最初作为知识储备和垄断机构，在德国诸侯林立的时代具有特殊的社会功能，其对于教会、皇帝、国王和市民有着不同的联系，这些主体也对大学有着不同的需求和统治的欲望。虽然德国大学在不同时期经过了应运而生、适时而变，发展出了成熟稳定的健全反应机制，但个体化的知识精英始终在其中发挥着重要作用，沃尔夫企图将异文化的伦理观先导引入自己所在大学，这一方面在不同程度上触动了教会、君主和其他教授的利益，另一方面也在学生和其他人的支持下寻找到了存续可能。

沃尔夫所处的大学时代正是进行形塑立规的时代，虽然德国大学的现代改革以19世纪柏林大学为标志，但在这之前，以"学术自由"为核心的大学理念在沃尔夫的勇敢尝试时就已经蕴锋其中。即德国大学的现代使命既包括学术自由，又包括社会服务，反而与欧洲悠久的基督教传统渐行渐远，这一现象让我们注意到伦理观从上帝到人的一种转变，这种转变以沃尔夫为起点，而资源却远在东方。按照学者对德国高等教育发展的阶段划分，沃尔夫所处的18世纪后期正是第一阶段的大学创建时期（中世纪起，至1800年）[1]，这里的创建并非仅仅指机构在各地国王的资助下成型，而且在精神上处于尝试、模仿、寻找自身内核的过程。

而这种精神内核最初是依照基督教以及教会的思路构建的，但是考虑到大学本身的社团属性（行会或者团体的层面），即虽非

---

[1] Ellwein, T.: *Die Deutsche Universität vom Mittelalter bis zur Gegenwart*. Königstein, Athenäum Verlag, 1985.

第三章　大学建制视野里的"中国资源"：沃尔夫的普及功用与承上启下

宗教、但类似宗教的组织结构以及对某个对象的执着（对大学的成员来说即广义的求知或启蒙运动中对理性的追求）都决定了大学无法一直遵从基督教的指引：不论是实际的机构运转，应答命令，还是精神内核上的归属。因此沃尔夫所提出的，虽然在当时是一种质疑和无法无天的口号，但实际上却揭示了德国大学在精神内核上的一种欠缺。而中国资源的长久教化方法和成果无疑可以成为一种参照，为沃尔夫提供广阔的实验空间。

同时，德国大学最初作为知识储备和垄断知识的机构，并没有对社会进行服务的强制义务，但随着市民社会的发展，德国大学承担更广泛的社会功能成为必然，既不能延续作为教会附属的傀儡形象，也不能倒戈向世俗政权，如何在维系自身存在必要性和被权威认可的合理性之间寻找平衡，就在于能否和新兴的市民阶层握手形成新的杠杆，这一杠杆的支撑点，就在于一个完整的"市民-教化-大学"结构，形成了一套完整的、区别于传统教会大学教育的循环，就可以为大学找到独立存在的空间。这不仅需要个体的独立意识，更需要一套独立的、能自洽的伦理逻辑，不必受到教会的上帝捆绑（思想层面），也不必掣肘于国王一方的资本（经济和政治层面）控制。

这种尝试从根本上来说，是试图在当时教会权力与世俗权力之间催出新的知识权力，这种尝试的最终结果已在黑塞的《玻璃球游戏》中展示出来。此处不谈其优劣，只观察黑塞所描画的这种新权力架构也同样借用了中国资源。这不是一种巧合，正说明了中国资源尤其是伦理观在德国大学内落地生根的可能性。更遑论如果对比孔子带着七十二门徒周游列国的历史与中世纪大学的师生不断迁移壮大的历史,就能发现更多的相似性,而维系这种自由的重要保障就是以知识为基础的道德伦理观,以及对社会责任的必要承担。之所以将中世纪大学作为比较对象,是因为德国大学一直到19世纪初洪堡大学改革之前,都比较好地延续了中世纪大学的模式(这里指组织形式),而且沃尔夫所在的哈勒大学对德国近代大学的影响不容置疑。①

需要明确的是,虽然在沃尔夫的时代,教会对大学的影响已经远远不如大学所在地方的统治者,但是,地方统治者所代表的宗教力量还是左右了大学的内部知识分布(学科重点和个体重点),甚至会对教授个体产生大于宗教信仰的实际影响,因此哲学教授尤为意识到这种对大学发展或者说对于知识发展的负面影响,也就迫切需要一种一以贯之而不必随着宗教因素而转换的精神内核。在启蒙运动即将兴起之前,沃尔夫的尝试看起来是为理性开辟的先导。这样说的原因在于,在沃尔夫之后的康德,仍然在王权压力下承认基督教与纯粹理性道德信仰有着一致性,而且在人们未能达到这种纯粹道德的高度时,遵守宗教的引导是目前最好的手段。因此,沃尔夫无疑在心照不宣的情况下进行了一种比"目前最好手段"更好的引导尝试。而儒家的道德引导是介于启蒙理性和宗教之间的一种存在,这种平衡既是形式上的,也是内容上的。理性告知人们什么事情不能做,宗教告诉人们做了不该做的事情有何后果,而道德在否定不能不该的同时告诉人们明确的能做、该做的事情。如果能拥有自由的道德就更好,在此之前,应该由人来明确,

---

① 周丽华:《德国大学与国家的关系》,北京师范大学出版社2008年版,第24页。

第三章 大学建制视野里的"中国资源":沃尔夫的普及功用与承上启下

寻找道德引导的必要性,沃尔夫就是这样的人。信仰、道德、律法之间的配比和实践始终是哲学家完成"两个任务"的基本秘方,而大学是现代知识精英进行这种实践的最佳园地和田野。欧洲的启蒙时代是寻找理性,在理性的道路上走得太远,因为沃尔夫的信仰和道德分离没有成功。但是到了洪堡对德国大学进行改革时,已经明确了个性与道德的修养是大学的一项重要任务。[①] 这是自沃尔夫提出与宗教分离的伦理观遭到激烈反对以来历久弥新的认可,也同样标志了知识权、宗教权和社会权三者互动的新阶段。

在这一过程中,大学和大学教授承担了勾连思想层面的、政治层面的、社会层面的知识传承和个体教化使命,沃尔夫承担了思想层面的上承上帝下启理性、政治层面的平衡王权和知识精英的地位,以及社会层面将专业知识拓展到以学生为主体的市民阶层的三层功效,而中国资源在其中的作用为后续在德国大学里发挥教化作用提供了可能。

[①] 参见陈洪捷:《什么是洪堡的大学思想?》,《中国大学教学》2003年第6期,第24—26页。

第四章　启蒙者的中国资源与德国转换：康德对中国的批评与选择及其"世界公民"概念的提出

一、书斋生涯的思想史意义：康德与德国启蒙时代

康德是一个自身思想广阔程度与其个人足迹局限程度形成极大反差的一位哲学家,他对哲学研究有着对外界现实问题截然不同的态度,他对哲学思辨有多执着,对德国的时代问题就有多淡然,这种矛盾态度可以在一定程度上被同为知识精英的其他学人所理解,但也多被同时代的其他哲学家所误解。但不得不说,德国历史上每个时期的知识精英,或多或少都与政治场域有所纠葛,除去那些执着于官位和权力的不提,只看不忘初心、哀民多艰的知识精英在涉入现实政治空间时的种种竭蹶、颓丧和曲巷彷徨:同时代有莱辛谋求图书馆管理员的挫折和建设剧院式国家文化机构受挫的灰心、康德之后有海德格尔(Heidegger, Martin, 1889—1976)的歧路亡羊。自启蒙运动兴起以后,运用人的意志和理性、采取积极的态度去"干预"社会,或者采取消极的态度去批判社会成为现代"智识分子"(Intellektuelle)的一种共识或者自觉,这是因为参与社会、政治生活是所谓"智识分子""使命"的一部分,这一方

第四章 启蒙者的中国资源与德国转换：康德对中国的批评与选择及其"世界公民"概念的提出

面在于智识分子追求知识和真理的动机往往是现实的，另一方面每个时期不同的社会历史现实也需要来自思想层面的批评、建议乃至指导。但如"智识分子"在这条通往"真理"的道路上崎岖坎坷一样，在书斋里进行思考也会有同样的暗流汹涌，只是其中艰难，不足为外人道而已。因此像康德这样的人物，即便是在人类文明史的整体进程中，也并不多见。一代代的知识精英，每个民族的优秀人物，其实都免不了"现实关怀"的浓烈，而真的能将一生安守于书斋之中，并自得其乐者，恐怕仍属凤毛麟角。有之，康德自可为其中代表人物。然而，就是这样一位生活近乎刻板、言笑通常不苟的纯粹学者，竟成就了人类思想的一座巅峰。这也为我们今日研究康德思想提供了另一重维度。

在德国哲学史（乃至人类哲学史）的框架中，康德自然是不可逾越的人物。这且按下不论。但需要注意的是，康德的哲学贡献或者说他在哲学史中的地位也成为一般研究者选取的固定化视角，言德国哲学则必谈康德，言康德则必谈启蒙运动本身。而此处探讨康德的思想史角色，即在更为广阔的一个范畴中来考察康德的文明史意义，所谓广义的文明史，则需回归到整体的人类发展历史中，而不仅仅是学科领域、知识领域、社会领域等割裂的概念范畴。即康德和启蒙运动的意义是多重的，我认为要理解康德，需首先将其放置在德国启蒙时代（或启蒙运动）的背景中来考察，即康德是如何在神学壁垒和教会审视下对莱布尼茨、沃尔夫等启蒙前人的思想基础进行延伸的，又是如何找到一条"正确的"理性之路，开辟了启蒙时代——一个不仅仅对欧洲哲学、文化、思想有着重要意义，同时对全体人类文明发展有着重要影响的时代，虽然其根源于地域化思想浪潮。尽管从莱布尼茨开始,德国知识精英已经充分意识到了中国的重要性;但启蒙运动要到康德,才达致巅峰。这里指的启蒙运动,绝非一个孤立的历史事件,也不能狭隘地仅从哲学角度来看待,诚如康德1784年专门撰文《什么是启蒙》所总结的那样,在我看来,"启蒙"一词不可脱离历史语境而孤立地理解,所谓"中世纪的蒙昧"固然有一定程度的成见,但至少说明了前启蒙时代下的思想状况,尤其是细细品味康德这段话中对"童稚"状态的定义,可不就是没有上帝的指引就不敢做出决定,而缺乏发挥自己意志的决心和勇气吗?康德并没有直说这种状态是由宗教造成的,但至少是由于个人对自由意志的放弃和回避,而恢复这种勇气的过程可能要比哲学家意识到这个问题的时间还要漫长和费力,从目前的情况来看,这几乎是必然的。正如康德还有言曰:"如果现在有人问:'我们目前是不是生活在一个启蒙了的时代?'那么回答就是:'并不是,但确实是在一个启蒙运动的时代。'"①

康德所引领的启蒙运动高潮,说其是"书斋革命"或许亦并不为过,运用理智(或知性)在今日看来毫不足奇,但在那个年代却是了不起的"创举"。这一切暗流虽说都是在书斋里发生的,但实际上康德在号召人们走出书斋,特别是那些"彻底钻研了哲学、法学、医学、神学"的前启蒙时代的"博士",这些人之所以陷入迷惘,实际上是因为知识的占有导致了虚无,善良(作为这类博士的典型人物形象,浮士德一词的拉丁语faustus有"善良的、

---

① [德]康德:《历史理性批判文集》,何兆武译,商务印书馆1990年版,第28页。

第四章 启蒙者的中国资源与德国转换:康德对中国的批评与选择及其"世界公民"概念的提出

好意的"含义)的初衷被扭曲并导致了自然和人性的毁灭。未经过理性思考的知识是不足以慰藉人类,他们放弃了自主意志,却没有得到期待的答案,由此走入了极端反叛的"歧途",而康德期待从启蒙运动开始,就鼓励人们,特别是对知识有所希冀的人们,不要依赖于上帝,而要依靠自己的理智,从而走向真正已经启蒙了的道路。这不啻于要求同样遵从于教会和国王所构建的知识储存和传播法则的图书管理员、大学教师们放弃自己的世界观,走出自己的安全领域,赤条条地前往森林漫步,那片森林是熟悉的,但是生存法则已然换变。从此神学不再是漫步思想丛林的唯一指南针,而人类除用民俗、巫术、宗教、原始道德教化等手段来茫然摸索以外也有了开辟另外两种现代思想路径的可能:我始终强调,在德国思想史上,"启蒙理性"与"浪漫情径"这两条路径基本上是"同行并进"的,在势力上或"时有消长",但就存在而言并非"此起彼伏"。以康德为代表的理性力量,虽承莱布尼茨、沃尔夫之统绪;但也面临着强大的挑战,这就是以哈曼,而后又以其弟子赫尔德为代表的感性思维,从赫尔德的思想来看,虽然两位巨擘师尊哈曼和康德都对他产生了巨大影响,但赫尔德以及受到其影响的歌德(1749—1832)又以狂飙突进等运动为外在形式回归到了实际的感性道路上,这就说明了在启蒙萌生发展的时期,思想者对其长处和弱点是同样非常明确的。而因为启蒙理性之路在工业、科技以及现代文明中的重要指引作用,感性思维的地位在当今被大大忽视,尤其是对启蒙理性的批判时而被人与宗教神学的复辟混为一谈,而更加难得公平的探讨。但是在18世纪,当工业革命还未席卷欧洲时,机器理性无从谈起,人之感性和人之理性势均力敌,感性思维尚有其平和稳定的生存空间。而随着西方、理性、工业、资本这些概念的发展、融合与壮大,形成了近200年来的主要历史趋势,感性一脉在此期间逐渐在大众面前隐身,成为哲学史、思想史中的遥远足音。但这并不意味"启蒙理性"的道路就是唯一正途,也不意味着它就是现代性问题的始作俑者,同样,更不意味着启蒙理性之路已经终结。恰恰相反,启蒙理性的使命至今仍然没有达成,现今所尊崇之"理性"与康德所述理想更差之千里,更不要说当时不彻底的启蒙运动之后,大部分人还是回到了将"理性"作为一种经过限制和改造的神学范畴词汇的新藩篱中,导致后人在经过讹变的"科技"与"上帝"概念之间无所适从、争端不断。

因此我们可以断定:启蒙的使命至今尚未完成。但如何才能肩负起这样的重担,退一步说,首先需要找到方法,知道如何才能回归原本的启蒙使命,并清楚阐释康德之理性所指引的原始方向。要想回答这个难题,在康德的思想中进行孤立的、局限的探索是不够的,因为康德作为启蒙时代的巅峰人物,让"理性"概念时代化等结果并非以一己之身完成,在康德之前铺路奠基的哲学家以及他文化的思想资源在其中起到了尤为关键的作用,所谓"唯有源头活水来",此处水源有两处:一为莱布尼茨以哲学伦理学方法研究神学(神正论①及前定和谐)在前,沃尔夫以哲学方法判定道德伦理层面无神论的合理可能性在后;二为中国资源在17、18世纪以各种形式逐渐进入德国思想、文化、社会层面。一如涓涓细流、一如春风

---

① 或称神义论,Theodizee,德语称为 „Gerechtigkeit Gottes" 或者 „Rechtfertigung Gottes"。

第四章 启蒙者的中国资源与德国转换：康德对中国的批评与选择及其"世界公民"概念的提出

化雨,对康德的"水渠"①提供资源。其实,我们首先必须厘清"莱布尼茨-沃尔夫"体系的意义,如此才能清楚地看到这条小溪流淌的途径以及终汇成洪流的过程。也就是说,作为同时代人,康德、莱辛等人确立的启蒙路径,乃是自有本源的,而并非单纯为了反对神学独断而不得已树立的旗杆。譬如莱辛,就不是站在反对基督教的立场上写出《智者纳旦》的,而是凭理性做出的宗教宽容判断。换言之,宗教的意象恰好出现在了莱辛需要表达自己思想的当口,在同时代激进的启蒙斗士猛烈攻击基督教时,莱辛的理想更加崇高和理性：一切宗教都是平等的,甚至宗教和理性也能获得平等,或者获得某种建立在真正理性基础上的"调和"。从莱辛的观点看,基督教或者其他宗教是具备这种可能的,如莱辛曾写道：

> 我们过去的宗教体系是错误的,在这一点上我们完全一致,但是我不想对你说,它是半瓶醋和半吊子哲学家的拙劣拼凑物。人类的才智在它上面得到的展露和磨砺,就程度而言,我不知道有什么东西可以同它相比。半瓶醋和半吊子哲学家的拙劣拼凑物是那种宗教体系,人们现在想以它取代过去的体系,而且它对理性和哲学的影响远远超过了过去的体系所奢望的影响。②

---

① 日本学者安倍能成对康德也有类似的概括,认为康德之前的哲学思想汇聚于此,康德之后的哲学思想源流于此。参见［日］安倍能成：《西洋道德思想史》,角川书店1952年版。此处"水渠"所指更侧重于康德哲学的"通径"和"渠道"性质。
② 1774年2月2日莱辛写给弟弟卡尔的信,转引自［美］维塞尔：《莱辛思想再释》,贺志刚译,华夏出版社2002年版,第129页。

莱辛所批评的是不彻底的启蒙以及打着理性旗帜却对启蒙进行误读,莱辛忧虑于启蒙对宗教的处理"过为己甚",而形成新的"宗教",而这实际上并未真正把人类从过去的"非理性"状态中解救出来。莱辛显然是不赞同对基督教全盘否定的,某种程度上,莱辛认为经过扬弃的"正统教理中的基督教是人类走向最终的完善所必需的东西"①。

康德对宗教当然也是关注的,任何一个哲学家对待宗教这一具备深刻历史性、社会性和哲学性的概念,都不会只有一两句论述,也同样不可能只通过一两句话来概括他的观点。甚至一个人早年观点和晚年观点会截然不同甚至自相矛盾(如果忽视其"思想侨易"的路线就很容易得出这样的结论),如被人津津乐道的牛顿(Newton, Isaac, 1643—1727)晚年皈依上帝一事。人的思想是复杂多变的,宗教亦然。但从总体上来看,哲学史上康德的宗教观是有一个大体论断的,他批判启示神学,崇尚道德伦理对人有着同样的引导作用,并不认为上帝是一定存在或者一定不存在,而是一个道德上的完美榜样,道德是自然的人所有,因此上帝也是。这才是神学的基础。② 而康德的进步体现在对神学内涵的发展,名言如:"有两种事物,我们愈是沉思,愈感到它们的崇高与神圣,愈是增加虔敬与信仰,这就是头上的星空和心中的道德律。"③即在伦理学层

---

① [美]维塞尔:《莱辛思想再释》,贺志刚译,华夏出版社2002年版,第129页。
② 参见[德]康德:《纯然理性界限内的宗教》,李秋零译,中国人民大学出版社2011年版,第51页。
③ „Zwei Dinge erfüllen das Gemüt mit immer neuer und zunehmenden Bewunderung und Ehrfurcht, je öfter und anhaltender sich das Nachdenken damit beschäftigt: Der bestirnte Himmel über mir, und das moralische Gesetz in mir." Kant, Immaneul: *Kritik der praktischen Vernunft*, Werke in zwölf Bänden. Band 7, Frankfurt am Main, 1977.S.300.中译参见[德]康德:《实践理性批判》,韩水法译,商务印书馆1999年版,第177页。

第四章 启蒙者的中国资源与德国转换:康德对中国的批评与选择及其"世界公民"概念的提出

面以外,也表明了康德的总体信仰观,这里"实际并非专指对万能上帝的信仰,而是一般的道德信仰,对天上森罗星空和胸中庄严道德律的信仰"①。亦即宗教、上帝是作为普遍信仰的一种(如果其能符合基本的道德准则的话)。以下论述加强了康德的这种判断:"当上帝凭借自己的意志而成为一个事物的根据时,我把该事物对上帝的依赖性称之为道德的,而把其余一切依赖性都称之为非道德的。如果我据此断言,上帝包含着事物内在可能性的最终根据自身,则每一个人都将轻而易举地理解,这种依赖性只能是非道德的;因为意志没有使任何东西成为可能,而是仅仅包含着已经被假定为可能的东西。"②特别是到了康德的阶段,他明确指出这种"非道德"是阻碍上帝真正成为"至上"的主要原因,

  对于作为服从道德法则的至善的世界来说构成了它的一个至上原因的因果性的条件;此外在它那里还必须设想所有其余的先验属性,例如永恒性、全在性等(因为善与公正是道德属性),它们全都是与这样一个终极目的相关被预设的。——以这样的方式,道德目的论就弥补了自然目的论的缺陷,才建立起一种神学;因为后者如果不偷偷地从前者有所借鉴,而是应当始终如一地行事,它独自能够建立的就无非是一种不能有确定概念的鬼神学。③

---

① [德]康德:《康德宗教哲学文集》,李秋零译,中国人民大学出版社2016年版,序第13页。
② 同上书,第33页。
③ 同上书,第331页。

显然康德对宗教信仰的论述是建立在对基督教传统极为深入了解的基础上的。因此，基督教的宗教特征实际上被康德作为宗教的一般情况来认定并作为论据，甚至对中国的宗教情况是这样看待的："宗教在这里遭受冷遇，许多人不信上帝，即使那些信教的人也很少参加宗教仪式。这里，佛教教派为数最多。他们理解佛为神的化身，神灵附在居住于西藏布达拉宫的那位受人顶礼膜拜的大喇嘛身上，当他死后，神灵又转世到另外一个喇嘛。鞑靼人的佛教僧人叫作喇嘛，就是中国的和尚。从天主教传教士所描述的中国佛教的神祇[祇]来看，佛教实际上是一种由基督教变种而生的异教。据说，佛教的神分为三圣（指佛、菩萨和罗汉），第二圣立定教法，并为人类流血牺牲。大喇嘛据说也主持对面饼和酒进行祝祷这样的盛事。中国人崇拜孔子，他是中国的苏格拉底。这里也居住着一些犹太人，他们就像马拉巴尔海岸的犹太人一样，公元前就迁居到这里，对犹太教已经知之甚少了。佛教的各种教派都相信灵魂能够转世，认为世间万物一切皆空，无始无终，因此在一段时间之内停止一切劳作，无欲无求乃是虔诚的举动。"[1]从康德以上的论述可以得出结论：康德对孔子的认识与沃尔夫对孔子的认识不同，沃尔夫从宗教角度解读孔子的道德哲学，康德为从道德哲学角度看待孔子本身。成中英更认为"儒家的道德哲学与性理哲学以及牛顿的物理学构成了康德哲学体系的两大支柱，促使康德急切

---

[1] 康德：《中国（口授记录）》，载[德]夏瑞春编：《德国思想家论中国》，陈爱政等译，江苏人民出版社1989年版，第66页。

地追求知识与道德的心性统一性"[1],可以说,从莱布尼茨、沃尔夫到康德,德国哲学家对中国资源的理解深入了一层,利用程度也深入了一层。因为在莱布尼茨和沃尔夫的时代,他们"就已经把儒学看作一个重要的关注人类自律的人性哲学"[2]。

二、康德的中国批评

康德对儒家思想的批评是其中国批评最主要的一部分内容,但康德所处时代尚属于驳杂繁多的中国地理民俗人物风貌等知识颇受西方各阶层瞩目的时代,这种瞩目既囊括了大众,主要是贵族阶层对异域东方的猎奇心态,也有传教士出于服侍上帝的崇高使命动机,当然最值得称许的,还是基于思想交流基础的哲学家所进行的批评和阐释。康德正是这样一批德国哲学家中的一位,他既对儒家思想和文化进行思考论述,也从"人类学"角度对中国资源进行尽可能全面的观察。而康德的中国批评之特别意义还在于,其正处于西方一个从魅化中国到祛魅中国的时代转折,这种转折被以诸种原因阐释:既与中国19世纪被殖民历史有着深切的现实关联,也与西方特别是欧洲大陆的思想解放运动和资本主义的扩张有关,在当时欧洲文化、经济不断发展的时代里,新一代的哲学家以及社会各阶层很难再对异文化抱有沉迷附热的态度,更不要提反叛父辈或者否定其固有观念本身就是一种人类进入工业社会

---

[1] 成中英:《本辑论文导读》,载成中英、冯俊主编:《康德与中国哲学智慧》,中国人民大学出版社2009年版,第2页。
[2] 成中英:《康德和儒学的理论联系:序言》,载成中英、冯俊主编:《康德与中国哲学智慧》,中国人民大学出版社2009年版,第7页。

之后表达自我意识的必然手段。再考虑到西方长久以来的"黄祸"威胁论的根源,也就不难理解这种评价的极端转折,只不过这种不是那么理性的颠覆往往连同思想界已经取得的理性成果一起剿灭,让人在回溯历史时如堕烟海,有泥沙俱下之感。一个典型的例子且看尼采,要"重估价值",挑战一切权威,所以连康德也不放过,讽刺其为"哥尼斯堡的中国伟人"[①]。虽然尼采不赞同康德所作哲学思考的方法,认为其距离生命力太远,甚至规律作息也成为批驳他的论据之一,但这一批评却是受制于黑格尔的历史哲学对中国的偏见,这种联想是这样显而易见、如此堂皇,让人无法质疑尼采的动机。正如哈曼也反对康德所"代表"的启蒙运动中发育过度的理性。只因康德是崇尚理性的,而康德反对的是不经思考的听从,这里自然也包括对道德启示的一味遵守和放弃自己的主观能动性。尼采反对的是基督教道德对人自由意志的胁迫,这不是非理性

[①] 关于康德其人,参见[苏]阿尔森·古留加:《康德传》,贾泽林等译,商务印书馆1981年版。尼采分别在《善与恶的彼岸》和《反基督》两本书中以此来称呼康德。"甚至于科尼斯堡的中国伟人也只是一个大批评家"。„Kritiker sind Werkzeuge des Philosophen und eben darum, als Werkzeuge, noch lange nicht selbst Philosophen! Auch der grosse Chinese von Königsberg war nur ein grosser Kritiker."译文为自译,中译参见[德]尼采:《善恶的彼岸》,朱泱译,团结出版社2001年版,第139页。"美德须是我们的发明;它必须摆脱我们的个人需要和防御……美德、责任、为别人考虑,基于非人格或普遍有效概念的善良——都是嵌合体,它们之中除了衰落的表达、生命的最后瓦解,以及科尼斯堡的中国精神以外,什么都没有。" „Eine Tugend muss unsre Erfindung sein, unsre persönlichste Nothwehr und Nothdurft: in jedem andren Sinne ist sie bloss eine Gefahr. Was nicht unser Leben bedingt, schadet ihm: eine Tugend bloss aus einem Respekts-Gefühle vor dem Begriff „Tugend", wie Kant es wollte, ist schädlich. Die „Tugend", die „Pflicht", das „Gute an sich", das Gute mit dem Charakter der Unpersönlichkeit und Allgemeingültigkeit — Hirngespinnste, in denen sich der Niedergang, die letzte Entkräftung des Lebens, das Königsberger Chinesenthum ausdrückt."译文为自译,中译参见[德]尼采:《反基督》,陈君华译,河北教育出版社2003年版,第26页。

第四章 启蒙者的中国资源与德国转换：康德对中国的批评与选择及其"世界公民"概念的提出

的,因此并不能由尼采评康德的一句话得出尼采反对康德的理性之结论。但我们能从中得出的理性结论大致如：德国哲人批评之锋芒甚利,大体是真实见解,不是"人身攻击",所以宽以待之即可。康德对儒家的批判也是如此。但更进一步,其实康德和尼采的思想的时代印记是非常强烈且显而易见的,因此作为时代话语的一种哲学体现：如果说康德把哲学从神学婢女的身份解放出来,那么尼采就是把美学(或艺术)从哲学婢女身份解放出来①,就时代论时代,宗教不再是每个时代的"经典",而(康德)哲学也不再作用于每个时代的批判。但正如宗教道德是不可完全依赖的那样,强者意志在人类没有达到"启蒙标准的理性"时也同样不可信。因为人性既有活跃的生命意志,也同样有思想上的无知和懒惰。

因此还是回归康德的时代,康德对儒家思想的批评虽然既不像前贤如莱布尼茨那样"倍加推崇",也不像弟子如赫尔德那样"针针见血",这仿佛并不像一个哲学家,但康德本就不是一个标签化的哲学家：康德对中国的态度,就如同他的作息始终跟随教堂钟声那样(有称讹传,此处暂借比拟康德的性格),平静宁和,是很客观而冷静的,仿佛在评说一种与自己无关的事物,不带半点主观色彩。应该说,康德对中国的地理位置、民族性格,乃至风俗饮食、经济物产、制度宗教都有所了解②,而且能侃侃而谈,但他确实很少加上自己的评判。尽管如此,并不是说康德的《人类学报告》就客观

---

① 哲学是神学的婢女(philiosophia ancilla theologiae),托马斯·阿奎那语；另参见刘悦笛：《英美分析美学史论》,秀威出版(秀威资讯)2017年版,第324页。
② 康德：《中国(口授记录)》,载[德]夏瑞春编：《德国思想家论中国》,陈爱政等译,江苏人民出版社1989年版,第61—67页。

得如同科学实验一般,我们仍可以尝试从其叙述风格和言辞选用观察其背后态度,尤其是在谈论有关民族性格方面的问题时,其实作者很难完全掩藏自己的"喜怒好恶":

> 中国人生性含蓄。他们总是不露声色地揣摩别人的性情,甚至于连愤怒也从不现于辞色,至多只是表示一种鄙视。他们说谎时显得极不自然,但却可以把碎块的绸布料缝结成一整块,其手艺之精巧,就连那些最为小心谨慎的商人也难以看出破绽,他们还用铜丝修补联结破碎了的瓷器,使其乍一看去简直天衣无缝。类似这些骗局一旦败露,他们也并不感到羞愧,而只是从中看到自己手段的不高明。
>
> 中国人报复心强,但他们总是可以忍耐到适当的时机才发作。他们那里没有决斗的习惯。他们非常贪玩,可胆小怕事;他们勤勉、恭顺,奉承其人简直是天花乱坠。他们抱着传统习俗死死不放,对未来生活却漠不关心……①

应该说,康德虽未亲历中国,但对中国人民族性的体察却并非"空穴来风",而且在某些方面还非常的"洞明尖锐"。一般而言,莱布尼茨等人主要是关注中国精英的思想与行为,知识精英如孔子、政治精英如康熙等;但康德却将关注面放射到普遍的中国民众身上。这也与时代的迁移有关,航海商贸的发展、人员流通的往来都为西方人获取异域资讯提供了多种渠道,而康德虽然不喜外游,但并不是

---

① 康德:《中国(口授记录)》,载[德]夏瑞春编:《德国思想家论中国》,陈爱政等译,江苏人民出版社 1989 年版,第 62—63 页。

第四章 启蒙者的中国资源与德国转换:康德对中国的批评与选择及其"世界公民"概念的提出

自闭于家,恰恰相反,他是很乐于以传统的餐桌文化、沙龙文化来丰富生活、增益交往的。"他是上流社会宴会里的常客,也时而出席好友愉悦的晚宴,午餐的邀请几乎是来者不拒……"①,在他常交往的人物中,不乏有他文化背景的人物,如来自俄属波罗的海地区的凯泽林家族的海因里希伯爵(Keyserling, Heinrich Christian von, 1727—1787)及伯爵夫人(Keyserling, Caroline von, 1727—1791)。

康德对中国的基本情况也有相当的了解,譬如在总论部分他就这样叙述:

> 中华帝国幅员辽阔。冬季,它的北部地区比欧洲同纬度地区寒冷得多。它无疑是全世界人口最多、耕地面积最大的国家。据统计,中国的人口数量相当于整个欧洲的人口总数。
>
> 运河几乎贯穿全国各个身(省)份,由它们分支出的大大小小的水道通往城市和村庄。水道上,架起了一座座砖砌的拱桥。桥身高高隆起,即使带有桅杆的船只也可通行。大运河由广州通向北京,就其长度而论,它是世界史上独一无二的。为使船只由一条运河转入另外的一条河流或者通过瀑布,中国人不象(像)我们这里使用水闸,而是使用吊车抬高船身的方法。
>
> 中国的长城,包括所有弯弯曲曲部分在内,总长为 300 德里,宽为 4 寻,高为 5 寻,或者如其他的报道所说,宽为 5 尺骨,

---

① Malter, Rudolf, *Kant in Rede und Gespräch*, Hamburg: Felix Meiner Verlag, 1990, S.318.转引自[美]曼弗雷德·库恩:《康德传》,黄添盛译,上海人民出版社 2008 年版,第 379 页。

高为10尺骨。她翻过座座崇山峻岭,跨过条条河流,至今已经耸立了1800年。

中国的城市,在地理条件允许的情况下,全都建成四四方方的正方形。两条主要街道把整座城市划为四个部分,这样四个城门正对着东、南、西、北四个方向。北京的城墙高约100英尺。南京的琉璃塔高度为200英尺,上下共有九层。它已有400年的历史,全身由瓷砖制成,是东方最美的建筑物。①

这里的具体数据准确与否且不论,至少就涉猎的知识面来说,应该说是相对广泛的,相比19世纪20世纪之交影响广泛的德国地理学杂志《彼得曼地理通讯》(*Petermanns Geographische Mitteilungen*, 1855—2004)中记载的李希霍芬(Richthofen, Ferdinand von, 1833—1905)在中国游历时的观察日记,他在描述中国人的神态、生活状态时带有强烈的主观情绪,而这种情绪不是正面的。即便是描写相对客观的气候和地理情况,他的眼光也不是那么符合他作为一名地理学家的身份。不过,考虑到早期地理学家以及人类学家对于东方、非洲乃至美洲的所谓"观察",实际不仅是我们理解的跨文化观察,更是带有跨种族,甚至跨物种潜台词的一种"观察研究",这种观察研究无法在情感上判断是不是客观的,甚至也不能在身份上确认是不是主观的,而是一种纯粹脱离了人的情感的异化观察。相比于此,康德的观察的确是客观的,即便没有那么详尽,说

---

① 康德:《中国(口授记录)》,载[德]夏瑞春编:《德国思想家论中国》,陈爱政等译,江苏人民出版社1989年版,第61—62页。

不定也有某些谬误,但却没有主观情感的厌恶。考虑到当时的时代背景,这更让人敬佩。

三、康德思想的核心内容及其与中国文化的关联

18世纪,是中国文化在欧洲大行其道的时代,是所谓"中国热""中国潮"在欧洲各个层面备受追求的时代。而如果说18世纪是德国人卓有重心地关注中国资源的开始,那么19世纪就是真正对中国哲学开始进行研究的深入阶段。康德作为德国哲学革命的旗手人物,确实有着先人一步的思路和气魄,在内容和立论上都别出手眼,乃至时至今日,他仍然被作为对中国哲学持严苛批评态度的哲学家来看待,但这与18世纪下半叶开始对中国的种族、政治批评不同,自然科学家擎"理性"旗帜,以生物学、地理学等客观科学学科为武器,发动了对中国及中国文化的价值重定。但是康德的动机既非因礼仪之争而导致的传教受挫,也非外贸经济竞争中的舆论大战。作为一个超凡脱俗的哲学家,他的立场自始至终都唯有"思考"这一个客观基础,既是动机,又是手段,更是目的。比如,他超越了莱布尼茨和沃尔夫对中国认识之处在于,他注意到了中国人虽然有儒家思想这一"代神",但同样不缺乏"神",他对中国佛教徒的看法是这样的:

> 如果我们要过分夸赞自己,只是为了宣称我们知道MODOM① 本体,那么为了立即参与神的旨意——这是创作

---

① 拉丁语"极限、限度"。

者们自己所有的想法,我们必须与神一起在群体中。在现在的生活里,对其进行预测是神秘主义者和神学家的事情。因而出现了中国和印度的神秘的自我毁灭,其中一个是在幻觉下产生的,并且最终将溶(融)入神性。①

康德对中国特有的道教同样持类似的批判态度:

> 从那时起,引起了老子的最高的善思想的畸形,这种善被认为包含了虚无的成分,也就是说,在感觉自我意识时,善已被神之所以为神者的深渊所湮没,并和它一起融化。因此,通过破坏一个人的个性,能够摧毁人的思想。为了拥有产生这种情况的预感,中国哲学家在暗室里用眼睛努力去接近自己的体验,并且沉思他们的虚无性。进而,(藏族和其他东方人的)泛神论和后来的斯宾诺莎主义导致泛神论的升华。……人们因为构建所有事物的那种臆想的、幸福的结局而喜悦,因此,人们可能最终仍然有永恒的平静。与此同时,他们将事物分裂开来理解,所有思想本身的终结共同构成了一个概念。②

---

① Kant, *Lectures on Philosophical Theology*, trans. Allen Wood and Getrude Clark, Ithaca, NY: Cornell University Press, 1978, P.86. 转引自 Reihman, Gregory M.,《绝对否定:康德对中国哲学的批判》,倪伟波译,载成中英、冯俊主编:《康德与中国哲学智慧》,中国人民大学出版社 2009 年版,第 53 页。
② Kant, "*The End of All Things*" in *On History*, ed. Immanuel Kant, trans. Lewis White Beck, New York: Library of Liberal Arts, 1963, P.79, Ak 8: 335-336. 转引自 Reihman, Gregory M.,《绝对否定:康德对中国哲学的批判》,倪伟波译,载成中英、冯俊主编:《康德与中国哲学智慧》,中国人民大学出版社 2009 年版,第 54 页。

第四章 启蒙者的中国资源与德国转换:康德对中国的批评与选择及其"世界公民"概念的提出

在康德对中国的两大宗教的评论中,他的出发点有两个:一为神,一为理性。虽然康德所理解的"神"和"理性"并不是原面貌的佛教和道教了,但是他在批判过程中谨守了自己"理性"的范畴,以一句"我不赞同你的观点,但是我誓死捍卫你表达观点的权利"①来概括康德的理性态度再合适不过了。理性是康德的一贯态度,也是批判的标准。因而虽然这种批判从客观上来看是严厉的,但是却并不消极负面。这也是启蒙运动的初心所在。反之看来,既然康德对中国哲学(宗教和哲学两个层面)有如此深入的思考和批评,那么中国哲学会否在康德本身的哲学思想中留下印记呢?答案无疑是肯定的。

朱谦之谓:"中国哲学对德国古典哲学的影响,即忠实地反映在康德的《纯粹理性批判》一书,在它的笨拙枯燥的语句中。"②中国文化对德国思想的影响,毫无疑义,但具体落实到康德身上,仍让人有些不可思议。果真如此吗?这位德国哲学史乃至世界哲学史不可逾越的大家,其知识资源和思想火花,竟然来自中国?解开这种知识史上的斯芬克斯之谜,无疑是饶有意味且极具挑战性的。康德的论述拗口而概念冗长,这确实在一定程度上妨碍了大众阅读兴趣,也为个人化的阐释甚至误读带来了阐释空间。不过,论者常以康德受教于"三位尊崇中国文化的莱布尼茨、沃尔夫和毕尔芬格(Bilfinger, Georg, 1693—1750)"③为依据,进而论述康德对物质

---

① 伊夫林·比阿特丽斯·霍尔(Hall, Evelyn Beatrice)评价伏尔泰的话。
② 参见朱谦之:《中国哲学对于欧洲的影响》,福建人民出版社1983年版,第352页。
③ 德马丁(Schönfeld, Martin):《从孔子到康德:信息的传承如何可能》,载成中英、冯俊主编:《康德与中国哲学智慧》,中国人民大学出版社2009年版,第71页。

115

动力"以太"以及中国哲学所讲"气"之间的联系①。

在教育思想上坚持"取中国之国粹,调和世界近世之精神"②的蒋梦麟受其老师杜威(Dewey, John, 1859—1952)实用主义哲学的影响,亦称:"德国哲学本最不合中国人的胃口的。但其受中国哲学的影响,蛛丝马迹,历历可溯。"他举出一段影响关系的错综缠绕:

> 黑智儿在他的"历史哲学"里批评中国的道德观念是外铄的,根据于命令式而非自由启发的。但黑智儿宇宙精神论的哲学是受斯宾诺塞泛神论及康德理想哲学的影响的,而康德哲学亦部分地受斯氏的影响,而泛神论据康德说是受老子的影响的。主张以权力为意志的尼采因反对理性主义而挖苦康德为堪尼斯堡伟大的支那人。那末(么),尼采似竟认康德的理想主义直出于中国的理性主义了。③

阐明这段理解,其实这种角度与中国资源密不可分。第一,不论德国哲学家对中国资源如何解读,中国资源进入德意志思想领地的历史由来已久;第二,儒家思想及其规训的中国道德伦理传统始终是中国资源中最得到德国哲学重视的批评和阐释资源;第三,时代

---

① 参见杰弗里·爱德华(Edwards, Jeffrey),德马丁:《康德的物质动力学和物质的场域观》,载成中英、冯俊主编:《康德与中国哲学智慧》,中国人民大学出版社2009年版,第109页。
② 蒋梦麟:《过渡时代之思想与教育》,《教育杂志》1918年2月。转引自《孟邻文存》,正中书局2003年版,第152页。
③ 《谈学问》,载曲士培主编:《蒋梦麟教育论著选》,人民教育出版社1995年版,第295页。黑智儿即黑格尔,堪尼斯堡即柯尼斯堡(Königsberg)。

第四章 启蒙者的中国资源与德国转换：康德对中国的批评与选择及其"世界公民"概念的提出

因素对于哲学阐释话语竟能达到两极完全分化的剧烈影响：从泛神论到后古典哲学时代，不管是以理性为基础，还是以批判理性为立论基础的人物，竟然共同地将中国资源贬斥到了最低点。那么原因究竟何在？蒋梦麟将中、德哲学之区分总结如下：前者"不超越自然主义，亦不脱离理性主义，更不放弃人文主义"；后者"喜把理性主义与超自然的泛神观念联在一起而成理想主义。一成理想主义，便易流入绝对主义而脱离人生实际问题"①。因此中国哲学或者说广义的中国资源更容易在不同时代遭到批评，这是一种韵律的不合拍，而并不是噪音对音乐的负面干扰。中国资源作为一种特殊的音乐符号能够在特定的时代唤醒德国哲学的创作欲望，但惜乎这一信号逐渐被封闭发展的德国哲学体系所排斥，忽视了中国资源的正面意义，反而在大洋彼岸的美国学界有着较为客观的眼光。

这种情况不仅被中国专职哲人意识到，即便是毛泽东在青年时代细读包尔生大作《伦理学体系》(*System der Ethik. Mit einem Umriß der Staats-und Gesellschaftslehre*, 1889)②时，当读到："康德之视义务意识也过重，而其徒非希的 Fichte 尤甚。"乃批曰："吾国宋儒之说与康德同。"③别小看了青年学生毛泽东这几行简单批语，

---

① 《谈学问》，载曲士培主编：《蒋梦麟教育论著选》，人民教育出版社 1995 年版，第 295 页。
② Paulsen, Friedrich, *System Der Ethik Mit Einem Umriss Der Staats-und Gesellschaftslehre*, Volume 2; *System Der Ethik Mit Einem Umriss Der Staats-und Gesellschaftslehre*; J. G. Cotta, 1903.[德] 弗里德里希·包尔生：《伦理学体系》，何怀宏、廖申白译，中国社会科学出版社 1988 年版。
③ 《〈伦理学原理〉批注》(1917—1918)，载毛泽东：《毛泽东早期文稿》，湖南出版社 1995 年第 2 版，第 215 页。参见《中国古代思想史论·宋明理学片论》，载李泽厚：《李泽厚十年集》第 3 卷上册，安徽文艺出版社 1994 年版，第 219 页。

反而是直指命题地触到了"观念侨易"的核心之处,即千世万代、异国同域,都免不了思想观念的规定性流动。观念是在一个更大的立体系统中来体现其存在意义的,这里的"意义"绝非仅仅指"影响"层面,更指"存在"层面,如胡塞尔所讲,对象在认识中构造自身。[1] 所谓"观念"也就是经历了多次多轮感性认识形成的存在物,赋予事物新的意义和本质,不论是横向比较得来的"直观",还是影响互证得来的"源",都属于观念的存在意义。包尔生作为新康德主义哲学家在这本书中"倡导一种自我实现的伦理观,其思想源流仍属康德主义伦理学"[2],其实其作书的出发点、动机从这本书的副标题"概述国家和社会理论"也能看出来,他认为:"德性的培养……不是个人独立完成的。在童年、青年时期人主要是接受长者和教育者的教育,以后他才在道德上独立并主要地通过自我教育来培养德性。"[3]国家和社会正是通过教育来使青年得到德性的培养。虽然此书是唯一一本包尔生的伦理学著作,但其体系完整,目的明确,包尔生的理想要考虑包尔生在其后的《德国大学与大学学习》的内容才能看得清楚:"在家庭和学校里接受教育的时代已经走向终结,而自我教育的时代开始了。……与这种自由密切相关联的是责任。在这种自由中,来自外部的强制越少,就越需要一种自我控制的责任。……赋予个人以自由,是为了让他学会控制

---

[1] 参见[德]埃德蒙德·胡塞尔:《现象学的观念:五篇讲座稿》,倪梁康译,人民出版社2007年版,第63页。
[2] 《内容提要》,载[德]包尔生:《伦理学体系》,何怀宏、廖申白译,中国社会科学出版社1988年版。
[3] 罗国杰:《包尔生伦理思想述评》,载[德]包尔生:《伦理学体系》代序,何怀宏、廖申白译,中国社会科学出版社1988年版,第5页。

第四章 启蒙者的中国资源与德国转换：康德对中国的批评与选择及其"世界公民"概念的提出

自己,而不是让他为所欲为。"①即包尔生认为的"大学"与柏林大学改革以前的德国大学是不同的,此时的大学是积累了近200年的启蒙资源、政治和经济状况都得到全面复苏的德意志各邦国所希冀的理想主体。而恰恰是这种潜在背景,为毛泽东在阅读过程中获得中德之间相似的体验提供了前提。与20世纪90年代的德意志相比,宋代中国乃中国文化大盛之际,陈寅恪谓"华夏民族之文化,历数千载之演进,造极于赵宋之世",确乃精辟道出了一个文明体真正形成的必要因素：统一的民族基础、足够体量的经济基础、相对自由的办学风气和稳定的历史发展空间。不论是文学、书画还是建筑、曲艺,宋代中国在这些方面的昌荣均反映出绵延不绝的文化命脉的郁勃和读书人大量参与知识结构更新建设的具体表征,宋代儒学也体现出不同于前朝的特征：伦理成为中心,理论体系完备,出现"哲学化"倾向等。这一方面对教育产生了长足影响,又形成了新的"教育—政治—思想"封闭自循环体系,儒家发展到理学阶段,其实强调的正是天理、物理、人理的完满,而之所以没有在融合佛教、道教之后走上彻底形而上的佛理、道理,正是因为儒家千年道德伦理观和入世价值观的底蕴。而康德的立场正是"理性",从思想的客观发展规律和必备基础要素来看,不难理解中德思想在这方面的所见略同。东西方在不同时代出自不同动机的思想成果却有了共通之处,如此就不得不提到一个传统的,甚至老生常谈的论题"东学西渐"。脱离了地理大发现、航海时代以及西方

---

① ［德］包尔生：《德国大学与大学学习》,张弛等译,人民教育出版社2009年版,第265—267页。

为主体的文明史，我们都无法梳理一条完整的东学西渐史线索。而从严肃的思想史角度来看，东学西渐问题始终未得到学界充分关注，但就欧洲思想进程来说，离开了第三波东学西渐①，即汉风西渐（最低程度的物质流通、最高层次的思想资源等）是不可想象的。中世纪之后，以哥伦布发现美洲或即以宗教改革为思想上的中世纪结束，通过闪风西渐而引起了欧洲的文艺复兴，早期的人本主义者（国内也称人文主义）接纳了1453年君士坦丁堡被攻陷之后流落意大利的希伯来②学者，也接纳了希伯来文化经典：他们用希伯来人注解希伯来圣经的注解书《光辉之书》（Zohar）来解读基督教圣经③，乃有中世之变（不但有知识、艺术、近代科学方面的转变，而且种下了从神权到人权的种子，使中世纪迈入近代）；而梵风西渐更是对西方以古希腊文明和基督教传统为主要支柱的文明体产生了重要刺激，虽然在17世纪末以后东印度公司作为现代资本和工业的阿凡达（化身，Avatar）降临并征服印度大陆，但以印度文化为主体的东方古文明代表之一在19世纪被以德国学者为主的西方思想界以梵文经典的形式重新解读，甚至有论者认为印度思想被欧洲文化所接纳并形成新的传统④。也正是这种不断从异民族及

---

① 此处将东学西渐的"东"定位为以汉民族为主体的中国文化和以梵语为主要载体的印度文化。
② 此处希伯来或者犹太，以及上文闪族一词指代了Semiten, Juden, Hebräer三个词共同形成的种族、民族和文化的泛概念。
③ 参见卢镇：《文艺复兴时期意大利人文主义与犹太思想的互动》，《世界历史》2018年第3期，第85—97页。See Har, Michael H.: *History of Libraries in the Western World*, Scarecrow Press Incorporate, 1999.
④ Rchwab, Raymond: *La Renaissance orientale*, éditions Payot, 1950. See Rchwab, Raymond: *The Oriental Renaissance: Europe's Rediscovery of India and the East, 1680－1880*, trans. Gene Patterson-Black, Victor Reinking, Columbia University Press, 1984.

第四章　启蒙者的中国资源与德国转换：康德对中国的批评与选择及其"世界公民"概念的提出

文明"拿来"资源的态度和隐藏的思想"征服"欲望，才使西方思想历史历经多次自我怀疑和批判而始终保持着一定程度上"怪异矛盾"的进取态势和向上趋势。然陈寅恪所述还有后面八个字"后渐衰微，终必复振"，体现了一种准确判断。但是这种文化复兴过程中或主动或被动地受到多少"异文化资源"的何种影响，也许是如陈寅恪这样的"大家"也始料未及的。

作为"法国革命的德国理论"[①]，康德哲学自有其极为重要的里程碑意义；然而其意义还不仅如此，应当放在哲学史演进过程中来考察，所谓"法国发生了政治革命，随同发生的是德国的哲学革命。这个革命是由康德开始的：他推翻了上一世纪末大陆上各大学所采用的陈旧的莱布尼茨形而上学体系"。[②] 康德的意义，不仅是推翻，更是在批判的基础上继承，虽然一般哲学史认为，康德是所谓的"大陆唯理论和英国经验论的综合者"[③]，但显然只看到问题的一方面。我认为，康德主要还是德国思想传统中发生与成长起来的，虽然他对欧陆其他国家与英国的哲学很关心，也吸引为自己的思想资源，但毕竟与其母国传统不可相提并论。

早年的康德，就是从莱布尼茨-沃尔夫体系中成长起来的，不论康德在此后对中国文化的批判多么激烈，其思想最初结构的奠基者始终受到中国文化的影响。这种影响不仅仅在启蒙时代凸显

[①] 马克思：《历史法学派的哲学宣言》，载《马克思恩格斯全集》第1卷，人民出版社1995年版，第233页。
[②] 恩格斯：《大陆上社会主义改革运动的进展》，载《马克思恩格斯全集》第3卷，人民出版社2002年版，第489页。
[③] 《批判哲学的批判》，载李泽厚：《李泽厚十年集》第2卷，安徽文艺出版社1994年版，第30页。

出来,回溯欧洲文化思想的分野之处,同样能找到根源。

法国思想的路径,即笛卡儿(Descartes, René, 1596—1650)—卢梭(Rousseau, Jean-Jacques, 1712—1778)以18世纪启蒙时代的法国大革命时代为鼎盛;英国思想的路径,即培根(Bacon, Francis, 1561—1626)—洛克—牛顿—休谟(Hume, David, 1711—1776),是以资产阶级的经济革命和附带政治、宗教诉求为核心的,从15世纪一直发展到17世纪的资本主义,再到牛顿的理性宇宙观,无一不是在确认和阐释着人的本欲。

考虑到斯宾诺莎(Spinoza, Baruch de, 1632—1677)的闪族属性和希伯来哲学背景以及他的主要活动场域,将他作为德国与莱布尼茨(1646—1716)并列的理性主义发源不算出格,德国思想的路径自两人开始有了"德国"特色:德国的启蒙以及德国的古典和浪漫。

以"生命""理性""自由"三个核心词为例,法国哲学崇尚生命的自由,体现在社会历史层面是一种彻底的"自由";英国哲学崇尚生命的理性和合法,体现在社会层面是以生活为中心的"理性";而德国哲学则是自由的理性,不但将理性思考作为目的,而不仅仅是动机,还将理性思考从哲学引入社会,做到了理想的"理性",也就是康德理想中的"启蒙"。以他们个体之间的交叉为例,英国的休谟与法国的卢梭曾经一度要好但分之于理念差异,而康德对休谟的赞赏却揭示了英国18世纪哲学阶段以及合流以后的哲学史的联系。

从欧洲三大文化体的思想发展路径看来,其特征对比之下更为分明:英国注重经验,法国偏向先验,而德国步入新的形而上。

第四章 启蒙者的中国资源与德国转换:康德对中国的批评与选择及其"世界公民"概念的提出

从线性的哲学史或思想史来看,英法两条线索既各有浓墨重彩的时刻,也有匿声隐迹的阶段,但终究归于新的形而上理性这一主流,后又分道为实证和感性。康德作为其中"合流"的重要转折点,其对中国文化的批评显然占据了一定比重,正是通过对中国儒家思想偶像孔子、对佛教和道教的批判性观照,康德找到了构建自己哲学思想核心——道德伦理学——的法门,这种立足点本身,比莱布尼茨-沃尔夫体系中的"中国取用"不遑多让,而康德又为此后的德国思想提供了几种可能:不论是继续走在形而上建构道路上的新康德一脉,还是以批判、阐释康德为旗帜的浪漫主义、自然哲学等,都不得不走在"中国资源"铺就的路基上。康德以后的德国哲学是对康德构想的再构想,可以辩驳但是无法推翻。尤其是康德哲学历经近一个世纪的批判过后出现了新康德主义的复归,如狄尔泰等人徘徊在理性和生命本身之间,而19世纪末期以来的唯物主义思潮和社会主义运动又为康德哲学打开了通道,虽然"自由引导人民"代表了法国人民对启蒙运动代表价值的珍视,但真正通过革命成功践行这一价值的,是受到德国启蒙运动原初影响的中国。虽然康德本人并不热衷革命,但唯物主义者的革命让康德的影响史无前例地扩大。其中的思想侨易轨迹不但昭示了康德与中国文化的相互关联,也同样证实了"思想"与"制度"之间在跨文化层面发生必然转化的历史规律和可能性。

第五章　黑格尔的"世界精神"观念及其与中国思想的关联[①]

黑格尔作为德国哲学史上与康德齐名、影响深远的人物自然需要不吝笔墨,黑格尔的社会身份与康德是截然不同的,他执着于任教活动并以此为业,甚至在成为大学校长之前做了近10年的中学校长,其将思想落地于基础教育场域的热衷和执着的价值取向让人认识到了德国哲学家的另一个面相。黑格尔的哲学体系与康德也有很大差异,与彻底的形而上不同,他不但将历史、政治等其他现实层面的思考纳入哲学,而且在空间和时间维度上第一次出现了"宏观"史学,以后者论,说黑格尔开辟了"现代"思想史研究也不为过。从两人产生的影响来看,很难有像黑格尔这样源出一脉思想却在后世分裂出截然不同的两个矛盾派系的哲学家:青年黑格尔和黑格尔右派,即便康德的思想也是以线性发展的阶段被批判和继承的。从他们哲学遗产基本的外在形式看来,康德是惯于

[①] 黑格尔关于中国的论述,参见黑格尔:《中国的宗教或曰尺度的宗教》《东方世界》,载[加]夏瑞春编:《德国思想家论中国》,陈爱政等译,江苏人民出版社1995年版,第100—109、110—134页。关于黑格尔的中国观,参见《从理性到历史——黑格尔论中国》,载石元康:《从中国文化到现代性:典范转移?》,生活·读书·新知三联书店2000年版,第48—88页。卿文光:《论黑格尔的中国文化观》,社会科学文献出版社2005年版。

第五章 黑格尔的"世界精神"观念及其与中国思想的关联

在书斋中沉思的,而黑格尔则是通过面向观众讲演辑录的。从哲学思想的延续和内容相关性来看,虽然两人在其他方面有着以上种种径庭之处,但没人能否认黑格尔所受康德影响之深。他深受康德完整的哲学体系启发,对康德来说,一切都与理性有关,对于黑格尔来说,这个关键词变成了"精神"。当然,正如康德将理性贯穿于欧洲一样,黑格尔将"精神"涵括了整个世界。在黑格尔对世界的关注中,我们很容易注意到黑格尔与康德一样,都对东方哲学倾耳注目,甚至视其为解决自身哲学体系建构的关键要素,如儒家道德之于康德、专制历史之于黑格尔。黑格尔虽然继承了康德对中国文化的兴趣,但他对中国哲学诸多批评与不恭之词却显然超出了康德,但其创造性的转化,却相当不少。这不仅仅是一个西方中心论者的无知言论,至少从黑格尔的哲学体系来看,他的种种批判都是围绕一个核心"精神""世界精神"的概念来阐释的,而恰恰中国文化是作为批判的对象承担了这一体系的基础功能。作为德国古典哲学的集大成者,黑格尔不但在德国哲学史与学术史中居于承上启下的枢纽位置,从莱布尼茨到黑格尔之前,德国哲学界与整个社会以及其他层面的思想变化是同呼吸共命运的,总体来说经历了人与神的斗争,理性与人的斗争,然后是用理性去批判理性……这条线索当然不能仅从哲学的或者文学的层面来解读,那样未免太过于分裂和单薄,而应该将哲学、文学等领域的革新视为整体思想史的不同向度,每个时期都有一个或者多个突出的向度,虽然我们身处这一立方体内,但当大多数人目视前方的时候,也只能见到其中一个表面而已,即便在跳出这个立方体,但总是有几个向度会被我们所忽视:对于启蒙时代初期的人来说,是欧洲哲学走

125

向德国哲学的过程，对于启蒙时代中期的人来说，文学上的狂飙突进宣告了人与神之间斗争的初步胜利；对于启蒙时代后期的人来说，哲学上对理性的批判才是时代的重要符号。而之所以称黑格尔为德国古典哲学的集大成者，一方面需要明确此处"古典"一词实际上还是借用了德国古典文学的时代背景，亦即所谓的"魏玛古典"（Weimarer Klassik[①]），又一次，文学走在了哲学前面，而且德国的文学走在了整体文学的前列。而黑格尔在这条线索中的重要性

图 5-1 坐落于魏玛的歌德和席勒塑像

还体现在自他开始，德国哲学获得了与时代相匹配且同步的评价和重视，不再是与社会运动相继相伴相生的镜像之物。因此对于世界思想史而言，亦同样具有"经典转折"的意味。从哲学史本身

[①] Die Weimarer Klassik 的定义也存在两种分歧，此处仅用来指代大的时间范畴，不指歌德和席勒之间的狭义"美学联盟"（Ästhetische Allianz）。

第五章　黑格尔的"世界精神"观念及其与中国思想的关联

的发展来看,这一时代也是进一步从德国哲学到世界哲学的转型,如同歌德试图在世界文学的大旗下发展民族文学那样,只不过黑格尔走得更远,他力图证明"民族的就是世界的",从而赋予了德国哲学无可取代的民族性格,考虑到黑格尔对歌德的"德国精神之父"的评价,不难将黑格尔的哲学体系与歌德的文学审美理论联系起来,而中国资源恰恰也是歌德发出"世界文学的时代已快来临了,现在每个人都应该出力促使它早日来临"[①]。并形成比较文学方法先导的重要基础。就此意义来说,弄清黑格尔与中国文化的关联,实属必要。作为"大器晚成"的后来者,黑格尔确实是后来居上,当年的同学谢林与荷尔德林都卓然不凡,少年成名。谢林25岁就当上了教授;荷尔德林的诗歌燃起一种近乎圣灵的光辉,但到了30多岁,便已疯癫无行。可黑格尔虽然年纪居长,但却一路坎坷,直到40余岁仍在中学当校长,谋一大学教职而困难重重。可经坎坷者必成大器,作为德国古典哲学集大成者的黑格尔,不但对德意志民族-国家的形成构建具有精神导师的作用,即便是放在人类思想史上,他也是难以跨越的群峰之巅。

一、"历史哲学"与"精神现象"

今人治学,都重"以小见大",这是经过了近百年学术方法规训的结果,训练的方法自然有利有弊,此处不展开探讨,而凡大家必然不是中规中矩墨守成规之人,必然有其别出手眼、灵光乍现的思路和不可模仿之处;回望在现代学术已逐渐形成的19世纪之交,

---

[①]　[德]爱克曼辑录:《歌德谈话录》,朱光潜译,人民文学出版社1978年版,第113页。

不但学科划分日益精细,治学方法也随着工业革命出现了仿拟科学化趋势,而黑格尔却独立风骨,他认为既然人文社会科学是"精神"科学,那就不能采取处理"物"的科学方法,他对索引甚至考证方法都嗤之以鼻,在《哲学史讲演录》中不止一次对西方学者的《圣经》考证做出批评。在这方面,黑格尔对哲学本体的精神研究方法以及学科定位是非常自信的,这与康德将哲学自谦为"低等学科"的时代完全不同,而他对宏大叙事(Meistererzählung)的把握以及哲理思辨的宏伟,都让后来者望洋兴叹,本来宏大叙事就要求大量的知识证据作为基础,即便如此,也很容易陷入文献学而非哲学,更何况黑格尔摒弃了绝对知识,而唯尊绝对精神,就更容易给人自说自话的印象,但学人后辈对其敬意大于贬视,委实大大不易。可这在刺猬型[①]的黑格尔看来,却一点都不意外,因为或许只有宏大的体系构建才有可能实现他的"绝对精神"吧。即便是对于未曾谙熟的中国,黑格尔居然也同样手到擒来,铺衍成篇,做出了一篇绝大文章。黑格尔所处的时代正是东西方贸易、传教的发展处于第一次上升期的时代,似乎并不像17世纪接触中国文化那样曲折,所以可以判断,黑格尔刻意回避中国文化之具体呈现绝非无心之失,而是一种个性的批评方法的结果。应该说,这是德国古典时代的气象宏大之处,也只有对外界(哪怕是不为人知的事物)保持极度强烈的新奇

---

① 希腊诗人阿尔基罗库斯曾说:狐狸知道许多事情,而刺猬知道一件大事情。英国犹太思想家以赛亚·伯林(Berlin, Isaiah, 1909—1997)就此阐释出了两种类型的人,一种狐狸型,一种刺猬型。刺猬型学者以单独一种观念体系去观察并解释世界;狐狸型学者注重经历的多样性,他们的观察和阐释无法被归为一种理念。参见 Berlin, Isaiah: *The Hedgehog and the Fox: An Essay on Tolstoy's View of History*. Weidenfeld & Nicolson, London 1953.

第五章 黑格尔的"世界精神"观念及其与中国思想的关联

与探究感,才有可能保持思想的敏锐与知识的更新,也才有可能在古人格局之外另创新篇,即在康德之后,新创一条对中国资源进行批评和解读的道路。正如康德用理性体系来批判中国文化那样,黑格尔正是用他的"精神"概念来批判中国文化的,即从"精神现象"的层面来解读中国文化乃至中国整体。这一概念发端于黑格尔在1806年拿破仑进攻普鲁士之前完成的《精神现象学》一书。书稿尚未付梓,他就对拿破仑用上了这一概念:"我看见拿破仑,这个世界精神,在巡视全城。当我看见这样一个伟大人物时,真令我发生一种奇异的感觉。他骑在马背上,他在这里,集中在这一点上他要达到全世界、统治全世界。"①这一评语不但让我们感受到了黑格尔借助《精神现象学》这一自身哲学体系之导言欲宣之于口的宏大构想,而且很明确地指出了"世界精神"的概念和若干可能表象。一方面,拿破仑是法国大革命的某些令日耳曼羡慕的特征的化身,而另一方面,这种敬佩和钦慕又与日耳曼本身的民族精神在法德交战的社会现实层面体现出不可避免的矛盾。正是在这样一种不同于康德时代的背景下,黑格尔萌发了以上关于时代性的世界精神之语。这也是为何康德以理性由内而外的阐发思想,而黑格尔却由表及里——根源仍在于时代精神的极大差异——康德时代需要建立人自身的规范(人的理性为客观标准,取代神的标准),而黑格尔时代则面临如何揭示极大变动的世界现象,并将这种外在表象与人的精神联系起来的问题(理性是人的主观理性,而精神才是

---

① 黑格尔在1806年10月13日写给尼塔麦的信,[德]黑格尔:《通信集》第119页,Johannes Hoffmeister编,Hamburg: Felix Meiner Verlag,1952年。转引自[德]黑格尔:《精神现象学》,贺麟等译,商务印书馆2009年版,译者导言第4页。

客观标准)。黑格尔是这样赋予精神客观地位的:

> 对于直接指向着本质、并把本质当成自己的伦常的那个意识而言,这本质具有存在的简单规定性;意识既不把自己堪称这种排他性的自我,实体也并不意味着是一种被排除于意识之外的特定存在,即是说,并不是仿佛意识只有通过它自身的异化才会跟这种存在合而为一,才会同时把那个实体产生出来。但是,那样一种精神,即,它的自我是绝对分立的东西的那种精神,发现它的内容是一种与它相对立的同样坚硬的现实世界,并且在这里,世界具有作为一种外在的东西、自我意识的否定物的规定或特性。然而这个世界是精神的东西,它本身是存在与个体性两者融合而成的东西。**它的这种特定存在既是自我意识的作品,又同样是一种直接的现成的、对自我意识来说是异己的陌生的现实**,这种陌生的现实有其独特的存在,并且自我意识在其中认识不出自己。……**这个外在现实是由于自我意识自己的外在化和放弃其本质而获得其存在的**,这种外在化的过程,看起来好像是由各种漫无约束的因素在支配着法权世界的那种扰乱破坏的状态中以外在暴力强加给自我意识的。其实这些漫无约束的因素,就它们本身来说,只是纯粹的扰乱破坏和它们自身的接替。**但是它们的这种解体、它们的这种否定的本质,正是自我;自我是它们的主体、它们的行动和生成过程。**但是实体赖以成为现实的这种行动和生成过程,就是个人[人格]的异化;因为那直接的,亦即没有异化的、自在自为的有校准的自我,是没有实体性的,

并且是那些外在的激荡因素的玩物。因此,**自我的实体就是它本身的外在化,而外在化就是实体**,换句话说,就是将自身形成为一个有秩序的世界、并且从而使自身得以保存的那些精神力量。

在这种方式下,实体就是精神,就是自我和本质的自觉的统一体;……①

这里,黑格尔不但阐释了为何社会现实与个体意识是等同的,同样解释了个体意识亦即精神对于统一"自我"和"本质"的重要黏合作用,以及充当自我意识和现实世界之间相互转化的媒介功能。不过,在黑格尔发掘出"精神现象"之后,他所依仗的显然是自家独到的,甚至是自成体系的"历史哲学"体系。面对现象的短暂匆促,如果不能够透过表象把握本质,确实很难得其要领。

如果说早期对中国文化的接纳和批评是与欧洲哲学家自身之思想建构紧密结合、一边批评一边探索的话,那么从莱布尼茨发展到黑格尔,已经是用自己一个先导的思维地图胸有成竹地去批评中国文化了,这也是黑格尔对中国的批评与前人最大的不同。这一方面成为我们判断黑格尔对中国批评严苛之因缘,另一方面也告诫我们不要轻易、草率地认定黑格尔的思想体系或者哲学态度受到中国文化之正向影响。根据朱谦之的看法,黑格尔的《精神现象学》竟然与《大学》的逻辑结构颇相吻合:"经我长期研究的结果,知道《精神现象学》所用的精神辩证法,也和中国古经典《大学》之

---

① [德]黑格尔:《精神现象学》,贺麟等译,商务印书馆2009年版,第43—44页。

辩证法完全符合,这决不是偶然的事。《大学》方法缜密,系统整齐,实不易与之苟同,然而黑格尔此书序文,千言万语对于'学'与'知识'之概念作积极的解明,极言真理形态乃是学的体系,此体系之学的概念和《大学》再相同也没有了。尤堪使人惊异的,是《大学》之三纲领、八条目,竟与《精神现象学》的阶段行程处处暗合。"①这段叙述,虽多是明褒黑格尔,实则扬中国经典的传统"兴结"②手法,但不乏对黑格尔之哲学精髓—精神理性的合理判断,而且在一定程度上也揭示了一种到目前仍不乏相关论述的文化倾向和主体立场,但是并没有接触到黑格尔之所以与中国思想发生关联、何处发生关联并且以此永葆声名的根据,这才是中国学者应关注和进行论证的内容,本篇立论点落脚于"世界精神"的原因亦在于此。

二、作为集大成的"世界精神"观

一般对黑格尔在哲学史上的地位判断为"古典哲学的集大成者",而对于其核心理念"世界精神"却少有一个正面的盖棺定论,我之所以说黑格尔的"世界精神"观是集大成者,乃是将其放在18世纪德国思想发展的源流统绪之中来考察。从康德的"世界公民"到席勒的"世界历史",再到歌德的"世界文学",黑格尔其实在理论高度上,用"世界精神"的概念将其一并涵盖了。而将"世界精神"一词单独擘立出来,便是要赋其以思想史上的一个独立地位:康德所讲世界公民乃是一种世界公民的体系(eine weltbürgerliche

---

① 朱谦之:《中国哲学对欧洲的影响》,河北人民出版社1999年版,第361页。
② "赋、比、兴"中的"起兴"和"兴结"是《诗经》中最主要的表现手法,也极大影响了当代中国之前的中国学术写作思维。

第五章　黑格尔的"世界精神"观念及其与中国思想的关联

Verfassung），即道德伦理在个人层次直至世界范围的推及，或者说是一种统一的道德伦理理想直至个体的实现；席勒的世界历史是普遍历史（Universalgeschichte），不是简单的国别历史的总和，而要求在普遍历史的背景下对具体的历史事件做出符合哲学理性的阐述，这种普遍性是建立在席勒的"自由"核心信念之上的，一切为了达到世界范围内的自由，以及以此为目标的历史事件，必将统一在世界历史的范畴内：理性的最终目的是自由，因此被理性指导的历史其目的也是自由，遵照这一理性原则去书写历史、指导现实。歌德的世界文学（Weltliteratur）则表明了逐渐兴起的民族主义背景下"民族的就是世界的"理想，以及"若尚不是，就用世界的来发展民族的"实践思路，却是将"世界"首先在形而下的层次引入了德国思想发展脉络，而此时正是"文学中的德意志"独占鳌头之时。经过我们的如上阐释虽然将思想史上这几个重要概念以"世界"为线索统一起来。但是需要明了的是，"世界"意识并非一开始就有，也并非从一开始就在字面上是"世界的"：正如前所述，"世界"内涵从"个体公民""普遍"的外化，最后落脚于"世界"本身，又从"道德""自由"的内化，最后落脚为"精神"本源。这不仅仅体现了一种德国特有的思想发展脉络，也反映了18—19世纪德国独有的社会时代风貌。以至于此后思想史的研究均避不开以"时代精神"为主线。从这一线索的一体两面的总风貌来看，并不难看出中国之源，然"世界精神"之源起过程需辨明厘清，且黑格尔之东方世界在这一理念构建中的必要地位不可忽视。

黑格尔将世界历史划分为四个阶段：东方世界—希腊世界—罗马世界—日耳曼世界。他强调："'精神的光明'从亚细亚洲升起，所

133

以'世界历史'也就从亚细亚洲开始。"① 在我看来,黑格尔的这种对世界历史的把握,主观色彩过于浓厚,即最终将使命归结到本民族身上来,有过于浓烈的民族-国家色彩。② 尽管如此,黑格尔的理论构建仍有很大的气魄,其对宏观历史哲学的把握非常人所能及,因此仍有其不可替代的价值。请注意,在此处两个重要概念的出现,即"精神的光明"（Das Licht des Geistes）与"世界历史"（Weltgeschichte）。对精神的推崇,乃是黑格尔哲学体系的核心和延伸基础,他也是第一位将他此前哲学各阶段的重点内容一统为精神体系内部内容的哲学家：不论是道德问题、宗教问题甚至启蒙问题,都是精神往绝对精神发展过程中的阶段性表现,此处对"光明"（das Licht）的认识不能仅从启蒙之"光照"③的角度去理解,如黑格尔在《精神现象学》中对宗教进行了精神角度的分析,上帝或者宗教特质是"光明之神"（das Lichtwesen）,正如启蒙运动兴起之源法国语境下的"la Lumière"也同样具备"上帝"和"真理"两种含义,而启蒙运动就是要结束这两层含义在人的认识和思想中的纠葛,消除上帝理所当然的真理性质,而赋予真理理所当然的"上帝"地位。黑格尔继续了这一任务,在彻底的哲学形而上的角度阐释了这两层含义的关系来由：

---

① ［德］黑格尔：《历史哲学》,王造时译,上海书店出版社1999年版,第106页。
② 事实亦已证明,日耳曼文明过于强调自身的世界使命之承担,其幸在于此,如俾斯麦以铁血政策所实现的民族-国家统一以及在欧洲的崛起；其不幸亦在此,从威廉二世到希特勒,其对德意志民族所带来的巨大灾难,思想根源亦不妨追溯于此。
③ 德国启蒙之Aufklärung与法国启蒙之lumière不论在含义还是在阐释上都已经产生了不小的理解差异,这种差异显然是因为不同语言的文化背景不同而产生的,但绝不能因为汉语译意的择选而忽视两个词及其背后的思想差异。

第五章 黑格尔的"世界精神"观念及其与中国思想的关联

> 精神作为本质,即自我意识,或者具有自我意识的本质——这本质是一切真理并且知道一切现实性即是它自己本身——在它的意识的运动中所获得的实在性,首先只是它的概念。……(因为这概念是自己知道自己的精神),所以在概念的本质内就有成为意识并把自己的环节表象为自己的对象的能力。——这是纯粹的自我,这自我于外在化自身的过程中,看见自身作为普遍的对象时,就具有自身的确定性,换言之,这个对象对这个纯粹自我来说,乃是一切思维与一切现实性的渗透。[①]

宗教是绝对精神的一种表象,这种表象是环节性的;而真理是绝对精神的思维性渗透,只有在黑格尔的精神现象学中,才能理解"精神的光明",亦即精神的启示地位,对"世界历史"的关注其实并非始自黑格尔,赫尔德就对"世界历史"问题很关注[②],其是从认识论的角度认可世界历史的,只有全面认识世界的历史,才能完整地认识人类自己,这是典型的德国启蒙运动代表思想,更是德国哲学化的文学领袖的思路,席勒亦同样提出"普遍历史"的概念,其实亦可作"世界历史"看,不过席勒的出发点是从个性中统一共性,从个体中抽离出理想人性,这种选取范畴是世界的。虽然在历史学特别是世界历史研究范畴内常从赫尔德或者席勒的普遍历史直接转向历史主义,而黑格尔所讲"世界历史"因其主观性少被列入同一条线索,但从思想史的发展环节上来看,对黑格尔的忽视不但显得不

---

① [德]黑格尔:《精神现象学》,贺麟等译,商务印书馆2009年版,第213页。
② 参见 Adler, Hans & Menze, Ernest A. (ed.): *Herder on World History*. trans. by Menze, Ernest A. with Palma, Michael. New York: M.E.Sharpe, Inc., 1997。

智，而且有因噎废食之嫌：这条线索的隐藏联系"精神"被黑格尔发掘出来，从民族历史到世界历史的过程也就是从民族精神到世界精神的过程。

黑格尔如此解释"民族精神"（Volkgeist 或 der Geist des Volkes）与"世界精神"（Weltgeist）的关系：

> 国家在它们的相互关系中都是特殊物，因此，在这种关系中激情、利益、目的、才德、暴力、不法和罪恶等内在特殊性和外在偶然性就以最大规模和极度动荡的嬉戏而出现。在这种表演中，伦理性的整体本身和国家的独立性都被委之于偶然性。由于各民族作为实存着的个体只有在它们的特殊性中才具有其客观现实性和自我意识，所以民族精神的原则因为这种特殊性就完全受到了限制。各民族在其相互关系中的命运和事迹是这些民族的精神有限性的辩证发展现象。从这种辩证法产生出普遍精神，即世界精神，它既不受限制，同时又创造着自己；正是这种精神，在作为世界法庭的世界历史中，对这些有限精神行使着它的权利，它的高于一切的权利。①

---

① 德文为：In das Verhältnis der Staaten gegeneinander, weil sie darin als besondere sind, fällt das höchst bewegte Spiel der inneren Besonderheit der Leidenschaften, Interessen, Zwecke, der Talente und Tugenden, der Gewalt, des Unrechts und der Laster, wie der äußeren Zufälligkeit, in den größten Dimensionen der Erscheinung, — ein Spiel, worin das sittliche Ganze selbst, die Selbständigkeit des Staates, der Zufälligkeit ausgesetzt wird. Die Prinzipein der Volksgeister sind um ihrer Besonderheit willen, in der sie als existierende Individuen ihre objektive Wirklichkeit und ihr Selbstbewußtsein haben, überhaupt beschränkte, und ihre Schicksale und Taten in ihrem Verhältnisse zueinander sind die erscheinende Dialektik der Endlichkeit dieser Geister, aus welcher der allgemeiner Geist, der Geist der Welt, als unbeschränkt ebenso sich hervorbringt, als er es ist, der sein Recht, —und （转下页）

第五章 黑格尔的"世界精神"观念及其与中国思想的关联

这当然与他自己对日耳曼精神的理解有关。黑格尔如此阐述所谓的"日耳曼精神":"它的目的是要使绝对的'真理'实现为'自由'无限制的自决——那个'自由'以它自己的绝对的形式做自己的内容。日耳曼各民族的使命不是别的,乃是要做基督教原则的使者。'精神的自由'—'调和'的原则介绍到了那些民族仍然是单纯的、还没有形成的心灵中去;他们被分派应该为'世界精神'去服务,不但要把握真正'自由的理想'作为他们宗教的实体,并且也要在世界里从主观的自我意识里自由生产。"①在他所讲的单纯的、还没有形成的心灵的民族中,就有东方民族,这种不成熟体现在各个方面:"对于宗教精神的某一个规定的信仰,其真理性显示在这一事实里:现实的精神具有像它在宗教里借以直观它自身的那种形态所具有的同样性质,因此,譬如,出现在东方宗教里的上帝变成肉身的信仰,就是没有真理性的,因为东方宗教中的现实的精神是没有上帝变成肉身这种观念所包含的神人和解的原则的。"②因而黑格尔的民族精神和世界精神的认识基础还是来自道德伦理、宗教等层面的历史认识。

恩格斯对黑格尔的这点贡献予以充分肯定:"黑格尔第一次——这是他的巨大功绩——把整个自然的、历史的和精神的世

(接上页) sein Recht ist das allerhöchste, — an ihnen in der Weltgeschichte, als dem Weltgerichte, ausübt. Hegel, Georg Wilhelm Friedrich: *Grundlinien der Philosophie des Rechts*(法哲学原理). (hrsg. von Hoffmeister, Johannes) Hamburg: Felix Meiner, 1955. S.288。中译参见[德]黑格尔:《法哲学原理》,范扬、张启泰译,商务印书馆1996年版,第351页。

① [德]黑格尔:《历史哲学》,王造时译,商务印书馆1999年版,第352页。
② [德]黑格尔:《精神现象学》,贺麟等译,商务印书馆2009年版,第212页。

界描写为一个过程,即把它描写为处在不断的运动、变化、转变和发展中,并企图揭示这种运动和发展的内在联系。"①

黑格尔在给 J.H.沃斯的一封信里有这么一段阐述:"路德让圣经说德语,您让荷马说德语,这是对一个民族所作的最大贡献,因为,一个民族除非用自己的语言来习知那最优秀的东西,那么这东西就不会真正成为它的财富,它还将是野蛮的。""现在我想说,我也在力求教给哲学说德语,那么那些平庸的思想就永远也难于在语言上貌似深奥了。"②这里揭示了黑格尔的哲学企图是带有强烈的民族色彩和世界理想的,在一定程度上他的理想实现了,这种实现无法脱离东方资源,尤其是无法脱离中国资源。"倘若我们要观察这个世界里的国家,我们必须从东方世界说起。……历史始于神权统治的国家——中国和蒙古。……假如我们根据这些国家不同的命运来比较它们,那么拥有两大河流的中国是世界上唯一持久的国家。"③

在黑格尔看来,"历史必须从中国谈起,因为根据史书的记载,它是最古老的国家,而它的原则又具有那样一种实体性,成为这个国家最古老同时又是最新的原则。很早我们就已经看到了中国发展到了今天的状态。因为缺少客观存在与主观运动的对立,所以排除了每一种变化的可能性。那种不断重复出现的、滞留的东西

---

① [德]恩格斯:《反杜林论》,载《马克思恩格斯选集》第 3 卷,人民出版社 1972 年版,第 420 页。
② [德]黑格尔:《致沃斯的信》,转引自苗力田译编:《黑格尔通信百封》,中国人民大学出版社 2015 年版,第 199—200 页。
③ [德]黑格尔:《东方世界》,载[德]夏瑞春编:《德国思想家论中国》,陈爱政等译,江苏人民出版社 1995 年版,第 110、111、113 页。

取代了我们称之为历史的东西。当各种因素互相结合的前提终于变成了活生生的进展的时候,中国和印度都还处在世界历史以外。实体性的统一与主体自由双方毫无区别和对峙,使得实体不能实现自身反省和取得主体性。于是那种以伦理出现的实体性东西不是作为主体的思想占据统治地位,而是成了元首的暴政"。[①] 这说明:第一,中国作为最古老国家的地位是得到黑格尔的认可的,而且是在黑格尔的世界历史体系中作为起源的地位被认可的;第二,继"精神是独立存在的"之后,黑格尔又得出了"历史也是独立存在的"结论。在他看来,中国历史与世界历史的分离是必然的趋势,但并非中国与世界是分离的,而恰恰相反,黑格尔的世界历史体系中缺少了中国便无法自圆其说;第三,通过对比黑格尔的中国认识才可以更深入地认识到黑格尔所讲"世界精神"的特征、出发点及其在哲学上的进步,而不是从历史书写角度的批判和颠覆。

三、"世界精神"观的中国资源

那么在这样一种似乎有些泛泛而论的"世界精神"之中,是否有中国的位置呢?有论者认为应该特别关注黑格尔的中国文化观,认为黑氏虽不懂汉语、不能掌握第一手文献,但并不能证明他对中国文化研究和洞察就没有深刻性,因为"黑格尔的中国文化和东方文化研究不管在'规范性'上有多少缺点,须知这根本不是黑格尔的兴趣所在,黑格尔的兴趣只在于理解和把握中国文化和东

[①] [德]黑格尔:《东方世界》,载[德]夏瑞春编:《德国思想家论中国》,陈爱政等译,江苏人民出版社1995年版,第114页。

方文化的精神"①。此一立论,当然可备一说,一方面我们得承认,从了解和理解一民族文化的深度而言,懂语言当然比不懂语言强;但另一方面我们要看到,世界民族之多、语言之繁,恐非任何一个天才能穷尽之,但这也不应当成为学者止步的理由。而事实上,具有广博程度的宏观世界史研究又是很必要的,所以像黑格尔、马克思、韦伯这样的大家,虽然不通东方各民族语言,但其对东方各民族文化、思想的研究,也自有其不可替代的意义。②

虽然黑格尔对中国文化评价不高,但其从中国文化里汲取的思想资源却并不少,而且相当关键,尤其是在他的"世界精神"观的形成过程之中。但这并不像有的学者所言,诸如《精神现象学》是模仿《大学》而作,甚至说"如果不是黑格尔受了《大学》的影响,简直是无法说明的了"③。这种近乎"袭用"的指责,固然是彰明了我中华文化的渊博精深,但其实意义不大。对于黑格尔这样的大哲来说,他自己的思想表述尚且来不及,何谈得去"袭用"别人的东西? 这一问题的本质其实在于,高明的思者是如何善于将一流的精神产品变为"激活自家思想的马刺"④。黑格尔是从来没有怀疑过西方文化或者日耳曼所代表的历史的核心地位的,因为即便如18世纪以及第一次世界大战之后这两个比较典型的参照中国文化的时代,也很少出现完全抛却西方本源的哲学倾向,更不要说是黑

---

① 卿文光:《论黑格尔的中国文化观》,社会科学文献出版社2005年版,第3页。
② 牟宗三虽然与黑格尔观念有异,但亦承认黑格尔对中国历史的认识相当之深刻,并认为一个人达到这种深刻的认识未必需要过多的历史知识。牟宗三:《中国哲学十九讲》,上海古籍出版社1997年版,第182—184页。
③ 参见朱谦之:《中国哲学对于欧洲的影响》,人民出版社2006年版,第350页。
④ 刘东语,见《人文与社会译丛》序,译林出版社。

第五章 黑格尔的"世界精神"观念及其与中国思想的关联

格尔所处之日耳曼民族意识强烈焕发的时代了。而中国学者虽能做到易地而处,但也在其中预设了自己所处的中国学术困境,在愈卑愈亢中走向偏执。这种思路虽然有其时代性的一定正向作用,但毕竟有违学理,非长久计。而从黑格尔"世界精神"观与中国资源之间的关系中,除能阐释出思想关联之处,也可以为现代中国学术平衡中西资源,体用结合提供参考。这其实是另一重要维度——学术史的更深层意义。

黑格尔清醒地意识到中欧之间关于"天"的概念的本质差别,在他的心目中:"中国人的天不是建构在地面上空的独立王国这样一个世界,也不是一个自为的理想王国,它不象(像)我们所想象的拥有天使和死者灵魂的天国一样,也不象(像)与现世生活截然不同的希腊奥林匹斯山一样,而是一切都在现世。权力所据有的一切,统统属于皇帝。这是仅有的一种有意识地进行彻头彻尾的自我意识。"[①]这里所指出的"现世情结"和"皇帝因子"都是很关键性的,也确实是与欧洲不一样的地方。概括地说,这是黑格尔所认识的中国之儒教与西方之基督教的差别,也算是很一针见血了。这一差别的阐释也并非通过抬高基督教而达成的,而是将两者同样在无神论的角度进行批评。那么黑格尔是如何对这一"宗教"差别进行哲学升华的呢?首先,需要明确的一点是,黑格尔就宗教问题进行的思考是贯穿其哲学体系建构始终的,但也是审慎而全面的:自 1821 年首次讲演至 1831 年去世前共进行了 4 次间隔达 10 年的完善推进,在内容和结构上调整多次;其次,黑格尔的这种升华既

[①] 黑格尔:《中国的宗教或曰尺度的宗教》,载[德]夏瑞春编:《德国思想家论中国》,陈爱政等译,江苏人民出版社 1995 年版,第 101 页。

是宗教体系内部的一种比较，也是其绝对精神体系内部的一种线性发展，因其一方面将中国之儒教作为宗教之自然状态，而将基督教视作从宗教进入哲学的最后关键环节①，是精神之所以成为绝对精神的核心要素；最后，宗教哲学的精神线索是黑格尔发展其世界历史的脉络之一，同样，关于中国的文化认识也成为黑格尔对宗教的跨时间、空间的统一规律总结的基础。

黑格尔的中国资源有相当一部分是转介而来的，其时德国汉学尚未建立，在现代大学体制中，汉学是姗姗来迟者；而在汉学这一学域之中，首开风气并拔得头筹的是法国人，他们以其对人类真理的探索态度首开风气，建立了世界上第一个汉学讲座，其代表人物就是雷慕沙（Abel-Rémusat, Jean-Pierre, 1788—1832）（1814年由法兰西公学院所建）。法国汉学的发展也初步为那些不踏足中国但却有着种种动机而想要了解中国的人们提供了较为充足的文献资源，尤其是巴黎，不仅是18世纪以降欧洲当仁不让的文化中心，也顺势成为中国文献汇聚的权威源头，②因此黑格尔在论述道家思想的时候，就大量引用了雷慕沙的论述：

> 据雷缪萨说，"道"在中文是"道路，从一处到另一处的交通媒介"，因此就有"理性"、本体、原理的意思。综合这点在比喻的形而上的意义下，所以道就是指一般的道路。道就是道

---

① 参见杨祖陶：《黑格尔的宗教哲学》序，载赵林：《黑格尔的宗教哲学》，武汉大学出版社1996年版，序言页。
② Walravens, Hartmut: *Zur Geschichte der Ostasienwissenschaften in Europa. Abel Rémusat (1788–1832) und das Umfeld Julius Klaproths (1783–1835)* (=Orientalistik-Bibliographien und Dokumentationen 5). Harrassowitz: Wiesbaden, 1999.

第五章　黑格尔的"世界精神"观念及其与中国思想的关联

路、方向、事物的进程、一切事物存在的理性与基础。"道"(理性)的成立是由于两个原则的结合,像易经所指出的那样。天之道或天的理性是宇宙的两个创造性的原则所构成。地之道或物质的理性也有两个对立的原则所构成。地之道或物质的理性也有两个对立的原则"刚与柔"(了解得很不确定)。①

在这里,我们看出主流思想家的致思之路与对边缘学科的征引和依赖是无法割裂的,因为如此便无以支撑他们的世界叙述和整体建构。特别是对于形而上之思想的建构而言,无整体之大局观便不成浑然体系,而无世界知识便无从谈起整体,毕竟,知识是一个系统性结构,必须通过层层叠叠的细部知识的累聚,才可能逐渐覆盖起一个整体性的框架,对于新的知识结构的建立而言,往往并不是先有框架而后有枝叶,而恰恰是零落离散的、吉光片羽的汲取在前,拼凑、黏合,甚至重构在后,这一点在哲学学科方面体现得尤为明显也尤为可贵,如此说,也是在目前日益详尽的学科分门别类情况下不得已之言。也正是如此,汉学家的意义凸显出来,即他们不是简单的异域(此处特指中国)知识的工作者,而是催化不同的知识结构(尤其是不同文化体之知识结构)发生牵连的黏合剂和将东方巨轮拉入西方文明河流的纤绳。这一地位的明确,并非肇始自汉学家的自吹自擂,而是源于其作为文化之间传媒中介的客观位置。当然也与思想家的主观择取密不可分,此处的主观择取者便是黑格尔。

----

① ［德］黑格尔:《哲学史讲演录》第1卷,贺麟、王太庆译,商务印书馆1959年新1版,第126页。雷缪萨即雷慕沙。

143

黑格尔既是古典哲学的集大成者，也是从人类形而上知识结构的发展完善史来说的最后一人，此后的哲学不断被国家、民族、意识形态、社会的时代精神所裹挟，既被空间地割裂，也被时间地断隔，即便是黑格尔的继承者，也多是只见树木不见森林，或者出于"善意"对其完整结构进行修剪矫饰，逐渐断绝了最应该有完整意识的哲学的整体知识结构，以至于自然科学与精神科学之间位置的倒错和学科合纵不连横的现状被视作理所当然，特别是当今以致用实际为目的的知识结构非但没有统一这种断裂，而是加剧了知识个体的离间和知识本体的分裂，这恰恰是与知识（如哲学）的"整体"性质背道而驰的。这样说，并非是抬高哲学的地位，而是将哲学作为一种最接近理想的整体知识结构的形象而言的。

由此，以黑格尔等为典型，我们可以发现，德国古典知识精英对中国元思维是有所了解的，而且是有着引为资源的意识的。所谓中国元思维，是将"道"一词的内涵与西方文明的源头之二元思维对照而谈的，不论黑格尔是否了解除"道"之外的其他中国元思维，或者并不将"道"视为中国唯一的元思维，这并不影响我们对黑格尔的敏锐"联通"意识的评价，仍以黑格尔对"道"的理解为例，这种取而引之、引而化之的意识体现得很明确：道对应理性，天地对应宇宙和物质，易经对应基本的二元论……而仅凭生搬硬套是不足以让黑格尔的论述忝列经典的，其高明之处在于对"道—天地—易经"之间的关系进行了西式疏导，但得出了一种不违中式逻辑的阐释。甚至能规律性地解释中国文化种种现象。这对于未曾踏足中土的异乡人而言无异于盲人摸象，但黑格尔却做到了。不仅如

第五章 黑格尔的"世界精神"观念及其与中国思想的关联

此,黑格尔对中国的基本元典都有所了解:

> 中国人存有许多古书和典籍,从中可以了解它的历史、宪法和宗教。吠陀和摩西纪传是类似的书籍,荷马史诗同样如此。中国人把这些书称为"经",作为他们一切学术研究的基础。《书经》包含着历史,叙述了古代帝王的政府,并且发布了由这个或者那个帝王制定的命令。《易经》由许多图形组成,被看作是中国文字的基础,也被视为中国深邃思想的基础。因为这部书是从一元和二元的抽象化开始的,然后叙述了这些抽象思想形式的具体存在。最后是《诗经》。这是一本各种格律的、最古老的诗歌的集录。古时候,一切高级官吏都必须带着他们地区当年写作的所有诗篇去参加年节。坐在科场中央的皇帝是这些诗篇的评判员。凡是被赏识的诗章均得到公众的赞同。除这三部特别受到敬重并得到深入研究的经典著作外,还有其他两部不太重要的典籍,即《礼记》(也叫作《礼经》)和《春秋》。《礼记》记述了习俗和对皇帝以及官吏的礼仪,并有附录《乐经》,专门论述音乐。《春秋》是孔子所在的鲁国的史记。这两部书是中国历史、风俗和法律的基础。[①]

这些信息虽不尽正确,但可以让我们看到黑格尔对中国元典的了解情况和自己的独特理解。譬如对于《易经》,黑格尔多次提及:"《易经》里画着某些表示基本形状和基本范畴的线条,所以这部书

---

① 黑格尔:《东方世界》,载[德]夏瑞春编:《德国思想家论中国》,陈爱政等译,江苏人民出版社1995年版,第115页。

也被称为命运之书。这些线条的组合被赋予某种意义，预言就以此为基础被演绎出来。或者把许多小棍扔到空中，根据它们降落的方式来预先决定命运。凡是我们认为是偶然的东西以及自然的联系，中国人都试图用巫术来推导或者实现。所以这里也表现了他们的愚昧无知。"①

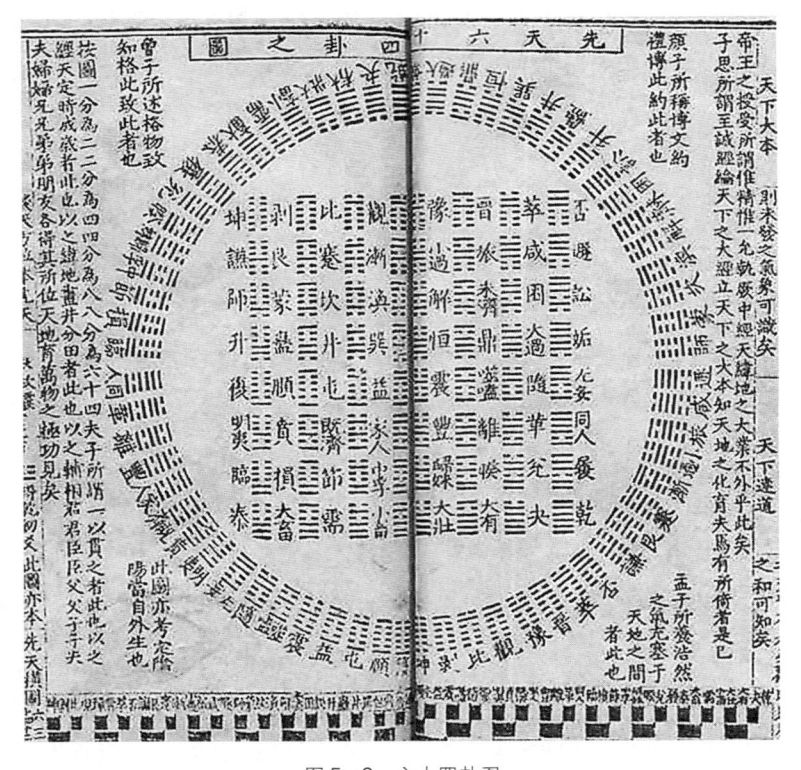

图 5-2 六十四卦图

资料来源：https://yzgjgx.com/4079.html。

---

① 黑格尔:《东方世界》，载[德]夏瑞春编:《德国思想家论中国》，陈爱政等译，江苏人民出版社 1995 年版，第 129 页。

第五章　黑格尔的"世界精神"观念及其与中国思想的关联

显然,黑格尔是未将中国作为主要的知识资源纳入他的"世界精神"观的,因为他对中国知识和文化的总体评价并不高,这既是由于彼时欧洲对中国认识的客观局限,也与传统中国主流文化的客观局限有关,这里两种客观局限均非黑格尔能影响或改变,但确实影响了他对中国资源的评价,也间接成就了他的哲学体系,倘若没有"如果",黑格尔还能否得出其宏大"世界精神"和影响深远的历史哲学体系? 今人也无从知晓了。但是黑格尔也部分地忽视了西方自有的自然宗教发展阶段和民间迷信传统,只不过欧洲的自然宗教走向科学、与理性殊途同归,而中国的自然宗教走向了哲学,与科学理性分道扬镳。这种忽视,或者说是黑格尔的一种有意漠视:既是为了给日耳曼的"光明"历史未来寻找一个更加高贵合理的出身,也是对"理性"的体系化做出的事实让步和妥协,这也与黑格尔对所谓科学研究方法的一贯鄙视态度相合。相信这样一种推测至少不是无端的揣度。

黑格尔的哲学创造,是德国哲学的巅峰之作,也是人类文明史上难以逾越的高原高峰。来源于黑格尔哲学的辩证法同样是在东方思维,尤其是中国思维的易经资源中获得的,如此就延续了人类文明史的知识谱系书写,更遑论辩证法经过苏俄进入处于传统与现代中的中国,焕发了革天换地的生命力。"东海西海,心理攸同;南学北学,道术未裂"[1],或许正形象地道出了知识作为主体下沉到社会实践中的最伟大案例。

我们无意用一种狭隘的民族自豪感来坚定自己的主体意识,

---

[1] 钱钟书:《谈艺录》序,中华书局1998年版,第1页。

只想更清晰地厘清人类思想进程的"步履轨迹",我们都生活在一个基因谱系之中,因为我们生而为人。像黑格尔这样的大哲,既是德意志民族的骄傲,又属于全人类共同的精神宝库,我们理应珍视之。然理想如黑格尔,也无法脱离"狭隘"民族自豪感,在涵纳世界各民族的哲学地图里为日耳曼民族划定了一片"我命天定"的自留地,这种选择是对?还是错?日耳曼民族的兴勃亡忽或许更能让人思索其中的滋味。

第六章　中国小说与人类理想：
以歌德对《玉娇梨》的论述为例

一、三国文化因缘：从一封论学信谈起

1930年,时留美求学耶鲁的柳无忌(1907—2002)致函鲁迅(1881—1936),向这位中国小说史家请教关于《玉娇梨》一书的情况,顺带记载下的却是长达数世纪,牵涉中、德、美三国数代人的一段文化因缘：

> 在你的《小说史略》中,曾讲过明代的一部言情小说:《玉娇梨》,真如你所云,此书在中国虽不甚通行,在欧洲却颇有一时的运命。月前去访耶鲁大学的德文系主任,讲到歌德的事。他说：歌德曾批评过一部中国的小说,颇加称道；于是他把校中'歌德藏书室'中的法德文译本的《玉娇梨》给我看。后来我又另在耶鲁图书馆中找到一册英译。……在学问方面,欧美学者关于歌德已差不多考证无遗,——独有在这一方面,讲到《玉娇梨》的文字,尚付阙如。因此我想,倘使能将我国人所有讲此书的材料,搜集整理一下,公诸欧美研究歌德的学者,也许可算一点贡献,

虽是十分些微的。①

作为学者的柳无忌②,虽专治英文,但看来与德文也颇有关联。其中透露的若干信息值得关注:一是美国对德国文学的研究很重视,耶鲁大学已设有专门的德文系;二是中国学者可能对世界学术的贡献,在研究策略上应注意充分发挥自己的独特优势;三是文化交流中的变异现象值得特别关注,不能纯粹以本国的评价标准去衡量一部作品,而应考虑其在世界格局中的接受史情况。如《玉娇梨》这样一部明代普通小说,不但引起了歌德的关注,更成为日后德、美学者共同探讨的对象,其所承载的文化史和学术史意义已超出小说价值本身。显然,柳无忌的建议,得到了鲁迅的重视,作为小说史家的鲁迅此时虽已日益淡出历史舞台,但其内心的学问家情结却并不可能完全割断③,将此信发表在《语丝》之上,固然是希

---

① 柳无忌:《来信》,载《鲁迅全集》第8卷《集外集拾遗补编》,人民文学出版社1981年版,第300页。

② 柳无忌,江苏吴江人,其父为柳亚子。他在清华大学毕业后留学美国,先后获劳伦斯大学学士、耶鲁大学博士学位。1932年归国,历任南开大学英文系教授兼主任,西南联大、中央大学教授等。1945年后去美,历任耶鲁、匹兹堡、印第安那大学教授。著有《孔子:其生平及时代》《儒家哲学小史》《中国文学概论》《苏曼殊评传》等。周棉主编:《中国留学生大辞典》,南京大学出版社1999年版,第305页。其简历,另参见http://baike.baidu.com/link?url=6KvgRGAZsFEIJK8FWWAeZhxRQMUfH_YckymQix6PbGysWqDfhfvlJuMrn5ZzH3Au,2014年2月9日。

③ 参见鲁迅:《柳无忌来信按语》(1930),载《鲁迅全集》第8卷《集外集拾遗补编》,人民文学出版社1981年版,第299页。1926年,鲁迅就顾到既要作文、又要教书/研究,可能两面不讨好。所以考虑再三:"或者还不如做些有益的文章,至于研究,则于余暇时做……"《两地书》,载《鲁迅全集》第11卷,人民文学出版社1981年版,第184页。但事实上,"在鱼与熊掌无法兼得的情况下,鲁迅选择了杂文;只是对放弃自认擅长的文学史著述于心不甘,故不时提及。"陈平原:《作为文学史家的鲁迅》,载王瑶主编:《中国文学研究现代化进程》,北京大学出版社1996年版,第114页。

第六章　中国小说与人类理想：以歌德对《玉娇梨》的论述为例

望"公诸于众、求师于人",其实也未尝不可看作他作为小说史家,希望更上层楼的内心表白。

作为早期中国文学史研究的代表作,《中国小说史略》以其史料丰赡、眼光高明而立定于学术史上。既为开山之作,又当珠玉之润,洵为难能。鲁迅是如何论述《玉娇梨》的呢？他是将其放置在中国小说史发展的源流脉络中来论述的："《金瓶梅》《玉娇李》等既为世所艳称,学步者纷起,而一面又生异流,人物事状皆不同,惟书名尚多蹈袭,如《玉娇梨》《平山冷燕》等皆是也。至所叙述,则大率才子佳人之事,而以文雅风流缀其间,功名遇合为之主,始或乖违,终多如意,故当时亦或称为'佳话'。察其意旨,每有与唐人传奇近似者,而又不相关,盖缘所述人物,多为才人,故时代虽殊,事迹辄类,因而偶合,非必出于仿效矣。"[①]在鲁迅的"小说史"体系中,将明代小说分为三类,曰神魔、人情、市人。在人情小说中又分两类,上则为以《金瓶梅》为代表的"世情书",所谓"大率为离合悲欢及发迹变态之事,间杂因果报应,而不甚言灵怪,又缘描摹世态,见其炎凉"[②];下则可推以《玉娇梨》为代表的"佳话书"。这种划分是合适的。若论对当时历史场景、社会生活的还原,《金瓶梅》绝对是难得的"文本历史";可如果论到表现文化中国、伦理观念,则《玉娇梨》原是上佳的"文化范例"。这也就难怪,作为异域观景者,堂堂的大汉学家雷慕沙竟会选择这样一部不为中国文学史家所看重

---

① 《中国小说史略》,载鲁迅:《鲁迅作品精选·理论》,中国文史出版社2002年版,第156页。
② 同上书,第148页。

的作品而费心译介①。文化的异域传播轨迹,本来就不可以"本国趣味"为唯一的衡量标准。"墙内开花墙外香"的现象,在世界文学史的视域中其实屡见不鲜,不足为奇。②

事实上,在我看来,经由传教士、汉学家与欧洲知识精英这样不同思想轨迹而重新发掘出的、迥然不同于我们自身评价标准的"中国小说经典",或许更值得我们重视。未必是在作品本身,而是考察作品的"普遍眼光"问题。18 世纪是人类史上值得大书特书的时代,因为它代表了理想与纯洁的崇高伦理境界。或谓"光明世纪",或谓"启蒙时代",无论如何描述,它道出了一个时代共享的精神特征,就是一种"优雅向上"的整体姿态。虽然,在进入具体历史场景中时,我们会发现很多纷繁的原相,但正如陈平原先生在描述晚清中国精英分子时所总结的那样:"晚清乃中国历史上少有的大变动时代,面对此国运飘摇风雨如晦的艰难局面,崛起一大批救亡图存的仁人志士。这些人分属于不同的政治集团,彼此间有过咬牙切齿的论战与纷争……在改良群治变革中国社会,推动中国历

---

① 这并非孤立的个案。雷慕沙的弟子,后起的法国著名汉学家儒莲(Stanislas Julien, 1797—1873),同样致力于此类小说的法译工作。后人竟然认为:"儒莲致力于翻译一批具有公式化大团圆结局的短篇小说,而对这些小说的选择是无法解释的:《白蛇精记》(1834)、《平山冷燕》(1860)、《玉娇梨》[《金瓶梅》续本(1864)],另外还有许多的各种文集的节本。"戴密微《法国汉学研究史》,载[法] 戴仁(Drège, Jean-Pierre)主编:《法国当代中国学》,耿昇译,北京:中国社会科学出版社 1998 年版,第 29 页。《玉娇梨》当为《玉娇李》之误。这种说法显然缺乏对前贤的"温情之敬意,理解之同情",必须将其放置在当时法国(乃至欧洲)的整体文化背景下,中法(中欧)之间的文化互动背景下,就可以理解他们做出这样的选择乃是非常自然之事。
② 如此论说,并非刻意唱"翻案文章",通过洋人之口(如歌德)来提高《玉娇梨》在中国文学史上的地位,这样的研究过于拘泥于"排名高下",没有多大意思。事实上,文学作品的文学史价值与传播史价值是应当区分的,由于传播史的功用而夸大其文学史价值也是不客观的。

第六章　中国小说与人类理想：以歌德对《玉娇梨》的论述为例

史近代化进程这一根本点上,两派宗旨大致相通。至于以身许国的志向,更不会因政治策略的得失而磨灭其光辉。"[1]将这一思路搬用到欧洲语境,也基本可以适用。不同的是,在18世纪的欧洲,知识精英所关心的问题,并非单纯的民族危亡,而更将问题拓展为"人类前途"。无论是责其空洞,还是求其理想,事实就是,那代人有着远为高扬的生命意志和道德理想。

正是在这样的思想史背景下,欧洲知识精英将目光投向了《玉娇梨》。如果说歌德读到此书,多少有相当程度的偶然性,因为当时在欧洲语言中可供选择的中国文学译本毕竟极为有限;那么,雷慕沙选择此著作为费心移译的样本,恐怕不全是因为"信手捻来"？ 更何况,作为汉学家的雷慕沙,其学术背景相当不凡,早年学医,后以有关中医的论文获得博士学位(1813),1815年,他开课(课名是"汉族和鞑靼-满族语言与文学讲座"[2],与印度学讲座同时设立)于法兰西学院,成为首位汉学讲座教授。雷慕沙的学术兴趣相当广泛,他的选择本身就不是毫无意义的。

那么,我们要问的是,19世纪的欧洲大陆,大概是处于怎样的一种文化语境呢？ 他们需要的,究竟是怎样的文化资源呢？ 自卢梭启蒙思想出世以来,波及四方,至法国大革命为一巨变;而拿破仑帝国的盛极而衰,亦同样为法国的发展谱下重要的一曲。在这一宏大历史背景下,进入法国知识精英视野的"中国镜像",不太可能是信手拈来。其时价值观念转变甚大,一个根本性的变化则在

---

[1]　陈平原:《中国现代学术之建立》,北京大学出版社2010年版,第276页。
[2]　戴密微:《法国汉学研究史》,载[法]戴仁主编:《法国当代中国学》,耿昇译,中国社会科学出版社1998年版,第27—28页。

于启蒙思潮的兴起,对于古典时代的向慕以及对基督教的敌视是主要倾向。对于中国文化的接受,正可从这个角度来获得认知。雷慕沙与法国文化场域中的人物多有往来,乃是其时传播中国文化的重要中介人物,而以其首任汉学教授的身份,更是获得诸多关注。到了 1827 年,以法语翻译出版的《中国故事》(*Contes chinois*)里,作为编辑者的雷慕沙自然更受到大众之瞩目,读者则更多为知识分子。

由法国文化场域扩展到欧洲文化场域,《玉娇梨》的传播轨迹不但意味着一部中国作品进入欧洲语境,还标志着异域文化接受的另类可能。从接受美学的角度来看①,正是读者对作品的参与,构成了历史的能动特质;而如歌德、席勒这样的伟大人物的阅读参与,使得《玉娇梨》这类著作,本身已成就了其文学史的意义;这种文学史意义,不再是本土的国族文学史意义,而是放置在整个世界文学史中的意义。经由翻译史、传播史的线索,我们似乎可以逐渐清晰地寻到了

---

① 在接受美学看来:"在这个作者、作品和大众的三角形之中,大众并不是被动的部分,并不仅仅作为一种反应,相反,它自身就是历史的一个能动的构成。一部文学作品的历史生命如果没有接受者的积极参与是不可思议的。因为只有通过读者的传递过程,作品才进入一种连续性变化的经验视野。在阅读过程中,永远不停地发生着从简单接受到批评性的理解,从被动接受到主动接受,从认识的审美标准到超越以往的新的生产的转换。"作者进而推论:"接受美学的视点,在被动接受与积极理解、标准经验的形成和新的生产之间进行调节,如果文学史按此方法从形成一种连续性的作品与读者间对话的视野去观察,那么,文学史研究的美学方面与历史方面的对立便可不断地得以调节。"姚斯:《文学史作为走向文学理论的挑战》,载[德]姚斯、[美]霍拉勃:《接受美学与接受理论》,周宁等译,辽宁人民出版社 1987 年版,第 24 页。但值得补充的是,这个三角形不是固定的、一成不变的。即大众之中可能包括作者(即此书的读者,他书的作者),尤其是那些作为大作家、思想家的精英读者本身,在这样一个循环圈内起到的作用尤其应当得到重视,一方面他们积极参与接受,另一方面他们更由此接受而汲取资源、进行更富价值的创造,从而形成再次的循环性接受过程。

第六章　中国小说与人类理想：以歌德对《玉娇梨》的论述为例

世界文学史的可能。更重要的是，歌德的参与不但构成了一部中国文学作品的文学史（按接受美学观点），还指向了"世界文学"的文学史。作为这一著名概念的始创者，歌德强调："民族文学在现代算不了很大的一回事，世界文学的时代已快来临了。现在每个人都应该出力促使它早日来临。"①时为1827年，暮年的歌德强调的是与"民族文学"相对立的"世界文学"概念，而这与他对以中国文学为中心的东方文学的接触是密切相关的。

确实，歌德对中国文化与文学早有接触②，仅就小说论③，在1796年时就接触到《好逑传》

图6-1　《好逑传》德译本书影

---

① 德文为：Nationalliteratur will jetzt nicht viel sagen, die Epoche der Weltliteratur ist an der Zeit, und jeder muß jetzt dazu wirken, diese Epoche zu beschleunigen. Mittwoch, den 31. Januar 1827. in Eckermann, Johann Peter：*Gespräche mit Goethe — in den letzten Jahren seines Lebens*（《歌德谈话录——他生命中的最后几个年头》）. Berlin und Weimar：Aufbau-Verlag, 1982. S.198。中译参见［德］爱克曼辑录：《歌德谈话录》，朱光潜译，人民文学出版社1978年版，第113页。当然，我们注意到歌德说这番话的时候有自家的民族指向。Mittwoch, den 31. Januar 1827. in Eckermann, Johann Peter：*Gespräche mit Goethe — in den letzten Jahren seines Lebens*（《歌德谈话录——他生命中的最后几个年头》）. Berlin und Weimar：Aufbau-Verlag, 1982. S.198。中译参见［德］爱克曼辑录《歌德谈话录》，朱光潜译，人民文学出版社1978年版，第113—114页。
② 一个简单的描述，参见杨武能：《歌德与中国》，生活·读书·新知三联书店1991年版，第26—35页。
③ 关于歌德与中国小说接触的情况，参见陈铨：《中德文学研究》，辽宁教育出版社1997年版，第12页。

(*Die angenehme Geschichte des Haoh Kjöh*①），该书德译者为穆尔（Murr, Christoph Gottlieb von, 1733—1811），由英译本转译，1766年在莱比锡出版；其英译本则由帕西（Percy, Thomas, 1729—1811）出版，他是英国的主教，同时是一个古物收藏家，曾编辑英国歌谣集《英诗残存》(*Reliques of Ancient English Poetry*, 1765)，开创了英国的"民谣复兴运动"；但他本人并不懂汉语，真正的英译者是英国商人威尔金森（Wilkinson, James），此君曾在广州居住多年，故此通汉语。② 不过正处于魏玛古典时代的歌德，对中国小说的兴趣虽非"昙花一现"，但终究没有"高度重视"。当时，他与席勒对此虽颇有讨论，但限于时间与兴趣，并没有进行深入探究。到了19世纪10年代，经历过席勒之殇的歌德，已过花甲之龄，心态要比盛年时代平和得多；而此时他的知识储备和思想层次，也到了一个"厚积薄发"的阶段。因为他的精神漫游，到此时已覆盖了世界范围的"异域之旅"，其中既包括阿拉伯、印度、日本，当然也涵盖他相当熟悉的中国。再"履"中华，乃是歌德晚年相当重要的精神史事件。虽然，他只是在"纸上旅行"而已。

从《好逑传》到《玉娇梨》的阅读，不仅是时间相隔多年；还在于这两部小说经由欧洲中介者的译介，而发生了一种不断形变的过

---

① Christoph Gottlieb von Murr: *Haoh Kjöh Tschwen, d. i. die angenehme Geschichte des Haoh Kjöh*. Johann Friedrich Junius, Leipzig, 1766.
② 这个英译本产生的经过大概应算是威尔金森、帕西二人合作的结果，先是威尔金森在华期间，1719 年限用英文译出《好逑传》的 3/4，又用葡萄牙语译出剩下的 1/4。帕西将葡语部分用英文译出，又对全部英译文加工润色，于是成就了此英译本。《中国才子佳人小说为什么在欧洲走运——从〈好逑传〉传入欧洲之经过谈起》，载刘桂生：《刘桂生学术文化随笔》，中国青年出版社 2000 年版，第 41—42 页。

第六章 中国小说与人类理想：以歌德对《玉娇梨》的论述为例

程,这是应特别注意的;但"万变不离其宗",本质仍是那个受到规定的原相。所以我们会发觉,文学史中文本的接受轨迹非常有趣,它并非单纯的线性或平面式的简单过程,而是充满了多元向度、杂糅交融、自在生成的水晶球现象。正是在这样一种接受史的框架下,我们可以看到文学作品的不同排列组合,可以起到怎样的"创造资源"功用。譬如,这里远不能代表中国古代文学巅峰水平的白话小说,不仅是《好逑传》《玉娇梨》这类才子佳人小说,还包括二拍中的若干短篇小说。以歌德的眼光和见地,当然也意识到这并非中国文学里的一流作品,但他的目的在于如何借鉴资源、为我所用,所以并不在意其本身如何,这样的"拿来主义"精神其实值得学习。

二、作品之比较：人类的伦理观念

其实,我们只要对歌德作品稍有了解,就不难看到其中的"中国痕迹"(是契合,而未必属实证)。譬如他那部自以为得意的《赫尔曼与多罗泰》,此作虽是叙事诗,但乃是歌德作品中最具诗意与附意结合的佳作,作者自己也颇为此而津津得意。多罗泰的女性形象,与传统德国文学略有差异,不细心辨析很难看出。她虽是逃难少女,但那种温柔贤淑,很像中国传统小说的描述方法。让中国读者读来,很觉温馨可人。不仅在具体的细节描绘,譬如人物个性形象的处理上,颇有中国味,还表现在具体的风俗习惯表述上,也有共通处,譬如赫尔曼与多罗泰的一面之下即订婚,就多少有些像中国的"父母之命,媒妁之言"。这种所谓的"契合式"分析其实也为歌德自己的论述所印证,他自己曾如此比较过:

157

中国人在思想、行为和情感方面几乎和我们一样,使我们很快就感到他们是我们的同类人,只是在他们那里一切都比我们这里更明朗,更纯洁,也更合乎道德。在他们那里,一切都是可以理解的,平易近人的,没有强烈的情欲和飞腾动荡的诗兴,因此和我的《赫尔曼与多罗泰》以及英国理查生写的小说有很多类似的地方。他们还有一个特点,人和大自然是生活在一起的。你经常听到金鱼在池子里跳跃,鸟儿在枝头歌唱不停,白天总是阳光灿烂,夜晚也总是月白风清。月亮是经常谈到的,只是月亮不改变自然风景,它和太阳一样明亮。房屋内部和中国画一样整洁雅致。例如,"我听到美妙的姑娘们在笑,等我见到她们时,她们正躺在藤椅上",这就是一个顶美妙的情景。藤椅令人想到极轻极雅。故事里穿插着无数的典故,援用起来很像格言,例如说有一个姑娘脚步轻盈,站在一朵花上,花也没有损伤;有一个德才兼备的年轻人30岁就荣幸地和皇帝谈话;有一对钟情的男女在长期相识中很贞洁自持,有一次他俩不得不在同一间房里过夜,就谈了一夜的话,谁也不惹谁。还有许多典故都涉及道德和礼仪。正是这种在一切方面都保持严格的节制,使得中国维持到几千年之久,而且还会长存下去。①

---

① 德文为: Die Menschen denken, handeln und empfinden fast ebenso wie wir, und man fühlt sich sehr bald als ihresgleichen, nur daß bei ihnen alles klarer, reinlicher und sittlicher zugeht. Es ist bei ihnen alles verständig, bürgerlich, ohne große Leidenschaft und poetischen Schwung und hat dadurch viele Ähnlichkeit mit meinem ‚Hermann und Dorothea' sowie mit den englischen Romanen des Richardson. Es unterscheidet sich aber wieder dadurch, daß bei ihnen die äußere Natur neben den menschlichen Figuren immer mitlebt. Die (转下页)

第六章　中国小说与人类理想：以歌德对《玉娇梨》的论述为例

歌德在这里大加褒扬的中国小说,是《好逑传》。此书又名《义侠好逑传》《侠义风月传》等,共四卷十八回,乃明清之际才子佳人小说中的一种。其内容并不复杂,以明代社会为背景,主要叙述铁中玉与水冰心的爱情故事。人物形象虽然鲜明,但故事结构并不脱当时的窠臼。从小说艺术上来看,并无特别高妙之处,但对域外之人来看,却能一斑窥豹,仿佛见到中国传统的氤氲流淌。那么,我们要追问的是,究竟是中国作品确实能别出手眼,潜移默化地影响了歌德,并不自觉地融入其创作之中? 还是歌德的思想探索本身,自然与中国之固有精神相契合?

(接上页) Goldfische in den Teichen hört man immer plätschern, die Vögel auf den Zweigen singen immerfort, der Tag ist immer heiter und sonnig, die Nacht immer klar; vom Mond ist viel die Rede, allein er verändert die Landschaft nicht, sein Schein ist so helle gedacht wie der Tag selber. Und das Innere der Häuser so nett und zierlich wie ihre Bilder. Zum Beispiel:' Ich hörte die lieblichen Mädchen lachen, und als ich sie zu Geschichte bekam, saßen sie auf feinen Rohrstühle.' Da haben Sie gleich die allerliebste Situation, denn Rohrstühle kann man sich gar nicht ohne die größte Leichtigkeit und Zierlichkeit denken. Und nun eine Unzahl von Legenden, die immer in der Erzählung nebenhergehen und gleichsam sprichwörtlich angewendet werden. Zum Beispiel von einem Mädchen, das so leicht und zierlich von Füßen war, daß sie auf einer Blume balancieren konnte, ohne die Blume zu knicken. Und von einem jungen Manne, der sich so sittlich und brav hielt, daß er in seinem dreißigsten Jahre die Ehre hatte, mit dem Kaiser zu reden. Und ferner von Liebespaaren, die in einem langen Umgange sich so enthaltsam bewiesen, daß, als sie einst genötigt waren, eine Nacht in einem Zimmer miteinander zuzubringen, sie in Gesprächen die Stunden durchwachten, ohne sich zu berühren. Und so unzählige von Legenden, die alle auf das Sittliche und Schickliche gehen. Aber eben durch diese strenge Mäßigung in allem hat sich denn auch das chinesische Reich seit Jahrtausenden erhalten und wird dadurch ferner bestehen. Mittwoch, den 31. Januar 1827. in Eckermann, Johann Peter: *Gespräche mit Goethe — in den letzten Jahren seines Lebens*(《歌德谈话录——他生命中的最后几个年头》). Berlin und Weimar: Aufbau-Verlag, 1982. S.196-197。中译参见[德]爱克曼辑录:《歌德谈话录》,朱光潜译,人民文学出版社 1978 年版,第 112 页。《赫尔曼与窦绿台》统一用作《赫尔曼与多罗泰》。

在我看来，这里的答案不是"小葱拌豆腐，一清二白"，而是"你中有我，我中有你"，即"兼而有之"。一方面，歌德在创作之前，就对中国颇有了解，而且不止一次地集中阅读过中国材料，虽然其态度变化颇大。另一方面，歌德在此前确实对中国仍属"兴趣爱好"类，谈不上主动自觉地将其作为自家的创作资源。举例来说，歌德对中国文化的了解显然是片面的，他只看到了维护伦理的一面，却没有机会得知中国人纵欲的一面，譬如《金瓶梅》所表现的世界；还有第三种世界，就是《红楼梦》里的那种二元并存的景观。不过这也已经够了，因为中国的这种异质性，仍有其他文化所不能代替处，这种儒家正统伦理观及其实践世界与文学表现，恰恰是可以和基督教世界里形成鲜明的异质对照的，尤其在歌德所身处的日耳曼文化与基督教世界里是未见的。

1815 年 9 月下旬（1815, letztes Drittel im September），在与威廉·格林（Grimm, Wilhelm, 1786—1859）的谈话中这样说道："歌德……住在布瓦瑟莱（Boisserées）家中写作画论；此外他还和波斯事物交往，做了一些有哈菲兹色调的诗歌，阅读和阐释（中国小说）《好逑传》，在鲍鲁斯那里学习阿拉伯语。"①通过这段描述，我们可以清晰地看到，在歌德并非单一地阅读、理解和接受某种文化（文学作品），他很可能是同时操作多种资源，在他的知识和文学世界里是一种"异文化博弈"的状态。至少在这里，波斯、阿拉伯、中国

---

① 德文为：Goethe ... wohnt bei Boisserées und schreibt über die Gemälde; außerdem gibt er sich mit persischen Sachen ab, hat ein Päckchen Gedichte in Hafi's Geschmack gemacht, liest und erklärt die [chinesische Erzählung] Haoh Kiöh Tschwen und lernt bei Paulus arabisch。[*Goethe: 1815. Goethe: Briefe, Tagebücher, Gespräche, S.29371 (vgl. Goethe-Gespr. Bd. 3, S.244 - 245*) http://www.digitale-bibliothek.de/band10.htm]

第六章　中国小说与人类理想：以歌德对《玉娇梨》的论述为例

一同登场，而他的写作竟是"画论"。借用这些手段，目的是更好地来促成自己诗性创造的发生。在这样一个更广阔的维度参照中，我们来看歌德对这段中国爱情的评价，其实是一个非常有趣的话题。在歌德心目中，中国的道德、伦理、爱情、贞洁、节制、自然等都充满了异域的美感。这里涉及的两个维度很有趣，即情爱与伦理。正如作者在《自叙》中谓："人心本自天心，既知好色，夫岂不好名义？特汩没深而无由醒悟，沉沦久而不知兴起，诚于此而寓目焉，必骇然惊喜曰：名义之乐乃尔，何禽兽为？"①显然，这里将情性与伦理结合在一起讨论，有一种过于崭然两分的儒家伦理的立场在场，但却与歌德对《好逑传》里的中国道德世界向慕遥相呼应，正是一种"轻情性重道德"的倾向。

　　此书的题名当来自《诗经》中的一首"关雎"，所谓"关关雎鸠，在河之洲；窈窕淑女，君子好逑"。而可以参照的，则是"求之不得，寤寐思服；悠哉悠哉，辗转反侧"。很能表现出男女两性向慕相悦追求的整个情感心理过程。作者解释道："自生人以来，凡偕伉俪，莫非匹偶。乃《诗》独于寤寐之君子，窈窕之淑女，称艳之曰'好逑'。"②到了这里，终于点题，好逑之典出于此焉。《诗经》本乃中华民族诗教的经典，它以简洁流畅的韵律忠实反映了上古华夏先人的情性，其中有奥义可深探焉。

　　其实，不仅是当时的德国作品，整个欧洲的时代之潮流与迹象，同样值得关注，如英之理查生（Richardson, Samuel, 1689—1761），此君乃英国乔治二世时代的小说家，很有影响力。最具典型意义与轰

---

① 《自叙》，载［清］名教中人编次：《好逑传》，上海古籍出版社1994年版，第2页。
② 同上书，第1页。

动效应的是他的《帕梅拉》(Pamela, or Virtue Rewarded)①,此书初版于1740年,被公认为是英国最早的小说之一,即便在欧洲文学史上也有其独特的意义,有论者甚至认为他用非常古老而简单的方法完成了"事关命运的文学革命",即以"求婚"作为行动线索而突破前人如笛福未能解决的几个主要形式问题,如情节问题。②

理查生比歌德年长一甲子,算来高出二至三代人,自然是歌德的前辈。但就其时的欧洲语境来说,他的文学叙述是颇有典型性的,也具有超越国界的影响力。歌德显然对理查生是比较熟悉的,在日记、书信、谈话中都提及其人,甚至引起其例说:"这样在书信体长篇小说中就显得完全戏剧化了,就像在理查生已经做的那样,作者可以通过形式上的对话插入进来。"③可见,歌德那代人的知识养成是借助不同民族的文化养分而综合形成的,需要不断借鉴外来资源,像理查生这样的作家也是其中重要的组成部分。

而上述人物和文本的出现时间上其实也是在18世纪前后。

---

① Richardson, Samuel: *Pamela, or Virtue Rewarded*. New York: Norton, 1958. 中译参见[英]理查生:《帕梅拉》,吴辉译,译林出版社1997年版。关于此书的精彩解读,可参见《爱情与小说——〈帕梅拉〉》,载[美]伊恩·P.瓦特(Watt, Ian P.):《小说的兴起——笛福、理查逊、菲尔丁研究》(*The Rise of the Novel — Studies in Defor, Richardson and Fielding*),高原等译,生活·读书·新知三联书店1992年版,第150—195页。《〈帕梅拉〉风波》,载黄梅:《推敲"自我":小说在18世纪的英国》,生活·读书·新知三联书店2003年版,第125—163页。《理查逊和帕梅拉的隐私》,载吕大年:《替人读书》,上海书店出版社2008年版,第103—138页。
② [美]伊恩·P.瓦特:《小说的兴起——笛福、理查逊、菲尔丁研究》,高原等译,生活·读书·新知三联书店1992年版,第150页。
③ 德文为:So sind die Romane in Briefen völlig dramatisch, man kann deswegen mit Recht förmliche Dialoge, wie auch Richardson gethan hat, einschalten;1797年12月23日歌德致席勒函,[Goethe: 1797. Goethe: Briefe, Tagebücher, Gespräche, S.6380 (vgl. Goethe-WA-IV, Bd. 12, S.382) http://www.digitale-bibliothek.de/band10.htm]。

第六章 中国小说与人类理想:以歌德对《玉娇梨》的论述为例

所以大致说来,这里涉及的几部作品都是18世纪的产物,这样我们或可对"世界文学"的概念有一种实际和通透的认知,即真正的世界文学,未必就是一种划一的经典模式。按照丹穆若什(Damrosch, David, 1953—)的看法:"世界文学的观念可以继续有效地指称文学全体的一个子集。我用世界文学来包容所有在其原来的文化之外流通的文学作品。他们或者凭借翻译,或者凭借原先的语言而进入流通。"①更准确的表述则是:"世界文学不是一个无边无际、让人无从把握的经典系列,而是一种流通和阅读的模式,这个模式既适用于单独的作品,也适用于物质实体,可同样服务于经典名著和新发现作品的阅读。"②如此则他的论点也就相对清晰,即:(1)世界文学是民族文学在世界范围内的椭圆式折射;(2)世界文学是通过翻译而广泛流通的所有作品;(3)世界文学不是一套固定的经典,而是一种阅读模式,即超越地接触自体时空之外的世界。③可以在此基础上再加以拓展补充,即世界文学也是借文学认知世界的方式,只要文学作品能提供对客观世界的有效认知,就可以视其为世界文学的有机组成;世界文学同时是多元并存、互补构型的一个立体结构,我们需要将相关的文本做整体性材料的运用,所以不同语境、不同国族、不同类型的文本的相辅相成必不可少,而各种文本能在历史潮流中同声连气,超越地域,取得一种"此时无声胜有声"的"共文之识"则更加重要。从这个意义上

---

① [美]大卫·丹穆若什:《什么是世界文学?》(*What is World Literature*),查明建等译,北京大学出版社2014年版,第5页。
② 同上书,第6页。
③ 参见胡继华:《象征交换与文化的生死轮回——从"侨易"到"涵濡"》,载《跨文化对话》第33辑,生活·读书·新知三联书店2015年版,第190页。

来说,歌德这里仿佛随意提及的各国文学文本其实正组成了"世界文学"的有机成分,"无心插柳柳成荫!"那么,或许要追问的是,像《帕梅拉》《赫尔曼与多罗泰》这样的作品或无异议,像《好逑传》这样的作品也可与之并列吗?这可是被本邦名家视为泛泛之物啊。譬如,作为文学史家的鲁迅,其立场和维度与歌德不同,所以就对这类小说有别样的评判:

> 所谓才子者,大抵能作些诗,才子和佳人之遇合,就每每以题诗为媒介。这似乎是很有悖于"父母之命,媒妁之言"的婚姻,对于旧习惯是有些反对的意思的,但到团圆的时节,又常是奉旨成婚,我们就知道作者是寻到了更大的帽子了。①

非但如此,鲁迅对此类作品的外国接受状况也很清楚,所以他说:"那些书的文章也没有一部好,而在外国却很有名。一则因为《玉娇梨》《平山冷燕》有法文译本,《好逑传》有德、法文译本,所以研究中国文学的人们都知道,给中国做文学史就大概提起它;二则因为若在一夫一妻制的国度里,一个以上的佳人共爱一个才子便要发生极大的纠纷,而在这些小说里却毫无问题,一下子便都成了婚了,从他们看起来,实在有些新鲜而且有趣。"②应该说,鲁迅的学术史视域与文化史眼光,都是上佳的。诚如前述,《玉娇梨》的法译者乃法国汉学家雷慕沙。此译本1826年出版于巴黎,题名为《玉娇

---

① 《中国小说的历史的变迁》,载鲁迅:《鲁迅作品精选·理论》,中国文史出版社2002年版,第341—342页。
② 同上书,第342页。

第六章 中国小说与人类理想：以歌德对《玉娇梨》的论述为例

梨》(*Ju-Kiao-Li*)，又作《两个表姐妹》(*Les deux cousines*)①；出版后颇流行，旋即于 1827 年就有德译本出版。② 欧洲人甚至不相信这样优秀的作品出自中国，会质问说："一个像中国那样受人鄙弃的民族，不会产生这样的杰作。"③可陈铨偏以中国人的眼光去衡量比较，对《玉娇梨》很不以为然，拿《好逑传》与其做比较，认为后者"结构比较集中，书里主要人物的性格，也比较有刻画"，"无论从哪一方面说，都比《玉娇梨》好"。④ 但对歌德这样的大诗人来说，最重要的显然不是通过欧译中国小说来学习中国作家的艺术技巧，而是接触与把握文字之后的中国人的精神。故此，研究者仅以自家所长而苛求对象，往往会陷入"自说自话"的陷阱中，难能体会历史语境中的思想生发与意义所在。

恰恰是在中国文学史传统里不受重视的小说，被欧洲人奉为圭臬，这种现象是特别值得我们重视的。但必须指出的是，在世界文化史流通过程中这种现象并非个案，而是具有相当程度的普遍性，如黑塞、卡夫卡等都可视为是"墙内开花墙外香"的典型，他们

---

① 戴密微：《法国汉学研究史》，载 [法] 戴仁主编：《法国当代中国学》，耿昇译，中国社会科学出版社 1998 年版，第 27—28 页。雷慕沙在译介中国文学方面厥功颇伟，参见 CONTES CHINOIS traduits par MM. DAVIS, THOMS, le P. d'ENTRECOLLES, etc.., et publiés par M. ABEL-RÉMUSAT. Un document produit en version numérique par Pierre Palpant, bénévole, Dans le cadre de la collection: „Les classiques des sciences sociales" fondée et dirigée par Jean-Marie Tremblay, professeur de sociologie au Cégep de Chicoutimi。
② 德译本为 *Ju Kiao Li oder die beiden Basen.* Stuttgart, 1827. 陈铨：《中德文学研究》，辽宁教育出版社 1997 年版，第 19 页。德文译名与法文译名是相同的，或用音译，或同题为《两个表姐妹》。
③ Kurz, Heinrich: *Das Blumenblatt. Einleitung.* St Gallen, 1836. 转引自陈铨：《中德文学研究》，辽宁教育出版社 1997 年版，第 19 页。
④ 陈铨：《中德文学研究》，辽宁教育出版社 1997 年版，第 19 页。

165

以自身的努力和用功实现了作为文学和思想创造者的声名和价值。1827年5月7日,歌德在魏玛致博格维希(Pogwisch, Henriette Ulrike Ottilie von, 1776—1851)夫人的信中这样写道:"尊敬的夫人,我给您寄回两个塔勒(18世纪通用的德国银币——笔者注)和小册子,我还希望能得到《玉娇梨》……"①可见,对歌德来说,不断地通过各种渠道和方式获得中国读本与知识来源,仍是重要的。不仅是歌德对《玉娇梨》,黑格尔同样借助这部小说来完成他对中华帝国的整体认知。他谈到中国的科举制度,举例即为雷慕沙翻译的《玉娇梨》,"书中介绍了一个青年人,他完成了学业以后努力要取得显职"。② 这里所指很可能是主人公苏友白。由此,我们可以看到,中国资源成为一种必要的知识源泉,参与了德国思想的形成过程。小说文本是知识仓库,这或许是哲人的发明,但你不得不承认,哲人试图洞察的,则是"象后之意",表象总是浅层次的,那个表象之后的实质才是真正值得探求的精神之意。那么,黑格尔是怎么理解科举制的呢?他这样说:"官吏均接受学校教育。为了获取基础知识而设立了初等学校。象(像)我们的综合性大学一样的高一级教育设施,大概没有。那些想成为国家官吏的人必须通过几次考试,通常是三次。凡是以优良成绩通过了第一次和第二次考试的人才被批准参加第三次,即最后一次考试。这一次皇帝亲

---

① 德文为: Indem ich, gnädige Frau, hiebey zwey Thaler und das Büchlein zurücksende, auch mir den Roman *Ju Kiao Li* erbitte, ……[*Goethe: 1827. Goethe: Briefe, Tagebücher, Gespräche*, S.19942 (*vgl. Goethe-WA-IV, Bd. 42, S.175*) http://www.digitale-bibliothek. de/band10.htm]。

② 黑格尔:《东方世界》,载[德]夏瑞春编:《德国思想家论中国》,陈爱政等译,江苏人民出版社1995年版,第122页。

自出席。奖励是：谁幸运地通过了考试，立即批准他进入最高的政府内阁。尤其要求掌握的科学知识是国史、法学和礼俗知识以及对于组织结构和行政管理的了解。除此以外，大臣应当具备作诗挥洒自如的艺术才能。"①这里的叙述颇有水分，但我们却不难看出黑格尔努力了解中国制度，尤其是把握其深层制度和社会结构的尝试。而有趣的是，这些知识，黑格尔似乎是从主要参照的《玉娇梨》的小说叙事中得来。

三、魏玛语境与歌德选择：明代小说的现代性萌芽与世界意识

其实，我们要理解歌德在面对中国知识资源过程里做出的选择，就必须理解其所生存的魏玛、德国与欧洲的知识史与文化史语境究竟如何，尤其是那些可能和他发生直接关系的知识源点。陈铨曾颇为主观地遗憾道："歌德所看见的也只是孔子的世界，至于中国文化里面道教佛教的成分，歌德没有机会接触。"②仅从现有材料的文学文本接触看，《好逑传》等确实表现的是儒家思想；可如果我们将视域拓展，则此论显然有待商榷。要知道，魏玛不仅是当时德国知识精英的汇聚之地，还是传播中国文化的重要地点。歌德、席勒固然对中国"恋恋不忘"；而像赫尔德、维兰德这些人物同样对中国兴趣盎然。这从他们的作品中可以得到证实，1772年维兰德的《金镜》、1781年塞肯多夫（Seckendorf, Johann Karl

---

① 黑格尔：《东方世界》，载[德]夏瑞春编：《德国思想家论中国》，陈爱政等译，江苏人民出版社1995年版，第122页。
② 陈铨：《中德文学研究》，辽宁教育出版社1997年版，第15页。

Christoph Freiherr von，1747—1814）发表《命运之轮》于《提甫杂志》(*Journal von Tieffurth*)①、1787年赫尔德的《人类历史的哲学观念》，他们在写作过程中都参考了德译本《中华帝国全志》。而这些人物都是歌德的"近友"。②其中塞肯多夫更是一个关键人物③，他不但将法国人杜赫德的《中华帝国全志》推介到魏玛④，可算是"魏玛汉风"的开山鼻祖之一，更是道家思想的钦慕者。如谓不信，自然可举那部鼎鼎大名的《命运之轮》。

瑞士学者常安尔曾在北京居留，对中国戏剧颇有研究。他考证塞氏至少熟悉老子两段语录：

> 有物混成，先天地生。寂兮寥兮，独立而不改，周行而不殆。为天地母。吾不知其名，强字之曰道，强为之名曰大。大曰逝，逝曰远，远曰反。（《老子》第二十五章）

---

① 陈铨说塞肯多夫也在《提甫杂志》上发表过10篇中国短篇小说，恐怕是指塞氏之创作，而非翻译。陈铨：《中德文学研究》，辽宁教育出版社1997年版，第15页。
② Debon, Günter: *China zu Gast in Weimar*（《魏玛的中国客人》）. Heidelberg: Verlag Brigitte Guderjahn, 1994. S.140.
③ 此君的身份是 Jurist, württembergischer Staatsmann, Leiter des Collegium illustre in Tübingen。[Goethe: Saadi — Szymanowska. Goethe: Briefe, Tagebücher, Gespräche, S. 32552 - 32553 http://www.digitale-bibliothek.de/band10.htm]
④ 陈铨：《中德文学研究》，沈阳：辽宁教育出版社1997年版，第11页。Du Halde, Jean Baptiste SJ.: *Ausführliche Beschreibungen des chinesischen Reiches und der grossen Tartarey*. Deutsche Übersetzung. 4 Bde. Rostock. S.1747 - 1749. 关于杜赫德《中华帝国全志》的介绍和评论，参见张西平：《欧洲早期汉学史——中西文化交流与西方汉学的兴起》，中华书局2009年版，第493—513页。更详尽的研究参见《杜赫德的著作及其研究》，载阎宗临：《传教士与法国早期汉学》，大象出版社2003年版，第1—101页。

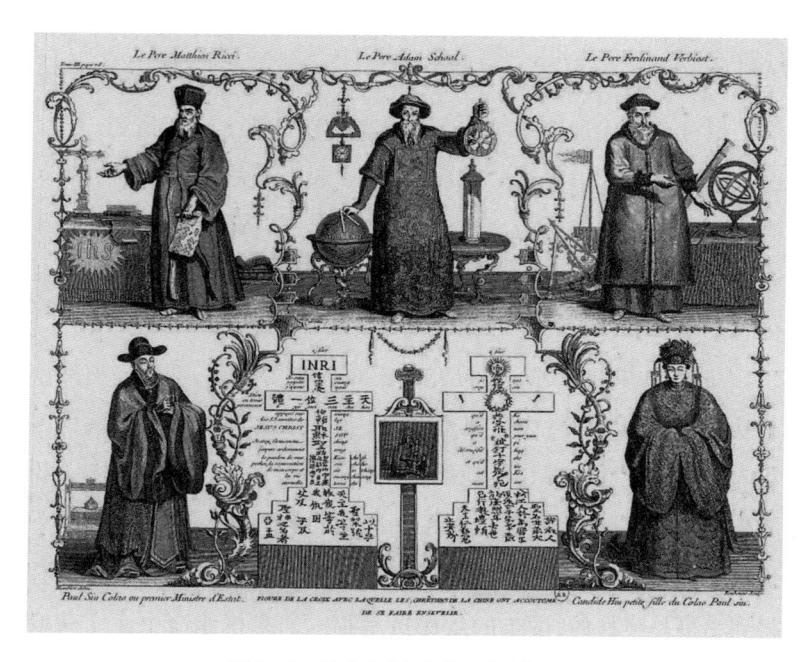

第六章　中国小说与人类理想：以歌德对《玉娇梨》的论述为例

图 6-2　杜赫德《中华帝国全志》内页

道生一，一生二，二生三，三生万物。万物负阴而抱阳，冲气以为和。(《老子》第四十二章)

并进而认为这两段话是塞氏关于老子思想的基础部分。① 在我看来，塞氏的《命运之轮》是一部特别值得关注的作品，虽然在日后出版的单行本上副题为"庄子的故事"，并受到《中华帝国全志》所载《庄子休鼓盆成大道》影响而作；但此书第 1 章题为"老

---

① Tscharner, Horst von: *China in der deutschen Dichtung bis zur Klassik*(《至古典主义德国文学中的中国》). München, 1939. S.95. 常安尔的观点，参见陈铨：《中德文学研究》，辽宁教育出版社 1997 年版，第 51—52 页。

169

子",紧接着的第2章至第5章("他的理论""我是谁""我在哪里""我为何存在")也似乎都围绕老子之哲理而展开。这部小说似乎很符合现代理论的结构方式,其情节非常之突兀滑稽,但却也未尝不是想象力丰富的表现,第6章起展开故事性叙述,19岁的青年庄子被老子选为继承人,但必须经受考验。① 与其说这是一个中国故事的改写,倒不如说起更符合"成长小说"的德国传统。

其实,如果要想进一步推究塞氏对道家的理解,不妨仔细阅读其发表于1781年的《中国道德家》一文,此文借助虚构的现代中国哲人,上了两堂伦理课。② 他借助已有的材料做了这样的表述:"我的孩子们,不要抱怨你们的命运!因为不管命运如何,自然都赋予你们承担的力量。保证生活幸福的不是身外之物,而是身内之物。得到幸福是容易的,困难的是保持幸福。如果抱怨命中注定获取不到财富,那是愚蠢的。我的孩子们,满足于托付给你们的每一种东西,这一种同那一种具有同等重要的地位。让你们聊以自慰,越少引人注目,越能安全航行。因为最富有的财产最能引起强盗的觊觎之心。对你们来说,幸福越小,就越有保证。可怜的草棚,贫瘠的土地,尽管只能带来有限的收入,却都是无可非议的收入……一旦你们幸福地结束航行,你们的兄弟们会认真地分割这些财产。

---

① 参见卫茂平:《中国对德国文学影响史述》,上海外语教育出版社1996年版,第164—165页。
② 参见 Aurich, Ursula: *China im Spiegel der deutschen Literatur des 18. Jahrhunderts*(《中国在十八世纪德国文学中的反映》). Berlin, 1935. S.113 – 114. 卫茂平:《中国对德国文学影响史述》,上海外语教育出版社1996年版,第158—159页。

第六章　中国小说与人类理想：以歌德对《玉娇梨》的论述为例

世上最伟大的幸福是,使他人幸福……"[1]言虽出自所谓的中国哲学家,但却体现出基督教的伦理观[2],这也并不奇怪,"借他人酒杯浇自家心中块垒"本就是那代知识精英的常用手法,但不可否认的是,酒杯之中不乏道家思想的因子,譬如反求诸己、塞翁失马等。有这样了解道家思想的朋友在,歌德不太可能对道家思想一无所知,更别说精神本身的契合性。譬如卫礼贤就以其独到的眼光,明确拈出歌德与老子的精神共通性,并在一个更为广阔的历史与哲学背景中来理解其意义:"要想使对处于不同时代和不同文化空间的代表人物的比较产生结果的话,至少在其个人方面必须满足下列两个条件之一:要么他们与周围文化现象的背景处于一种特有的联系中,且两个被比较人物的地位在某种程度上具有类比性,然后,通过两个人物的比较同时也使该文化在本质联系上清晰起来;要么两个被比较人物必须超越时空局限,代表着人类某种相似的潮流。在此,如果出自完全不同文化背景、成长完全不同的两个人物在人格上一致,并且跨越时空界限在思想上发生联系,那么这种比较可能会具有特殊魅力。一次这样的尝试也许适合坚定我们的人性,而这种人性归根结底潜藏于我们所有人当中。如果我们把歌德和老子作一比较,那么我们将会因这两个方面而感动。"[3]这显然是一种平行比较了,但卫礼贤因其知识域甚为广博,故往往能左

---

[1] 参见 Aurich, Ursula: *China im Spiegel der deutschen Literatur des 18. Jahrhunderts*(《中国在十八世纪德国文学中的反映》). Berlin, 1935. S.113-114.卫茂平:《中国对德国文学影响史述》,上海外语教育出版社1996年版,第158—159页。
[2] 卫茂平:《中国对德国文学影响史述》,上海外语教育出版社1996年版,第159页。
[3] 《歌德与中国文化》,载[德]卫礼贤:《东方之光——卫礼贤论中国文化》,蒋锐译,外语教学与研究出版社2007年版,第235页。

右逢源、彼此联通,所以其平行眼光中更能见出对事物的"融通之识"。所谓"东海西海,心理攸同"说的就是这个道理,但按照六度联通的原则,事物之间往往又是很难避免那种可能的影响性关系的;而我们考索歌德的思想与观念发展轨迹,其目的并不在于仅仅是考证事实,更重要的是追问其诗思如何可能,如何才可能在观念侨易的经纬交织、意象纵横的抽象时空之中构建起一个完整的立体结构,并且催生出那个自然生成的创造性诗思之本身?这才是最为关键的。

应该说,无论是《好逑传》,还是《玉娇梨》,都不过是明代小说中的中等之作,绝非可拔得头筹的"上品杰构",尤其是在本土精英的视域之内。就这点而言,歌德说得很对,中国肯定还会有更高明的一流文学。但恰恰是这样的作品,在德国乃至欧洲语境产生了重大影响,甚至对其一流知识精英的思想形成发生关键性的枢纽意义,何以然?如此我们要追问的是,究竟是因此就可以说明中国文学的水平已经很高,只需遣出中等水平的作品,就可以征服一流大诗人如歌德之类;还是其中别有奥妙可寻? 明代(1368—1644)小说的整体出现,大致在15—16世纪,此时正是西方现代性即将从欧洲升腾,以一种无与伦比的疾风暴雨之势风靡全球之际。从世界范围来看,地理大发现正在酝酿过程之中,而郑和下西洋,其实已为国人带来了初步的世界意识,虽然并不完整。现代性的萌芽,可以说已经隐隐约约,但始终既不成型,亦不正宗。就文学作品所特有的那种"特殊世界"建构的能力和"叶落知秋"的敏感度而言,明清小说不但是中国小说史上的一个高潮阶段,还具有世界之部分的"传感功能"。中国小说虽然早期就有唐宋传奇垫之以为先

第六章 中国小说与人类理想：以歌德对《玉娇梨》的论述为例

声,但真正作为一种文类相对成型,仍当推若干代表作品的出现,而以《金瓶梅》《玉娇梨》《红楼梦》等为代表的小说文体,虽然同样言情,所表现的路径、立场与思想截然不同,《金瓶梅》大致反映明代之纵欲风气,是一种叛逆风格的代表;《玉娇梨》则体现传统之浩荡延绵;《红楼梦》亦为一反叛,只不过其所走路径更为偏锋求胜,乃达到一种艺术创造的"异军突起"。故此,《金瓶梅》是"民间传统"的呼之欲出;《玉娇梨》则体现"主流传统"的承续有常;而《红楼梦》才是真正突破二元的"标新立异",表现出对新路之探索。从《玉娇梨》到《红楼梦》,或可视为一种有趣的进路。虽然都同样是在"体制"之中扮演角色,但其文学史和思想史价值大有不同。相较《玉娇梨》这样在世界文学史和知识史的进程中大放光彩,受到像歌德、黑格尔这样人物的关注并引为资源,《红楼梦》的本土认同度之高,恐怕空前绝后,绝非《玉娇梨》可比。但外国精英非但很难有缘接触,更难说是登堂入室,一品暗藏其中的文化精华。其中的关键,其实恐怕牵涉世界文学、知识和思想演进的整体结构性问题,设想一下,如果歌德、黑格尔等能接触到《红楼梦》,并真的能理解其中奥义,那么他们所理解的文学世界或世界文学或许又绝非仅是现在的层次了。迄今为止,《红楼梦》恐怕都很难说已被德国或西方汉学界很好认知了,也仅仅是到最近,德语世界才出现了首部《红楼梦》的德文全译本。文化的最深处恰恰是不可译、不可知的,或至少是极难进入和理解的,这或许也正是文学或世界文学存在的价值所在。在这个过程中,翻译绝对是不可或缺的环节,而精妙传神的翻译更是跨文化交往的必备要素。

知识地图、文学地图和思想地图是否可以有重绘和重组的可能？对于第一流的知识精英来说，怎样才可能营造一个更有利于诗性和思性的创造语境？歌德对《好逑传》《玉娇梨》的接触无疑是极为重要的文学史事件，借助中国元素的介入而得以实现其妙手著丹青的德国文学创造事业，但他对中国经典的把握究竟能达到何种程度，确实值得追问，受制于时代原因，这种接触至少在广度、深度上还是很有欠缺和遗憾的。到了谢阁兰（Segalen, Victor, 1878—1919）就有一大事借由因缘发生，他的诗性创造，是经由中国因缘而展开的精美谱系，是建立在对中国深度学习和认知，甚至是体验基础之上的，所以有其异域世界的精微广大幽美所在，是文学史甚至世界文学史上不可替代的篇章。如果歌德能在这个意义上展开其创造过程，或者另外的大诗人，能在这种意义上去理解外来资源，那他所达到的成就和层次当然就不是常人所能望其项背的。然而歌德是有着人类理想的，这是他了不起的地方，他借助中国资源或中国元素，成就了他世界文学的理念，开辟了一代人的事业！

歌德在1825年与私人秘书雷姆谈话时说："世界总是永远一样的，一些情境经常重现，这个民族和那个民族一样过生活，谈恋爱，动情感，那末（么），某个诗人为什么不能和另一个诗人一样呢？生活的情境可以相同，为什么诗的情境就不可以相同呢？"雷姆回应歌德的话，说："正是这种生活和情感的类似才使我们能懂得其他民族的诗歌。如果不是这样，我们读起外国诗歌来，就会不知所云了。"[①]在这里，我们看到作为一代诗哲的歌德，其"见异取同"的

---

① 歌德：《歌德谈话录》，朱光潜译，人民文学出版社1982年版，第54—55页。

第六章　中国小说与人类理想：以歌德对《玉娇梨》的论述为例

目光果然与众不同。从表象看去，一定是异象纷呈，此民族和彼民族毕竟有着明显的异样地方，但歌德却将重心放在"同"上，看到的是"东海西海，心理攸同"！从这个意义上来说，见到异质性的东西是非常重要的，诚如论者所见，"歌德与爱克曼的谈话已经充分证明世界文学的丰富变动性。歌德敏锐地感觉到他的作品可以通过翻译受益，与此同时，他如饥似渴地大量阅读外国文学作品"。① 甚至"歌德狂热地阅读有关德国文学的英文和法文评论，认为外国的视角要比德国批评远为精辟清晰"。② "异"与"同"是一鸟之双翼，一车之两轮，须臾不可分离，只有两者的相辅相成，才能达到彼此的相互成就。

　　文学史国际传播的途径与翻译史的偶然因素，诚然影响到我们对作品的理解和定位，但就思想史本身的发展而言，它还是有其内在的逻辑和规律性可遵循的。通过小说文本的叙事手段，以表达正统的儒家传统道德伦理观念，如《三国演义》《玉娇梨》《说岳全传》等，它们同样是说故事而传价值。一般而言，既已形成传统，则自有其相关模式可循。以讽刺的手法揭露社会的阴暗面，则《金瓶梅》《红楼梦》《儒林外史》《水浒传》等可堪为代表；通过神怪来表现中国文化基本精神的，则有《封神演义》《西游记》《聊斋志异》等。前者表现道家（道教）思想，体现佛教文化；而后者则主要表现民间的小传统，都很有意味。天花藏主人的《合刻天花藏才子书序》或许能让我们更多地接近

---

① ［美］大卫·丹穆若什：《什么是世界文学？》，查明建等译，北京大学出版社2014年版，第7页。
② 同上书，第8页。

175

作者撰述的本意①，所谓"不得已而借乌有先生以发泄其黄粱事业"，强调"凡纸上之可喜可惊，皆胸中之欲歌欲哭"。真有所谓"纸上苍生""俟诸后世"之意，核心仍在于"天地生才之意与古今爱才之心"②：

> 天赋人以性，虽贤愚不一，而忠孝节义莫不皆备，独才情则有得有不得焉。故一品一行，随人可立，而绣虎雕龙，千秋无几。……此其悲在生才之难，犹可委诸天地。独是天地既生是人矣，而是人又笃志诗书、精心翰墨，不负天地所生矣，则吐词宜为世惜，下笔当使人怜……贫穷高士，独往独来。揆之天地生才之意思，古今爱才之心，岂不悖哉！……若夫两眼浮六合之间，一心在千秋之上，落笔时惊风雨，开口秀夺山川，每当春花秋月之时，不仅淋漓感慨，此其才为何如？徒以贫而在下，无一人知己之怜；不幸憔悴以死，抱九原埋没之痛，岂不悲哉？③

应该说，这段论述相当集中地表现出作者创作文学文本之后的伦理观念，即品行、节操、道德修养对人来说是非常重要而根本的，才华固然可贵，但舍却伦理纲常，则谬矣。而就中国传统的内在性发

---

① 有论者认为："'七才子书'本把《玉娇梨》和《平山冷燕》视为同一作者的作品，大致是可信的。从'七才子书'本和某些单刻本所藏的天花藏主人顺治戊戌（十五年）序看，'天花藏主人'很可能就是两书作者的另一别号，他大约是一个由明入清的不得志的下层文人。"冯伟民：《校点后记》，载蒉秋散人编次：《玉娇梨》，冯伟民校点，人民文学出版社1983年版，第230页。
② 天花藏主人：《合刻天花藏才子书序》，载蒉秋散人编次：《玉娇梨》，冯伟民校点，人民文学出版社1983年版，第228页。
③ 同上书，第227页。

第六章 中国小说与人类理想：以歌德对《玉娇梨》的论述为例

展来说,在明清之际,作为时代价值观重要标志之一的性爱观很可能是"最为混乱的时期了","尤其是在明中晚期至清代约四百年间,禁欲与纵欲的并行使这个时期的性爱观呈现极其复杂的状态"。[①] 在我看来,两种表征为性爱观的势力,只不过是中国思想史上始终存在的两条主线的搏弈过程罢了。一方面,是官方倡导的程朱理学的过分强力的约束乃至压迫,所谓"存天理,灭人欲"固然有其根由和道理,但毕竟有着"过犹不及"的现象和教训;另一方面,则由资本主义萌芽显现的晚明社会的人欲横流,既有中国人精神内在的发展逻辑作用,也正是对处于压倒优势统治话语的反抗。士人以纵情逸乐为风流,乃是时代价值观重大转折的标志。用李贽的话来说,就是"一日受千金不为贪,一夜御十女不为淫"[②],这种情况的出现无论如何都是令人骇异的,整个社会的道德沦丧已经到了一种怎样的境地,这个世界究竟怎么了? 或许,按照梁漱溟的话来说就是"这个世界会好吗?"[③]或者许绰云的追问:"这个世界病了吗?"[④]这个问题是有大本大源的,是需要认真清理线索的,歌德那代人其实已意识到整体世界和文明的问题,譬如席勒所说,"给近代人造成这种创伤的正是文明本身。只要一方面由于经验的扩大和思维更确定因而必须更加精确地区分各种科学,另一方面由于国家这架钟表更为错综复杂因而必须更加严格地划分各种

[①] 吴存存:《明清社会性爱风气》,人民文学出版社 2000 年版,第 1 页。
[②] 转引自张芸:《别求新声于异邦——鲁迅与西方文化》,中国社会科学出版社 2004 年版,第 220 页。
[③] [美]艾恺采访,梁漱溟口述,一耽学堂整理:《这个世界会好吗?——梁漱溟晚年口述》,外语教学与研究出版社 2010 年版。
[④] 许绰云:《这个世界病了吗?》,上海文化出版社 2014 年版。

等级和职业,人的天性的内在联系就要被撕裂开来,一种破坏性的纷争就要分裂本来处于和谐状态的人的各种力量"。① 在与希腊国家进行比较之后,席勒对近代社会做了如下的描述:"……如今已被一架精巧的钟表所代替,在那里无限众多但都没有生命的部分拼凑在一起从而构成了一个机械生活的整体。现在,国家与教会,法律与道德习俗都分裂开来了;享受与劳动,手段与目的,努力与报酬都彼此脱节。人永远被束缚在整体的一个孤零零的小碎片上,人自己也只好把自己造就成一个碎片。他耳朵里听到的永远只是他推动的那个齿轮发出的单调乏味的嘈杂声,他永远不能发展他本质的和谐。他不是把人性印在他的天性上,而是仅仅变成他的职业和他的专门知识的标志。……死的字母代替了活的知解力,训练有素的记忆力所起的指导作用比天才和感受所起的作用更为可靠。"②在我看来,这一叙述涵盖的不仅是席勒身处的德意志国家和欧洲语境,还具有更为普遍性的意义。晚明时代即已开始于中国的资本萌芽、市场驱动与精神变化,其实也正可在一个长时段中纳入历史大进程中来考察,其点滴特征也未尝不与此若合符节。这也正见出钱锺书所谓"东海西海,心理攸同;南学北学,道术未裂"所言非虚。③ 就此而言,歌德的中国小说阅读和中国知识汲取,也就绝不仅仅停留在纸本之上,中国小说可以勾连的是人类理想,是歌德在面对现代性问题甚嚣尘上之际而做出的思想应对,歌

---

① [德]席勒:《审美教育书简》,载冯至:《冯至全集》第11卷,河北教育出版社1999年版,第36—37页。这里的近代,亦可理解为现代。
② 同上书,第37—38页。
③ 钱钟书:《谈艺录》序,生活·读书·新知三联书店2007年版,第1页。

第六章 中国小说与人类理想:以歌德对《玉娇梨》的论述为例

德认为,"诗的真正的力量和作用全在情境,全在母题"。① 此言可谓精辟,因为作为一种伟大文体的诗,其所能产生的动能绝非仅仅在于自身而已,而是能将其放置到一个更为扩大的语境中去,涉及根本性的元问题。韦勒克也曾指出:"艺术品绝不仅仅是来源和影响的总和:它们是一个个整体,从别处获得的原材料在整体中不再是外来的死东西,而已同化于一个新的结构之中。"②在这里,表现出的正是艺术与现实之间的不断化合作用之过程。其实歌德思想的发展也如此,本当一个最重要的关键点上,能否借助外来之助力而更上层楼,无疑饶有兴味。这正如张无忌修炼"九阳真经",在布袋和尚的"乾坤一气袋"里而得以万事俱备,所缺者正是成昆的那一掌。对歌德来说,中国小说的功用与成昆那一掌似有异曲同工之妙。自己的修炼固然最为根本,但外来之"关键启迪"亦不可忽视。如此,这样一种个案性阅读史的考索,则可以牵涉文学史、交流史、文化史诸端,并进而上升到思想史的高层境界,即由中国小说而引发的关于人类理想的思考,这在某种意义上也预告了歌德"世界文学"思想的发端。

---

① [德]歌德:《歌德谈话录》,朱光潜译,人民文学出版社 1982 年版,第 54 页。
② [美]雷纳·韦勒克:《比较文学的危机》,载张隆溪编:《比较文学译文集》,北京大学出版社 1982 年版,第 24 页。

第七章　从"希腊理想"到"中国镜像"：
论歌德、席勒的"古典图镜观"及其中国资源

研究中德比较文学者皆对歌德与中国的思想文化关系甚感兴趣，确实，不管是他阅读《好逑传》的经历，还是创作《中德岁时诗》（*Chinesisch-deutsche Jahres-und Tageszeiten*，又译为《中德四季晨昏杂咏》），都值得细加考察。不过，若是说中国乃歌德重要的甚至不可或缺的思想资源，则需要认真推敲，不可妄加断言。就我看来，以歌德作为"世界诗人"的胸怀，他确实有"海纳百川"的气魄，也善于吸收与汲取外来资源，但毕竟他作为一个欧洲人，有其基本的立场与判断，作为一个"异者"，中国虽然进入其视野，并得到相应重视，但在其思想资源库中仍是一个相对微薄的单元。如谓不信，不妨来听听歌德的夫子自道：

> 我们不应该认为中国人或塞尔维亚人、卡尔德隆或尼伯龙根就可以作为模范。如果需要模范，我们就要经常回到古希腊人那里去找，他们的作品所描绘的总是美好的人。对其他一切文学我们都应只用历史眼光去看。碰到好的作品，只

第七章 从"希腊理想"到"中国镜像":论歌德、席勒的"古典图镜观"及其中国资源

要它还有可取之处,就把它吸收过来。①

这段 1827 年 1 月 31 日的谈话,表明了晚年歌德的基本思路,其强调"世界文学"时代的到来,举希腊为理想楷模,而将包括日耳曼民族史诗《尼伯龙根之歌》(*Das Nibelungenslied*,约 1200 年)亦排斥在外,中国自然也就不在话下了。这一思路,在歌德其实由来颇久,1822 年,他对中国文化有这样一段评价,在他心目中,"中国、印度与埃及的古学,不过是新奇的事物而已;如我们自己或世界能熟悉它们,自然也不错,但对于我们道德及美学上的教育贡献不大"。而他推崇的则是古典的希腊罗马文学:"罗马及希腊文学的研究也许将永远为我们高级教育的基础。"②甚至要求"首先学习古代希腊人的东西,永远学习希腊人"③。不管是印度还是埃及,其实都各有

---

① 德文为:Wir müssen nicht denken, das Chinesische wäre es oder das Serbische oder Calderon oder die Nibelungen, sondern im Bedürfnis von etwas Musterhaftem müssen wir immer zu den alten Griechen zurückgehen, in deren Werken stets der schöne Mensch dargestellt ist. Alles übrige müssen wir nur historisch betrachten und das Gute, so weit es gehen will, uns daraus aneignen. Mittwoch, den 31. Januar 1827. in Eckermann, Johann Peter: *Gespräche mit Goethe — in den letzten Jahren seines Lebens*(《歌德谈话录——他生命中的最后几个年头》). Berlin und Weimar:Aufbau-Verlag, 1982. S.198。中译参见[德]爱克曼辑录:《歌德谈话录》,朱光潜译,人民文学出版社 1978 年版,第 113—114 页。
② 歌德:《格言与反省》,转引自[德]利奇温:《十八世纪中国与欧洲文化的接触》,朱杰勤译,商务印书馆 1962 年版,第 124 页。
③ 德文为:Man studierte Molière, man studierte Shakespeare, aber vor allen Dingen die alten Griechen und immer die Griechen. Sonntag. den 1. April 1827. in Eckermann, Johann Peter: *Gespräche mit Goethe — in den letzten Jahren seines Lebens*(《歌德谈话录——他生命中的最后几个年头》). Berlin und Weimar:Aufbau-Verlag, 1982. S.530。这一对希腊的推崇思路,不自歌德始,其促进最力者,当属温克尔曼(Winckelmann, Johann Joachim, 1717—1768),他有名言称:"欲成伟人巨子,必得效仿希腊。"不仅是歌德,其实从莱辛到赫尔德、席勒、洪堡、荷尔德林,德国由启蒙到古典的那代人,对希腊文化都推崇备至。有论者在指出歌德等人并非专门的古典学者的同时,仍特别强调(转下页)

其作为文明古国的立国根基,其文化之深蕴积淀,都值得细加挖掘。至于中国文化,无论是文学、艺术,还是思想、学术各领域,都是气象万千、博大深沉。歌德所接触的东西,太过有限,也远非第一流的思想家与文学家,故此有这样的判断也可以理解。这固然与歌德所处的那个时代所接触的中国文化的范围与孔道有关、但另一方面,值得注意的是,它同时与歌德自身的立场选择与思想构建密切相连。

对于歌德来说,对中国的理解和使用情况可分为三个阶段,一是排斥阶段;二是吸收阶段;三是综合阶段。也就是说,"中国镜像"并非一固定不变之物,而是随着时代之变迁,歌德思想之变化,而不断有所游移乃至变异的"可变镜像"。这里所要论述的是"古典图镜"观念的形成问题。

一、从"排斥"到"吸收":狂飙突进至古典时代的歌德"中国观念"之变

17 世纪末—18 世纪初,"中国趣味"(die Chinoiserie)乃是经由

(接上页)他们在德国古典学研究中的重要性。参见 Wilamowitz-Moellendorff, U. von: *History of Classical Scholarship*(《古典学术史》). Baltimore: Johns Hopkins University Press, 1982. pp.105 - 107。洪堡甚至强调:"……在任何情形下,在任何时代,对这样一种特性(即希腊特性)的研究对人的发展都是有益的,因为这种特性组成了人类普遍特性的基础。但最为重要的是,由于一系列情况的共同作用,我们这个时代关注的是物质而不是人,是群体而非个人,是外在的价值和实用性而非内在的美和快乐;上层文化的多种多样性越来越远离本来的单纯性。在这样一个时代,回顾所有的情形几乎正好相反的国度无疑是有益的。" Humboldt, Wilhelm von: „Über das Studium des Altertums, und des griechischen insbesondere"(《论古典尤其是希腊研究》)(1792). 中译参见黄洋:《尼采与古典学研究》,载陈恒、耿相新主编:《新史学》第 1 辑,大象出版社 2003 年版,第 85 页。荷尔德林则说过:"康德和希腊人几乎是我惟一的读物。"1794 年 7 月 10 日致黑格尔信,载荷尔德林:《荷尔德林文集》,戴晖译,商务印书馆 1999 年版,第 358 页。

第七章 从"希腊理想"到"中国镜像":论歌德、席勒的"古典图镜观"及其中国资源

法国蔓延到欧洲的重要时代文化风尚。1667年,法王路易十四以"中国式"装束出席公众活动;1670年,这位"太阳王"又在凡尔赛宫建造了一座中国式的"特利阿农瓷宫"(Trianon de porcelaine)。到了18世纪,仅德国就建有三座非常著名的"中国式"建筑,即慕尼黑的塔堡、波茨坦的龙宫、蒙比欧宫(Monbijou)园林的中国室。身兼神圣罗马帝国皇帝的奥地利女王特蕾西亚(Theresa, Maria, 1717—1780)甚至亲自扮演歌剧中一名中国妇女的角色。[①] 也就是说,早期欧洲的中国接受是以中国器物为先导物,再经由制度层面上升到文化思想层次。包括歌德这样的精英人物,他也免不了在其时的通常文化语境中接受影响,并由此而产生对中国风的基本态度。而其中的一个重要因素就是思想史发展进程中二元结构下的"逆反消长",即二元线索作为结构性支撑是恒定性的引子,而在这样一个过程中平衡达致并非常态,它基本上就是一个由平衡—不平衡—平衡—不平衡的往复循环过程。其之所以平衡在于二元之间形成了一种较为稳定的第三元张力度,而一旦这个脆弱的第三元被破坏,往往就是一个"不是东风压倒西风,就是西风压倒东风"的状态。当宗教居于绝对统治地位(专制)的时候,思想界要求一种对人身基本权利的维护,乃有自由诉求的兴起,于是有启蒙运动的勃然而兴;可一旦当启蒙精神易位而处,由被统治者的诉求成为了统治者的压倒性话语之后,启蒙实际上是取代了宗教的绝对主导地位,其功用则不乏专制统治的意味。当莱布尼茨等人崛起时,面对的是宗教统治,故此启蒙运动作为时代进步力量而兴起;当歌德

---

① 《编者后记》,载[德]夏瑞春编:《德国思想家论中国》,陈爱政等译,江苏人民出版社1995年版,第271—272页。

等人崛起时,启蒙理性乃处于统治霸权,故狂飙突进作为时代进步力量而兴起。所以,中国镜像的迁变也正是德国主流思想者的精神思想状态变迁之标志。待到古典时代之后,启蒙理性—浪漫情径基本呈现出一种对峙状态,而古典思脉兴起,就凸显出了"三"的意义。这个时期,歌德的中国观发生了非常明显的变化,就是由排斥到吸收。从更深层的意义上来说,乃是经由初时的对中国物质的排斥深入到对中国思想的吸收。

总体来说,这是在启蒙背景下形成的,启蒙理性自莱布尼茨启其端绪,其中一个重要标志就是对中国文化的高度推崇。而以赫尔德为旗手的狂飙突进,要反对的恰恰正是这种以罗柯柯文化和"中国摹仿"为标志的"靡靡之声"。青年歌德作为其中一名健将,即对"中国园林"进行抨击:

> 来到这座完美齐全的园林,
> 我们什么也不再缺少。
> 这儿有起伏的山峦、
> 各种名目的灌木丛林、
> 迂回曲折的长廊、瀑布和沟壑、
> 大量的木犀草及其他各种芳香花草、
> 云杉、巴比伦柳树、
> 隐居洞穴的遁世者、青青绿草中的羊儿、
> 清真寺庙和辟有小小陈列室的楼阁、
> 苔藓铺成的一张张极不舒适的地床、
> 方尖柱、迷宫、拱门、拱廊、

第七章 从"希腊理想"到"中国镜像":论歌德、席勒的"古典图镜观"及其中国资源

渔舍、供人淋浴的水榭、
中国——哥特式的人造山洞、亭台、
中国式的庙宇、石碑、
还有墓穴、尽管我们此刻并没有什么人安葬,
可所有这一切我们都必须统统拥有。
Wenn man sie verpflanzen will.
Ich bin zu allen Sachen still:
Denn in einem Park ist alles Prunk;
Verdorrt ein Baum und wird ein Strunk.
　　"Ha!" sagen sie, da seht die Spur,
Wie die Kunst auch hinterdrein der Natur
Im Dürren ist.? - Ja, leider stark!
　　Was ich sagen wollte! Zum vollkommnen Park
Wird uns wenig mehr abgehn.
Wir haben Tiefen und Höhn,
Eine Musterkarte von allem Gesträuche,
Krumme Gänge, Wasserfälle, Teiche,
Pagoden, Höhlen, Wieschen, Felsen und Klüfte,
Eine Menge Reseda und andres Gedüfte,
Weimutsfichten, babylonische Weiden, Ruinen,
Einsiedler in Löchern, Schäfer im Grünen,
Moscheen und Türme mit Kabinetten,
Von Moos sehr unbequeme Betten,
Obelisken, Labyrinthe, Triumphbögen, Arkaden,

> Fischerhütten, Pavillons zum Baden,
> Chinesisch-gotische Grotten, Kiosken, Tings,
> Maurische Tempel und Monumente,
> Gräber, ob wir gleich niemand begraben-①

应该说,青年歌德对启蒙主义是采取了敌对立场的,尤其是对维兰德的中国观不以为然。② 这固然是与哈曼、赫尔德的思想影响有关③,同时与其作为青年的热血澎湃、易于激动的生理特征密切相连。但这种躁动之情并未延续很长时间,很快,歌德就远行去了魏玛;在十年行政琐事之后,又毅然选择了远走意大利的道路,这正表明他对自己人生方向的省思。进入古典时代之后的歌德,显然要平和客观了许多,他对"中国镜像"也有了重新的认识,在1790

---

① Werke: *Der Triumph der Empfindsamkeit*, S.41. *Digitale Bibliothek Band 4: Goethe*, S.3547 (vgl. Goethe-BA Bd. 5, S.366). 中译参见《编者后记》,载[德]夏瑞春编:《德国思想家论中国》,陈爱政等译,江苏人民出版社1995年版,第271—272页。
② 歌德:《感伤的凯旋》(*Triumph der Empfindsamkeit*)第四幕,转引自《编者后记》,载[德]夏瑞春编:《德国思想家论中国》,陈爱政等译,江苏人民出版社1995年版,第271—272页。
③ 对于歌德的成长年代来说,其思想史上的重要事件,没有比遭遇赫尔德更为重大的了。他自己也坦然承认,给他"带来极大的后果、最有意义的事件就是与赫尔德的结识以及与他的亲密交往"。"他的谈话无论何时对我都很有意义,他能够用提问、回答或者其他别的方式随便就说明他的意图。所以,他每天甚至每时每刻都能启发我获得新的见解。以前在莱比锡时,我已经习惯了用一种狭隘的、拘谨的思路去考虑问题,我对德国文学的一般知识也没有因为在法兰克福的生活而得到扩展,那些神秘的、宗教式的炼金术甚至将我导入一种幽暗的境地。对近几年来在广阔的文学界所发生的事情,我几乎茫无头绪。可现在,通过赫尔德的介绍,我忽然就了解文坛的一切活动及其路向了。当时他已十分有名,尤其是通过《断片》《批评之林》等著作,他可以说已经名列当代国人所仰望的杰出人物之林。"歌德:《歌德文集》第4卷《诗与真》上册,刘思慕译,人民文学出版社1999年版,第412、416页。而赫尔德继承的正是思想史上反启蒙的、与康德对立的哈曼这条路径。

第七章 从"希腊理想"到"中国镜像":论歌德、席勒的"古典图镜观"及其中国资源

年代之前,歌德对中国的态度虽然是排斥的,但那主要基于"狂飙突进"反对"启蒙理性"、反对罗柯柯矫揉造作风格的必然选择。其实早在 1770 年他还在斯特拉斯堡求学时,歌德就已对中国的一些经典著作有所了解,其中包括儒家的"四书"(《大学》《中庸》《论语》《孟子》)、《孝经》、《小学》等,虽然是拉丁文译本。① 1781 年,他还提到过周文王。② 1794 年之后,歌德似乎开始进入对中国的"了解状态",这正是歌德与席勒订交、以魏玛为中心的德国古典时代已经拉开帷幕之际。中年歌德已渐近成熟,对中国文化开始用另一种眼光进行打量。

歌德对中国采取的是"吸收"态度,那么他自己又是如何"以身作则",进行"吸收"的呢? 1796 年 1 月,歌德与席勒开始讨论《好逑传》。对此书的认识,或许席勒是一个源头。早在 1791 年,席勒即与穆尔相识,此后颇有联系。1794 年 7 月 8 日,穆尔向席勒寄

---

① 这些译本是比利时来华耶稣会士卫方济(Franciscus Noel, 1651—1729)于 1711 年译介的,印行于布拉格,冠名为《中国六经》。参见 Beutler, E.: „Goethe und die chinesische Literatur"(《歌德与中国文献》). In *Das Buch in China und das Buch über China*(《中国之书与有关中国之书》). Buchausstellung im China-Institut Frankfurt am Main, 1928. 转引自杨武能:《歌德与中国》,生活·读书·新知三联书店 1991 年版,第 28 页。[德]利奇温:《十八世纪中国与欧洲文化的接触》,朱杰勤译,商务印书馆 1962 年版,第 113 页。可参见李文潮:《儒家四书的拉丁文翻译及其德国影响》,载印芝虹等主编:《中德文化对话》第 1 卷,南京大学出版社 2008 年版,第 1—15 页。
② 歌德在 1781 年 1 月 10 日的日记中写道:"啊文王!"O Ouen Ouang! [*Goethe: 1781. Goethe: Briefe, Tagebücher, Gespräche*, S.23602 (*vgl. Goethe-WA, III. Abt., Bd. 1, S.127*) *http: //www.digitale-bibliothek.de/band10.htm*]学界一般认为歌德读过 1736 年出版的法国耶稣会士杜哈德(Du Halde, Jean-Baptiste)编撰的《中国详志》,此语表达了其作为魏玛首相对"以德化民"的理想君主的"羡慕惊叹"。但德博则认为,歌德很可能是从《中庸》的译本里知道了文王。参见杨武能:《歌德与中国》,生活·读书·新知三联书店 1991 年版,第 30 页。无论通过哪种渠道,至少歌德对中国文化的探求和了解是积极的。

赠其德译《好逑传》（但此译本早在1766年即完成）。1795年3月5日，席勒复函致谢。同年，席勒创作了《孔夫子的箴言》[①]。

有时，阅读与求知是凭借一定的机缘而达致。譬如，席勒对中国文化的接触，一方面，启蒙时代的大背景不可能没有一点影响；另一方面，偶然的机缘，譬如说与汉语著作的德译者的结识，恰恰可能促进这种关联。更有意思的是，穆尔并非一个简单的翻译者，他对中国文化似乎颇感兴趣并试图加以介绍，这表现在德译本《好逑传》中加入了一章很特别的东西，即"中国格言和深刻的道德表述"。[②] 虽然，从整体情况来看，1796年歌德对《好逑传》的认识还很难算高明，到了晚年他又重读此书并评价颇高，但至少在当时，歌德、席勒对中国文学都已有所接触，而且不仅如此，他们对中国文化、思想也有所探讨。

1797年12月6日，歌德从魏玛图书馆借到了一本《外国历史、艺术和风俗新鉴》（*Neupolierter Geschichts-, Kunst- und Sittenspiegel ausländische Völker*），此书中虚构了一名中国学者与耶稣会士的对话。[③] 1798年1月3日，歌德将此书推荐给席勒说："您随后会收到我寄去的副本，这是由一位中国学者与耶稣会士的古老对话，一方

[①] 有论者认为《孔夫子的箴言》是受此启发而创作的。Debon, Günter: *Schiller und der chinesische Geist*（《席勒与中国精神》）. Frankfurt: Haag+Herchen, 1983. S.89.
[②] 为《好逑传》穆尔版本添加的一章名称，转引卫茂平等：《异域的召唤：德国作家与中国文化》，宁夏人民出版社2002年版，第140页。
[③] 歌德从魏玛图书馆借阅此书的时间为1797年12月6日至1798年11月10日。此书由Erasmus Franciscus 1670年在纽伦堡（Nürnberg）出版。谈及的内容是"笨拙的最后艺术家"（Die ungeschickte Schlußkünstler），在该书第41—60页。参见 Seidel, Siegfried (Hrsg.): *Der Briefwechsel zwischen Schiller und Goethe*（《席勒歌德通信集》）3 Band. München Verlag C.H.Beck, 1984. S.301.

第七章　从"希腊理想"到"中国镜像":论歌德、席勒的"古典图镜观"及其中国资源

是典型的理想主义者,一方则是完全的莱因霍尔德派。这一发现对我来说实在非常有吸引力,并对我关于中国人智慧的认知以很好的启发。"①随即,在1月6日歌德致信席勒又谈到此书:"我将上次谈到的哲学对话随信寄去。如果中国人能抓住焦点问题(热锅),并对他的对手说:'对,我创造了它,你拿去用吧!'这会让我感到更好。我想知道,耶稣会士将会对此做何回答。"②

席勒不久复信歌德说:"传教士与中国人的形而上学对话使我很觉得有趣,用哥特式语言尤其显得合适。我只是不太明白,在这些情况下有时究竟会怎样,在中国人的理性之后隐藏的究竟是智慧还是平庸? 您究竟是从哪里发现了这些美丽的片段? 如果能将它和我们最新的哲学加以细微的联系后再印出来,将会非常有趣。"③

---

① 德文为:Sie erhalten alsdann auch eine Abschrift eines alten Gesprächs zwischen einem chinesischen Gelehrten und einem Jesuiten, in welchem jener sich als ein schaffender Idealist, dieser als ein völlig [er] Reinholdianer zeigt. Dieser Fund hat mich unglaublich amüsiert und mir eine gute Idee von dem Scharfsinn der Chineser gegeben. Goethe an Schiller, Weimar, 3, Januar 1798. in Seidel, Siegfried (Hrsg.): *Der Briefwechsel zwischen Schiller und Goethe*(《席勒歌德通信集》)2 Band. München Verlag C.H.Beck, 1984. S.8-9. 同时参见 Tscharner, Horst von: *China in der deutschen Dichtung bis zur Klassik*(《至古典主义德国文学中的中国》), München, 1939. S.84. 莱因霍尔德(Reinhold, Karl Leonhard, 1757—1823),康德弟子,康德哲学的著名解释者,先后任耶拿大学副教授、基尔大学教授。
② 德文为:Hier schicke ich die angekündigte philosophische Unterredung. Der Chinese würde mir noch besser gefallen, wenn er die Glutpfanne ergriffen und sie seinem Gegner mit diesen Worten überreicht hätte. , Ja, ich erschaffe sie, da nimm sie zu deinem Gebrauch!' Ich möchte wissen, was der Jesuite hierauf geantwortet hätte. Goethe an Schiller, Weimar, 6, Januar 1798. in Seidel, Siegfried (Hrsg.): *Der Briefwechsel zwischen Schiller und Goethe*(《席勒歌德通信集》)2 Band. München Verlag C.H.Beck, 1984. S.13。
③ 德文为:Das metaphysische Gespräch des Paters mit dem Chinesen hat mich sehr unterhalten, und es nimmt sich in der gotischen Sprache besonders wohl aus. Ich bin nur ungewiß, wie es in solchen Fällen manchmal geht, ob etwas recht Gescheites (转下页)

毫无疑问,对比居于典范位置的"古典希腊",甚至其他重要文化资源国家,如英国、法国,中国的地位不会太重要。甚至即便与同为东方的阿拉伯、印度相比,中国也未必能优出一等。但对文化资源的选择、汲取和创化的过程是非常奇妙的,它固然主要取决于受者本身的趣味、取向与策略,也会受制于更大的背景如语境、潮流与需求;但还有一层潜移默化的因素,即资源(授者)本身的引力、契(合)性与作用。中国文化对歌德、席勒之发生作用,恰恰证明了后者的可能。席勒曾考虑过改编《好逑传》,1796 年 1 月 12 日与歌德谈及此书。1800—1801 年,席勒曾与该书的出版商翁格尔(Unger, Johann Friedrich, 1753—1804)联系,磋商改编出版事宜,但最终席勒并未践约①;好在他的中国兴趣通过另一部中国剧本的改编而实现,这就是《图兰朵》。

本书研究的重心不在文学关系,而是对借由剧本改编而浮现出的"思想生成"很感兴趣,即中国文化资源是如何对古典时代"席勒思想"的建构发生质的影响的。而这个问题,不仅是对席勒,对歌德,也同样适用。因为,正是他们两人的魏玛携手,才共同构建了德国文学史上最辉煌灿烂的"古典时代"。而在我看来,其中最为值得关注的,乃是"古典图镜"观念的形成。

(接上页) oder etwas recht Plattes hinter des Chinesen seinem Räsonnement steckt. Wo haben Sie dies schöne Morceau aufgefunden? Es wäre ein Spaß, es abdrucken zu lassen mit einer leisen Anwendung auf unsere neuesten Philosophen. Schiller an Goethe, Jena, 12, Januar 1798. in Seidel, Siegfried (Hrsg.): *Der Briefwechsel zwischen Schiller und Goethe* (《席勒歌德通信集》)2 Band. München Verlag C.H.Beck, 1984. S.17.

① Chung, Erich Ying-yen: *Chinesisches Gedankengut in Goethes Werk*(《歌德作品中的中国思想》). Diss. Mainz, 1977. S.95.

第七章 从"希腊理想"到"中国镜像":论歌德、席勒的"古典图镜观"及其中国资源

二、"古典图镜观"的形成及其主要内容

1794—1805年的魏玛古典时代,最重要的是形成了一整套较为系统的"古典图镜观";虽然席勒不幸早殇,但经由歌德的持续探索与致思整合,基本上可以认为形成了一套相当完整的理念。其中的观念形成者主要还是歌德,就理论思辨的能力而言,席勒似乎更有科班经历,但若论思想的博大深沉、兼容并蓄、浩浩乎汪洋如海哉,则就人类思想史发展历程而言,可能少有及歌德者。但席勒也同样是此观念的积极参与者与合作者。歌德曾区分过"古典的"和"浪漫的"这两个概念:"古典诗和浪漫诗的概念现已传遍全世界,引起许多争执和分歧。这个概念源于席勒和我两人。我主张诗应采取从客观世界出发的原则,认为只有这种创作方法才可取。但是席勒却用完全主观的方法去写作,认为只有他那种创作方法才是正确的。为了针对我来为他自己辩护,席勒写了一篇论文,题为《论素朴的诗和感伤的诗》。他想向我证明:我违反了自己的意志,实在是浪漫的,说我的《伊菲姬尼亚》由于情感占优势,并不是古典的或符合古代精神的,如某些人所相信的那样。"[①]作于

---

① 1830年3月21日谈话,德文为: Der Begriff von klassischer und romantischer Poesie, der jetzt über die ganze Welt geht und so viel Streit und Spaltungen verursacht, ist ursprünglich von mir und Schiller ausgegangen. Ich hatte in der Poesie die Maxime des objektiven Verfahrens und wollte nur dieses gelten lassen. Schiller aber der ganz subjektiv wirkte, hielt seine Art für die rechte, und um sich gegen mich zu wehren, schrieb er den Aufsatz über naive und sentimentale Dichtung. Er bewies mir, daß ich selber wider Willen romantisch sei und meine 'Iphigenie', durch das Vorwalten der Empfindung, keineswegs so klassisch und im antiken Sinne sei, als man vielleicht glauben möchte. Eckermann, Johann Peter: *Gespräche mit Goethe — in den letzten Jahren seines Lebens*(《歌德谈话录——他生命中的最后几个年头》).Berlin und Weimar Aufbau-Verlag, 1982. S.350。(转下页)

191

1794—1796年的《论素朴的诗和感伤诗》,乃是席勒与歌德订交合作的最初两年,在这一段时期内,两者必然开始最初的思想撞击,其中既有"相得益彰"的欢乐,也有"格格不入"的省思。在这种抽象思辨期内,他们显然都需要朋友的友谊与讨论,所以此期席勒和洪堡有颇多书信往来。

在魏玛时代之前,席勒与歌德确实存在着比较大的差别,甚至可以说是风格迥异。所谓"歌德颇厌恶抽象的系统的哲学思考,他的思想始终是从感性的具体的东西出发;席勒却性好沉思,他的思想大半是从抽象的概念出发"①,确实不无道理,尤其是在魏玛时代之前表现得尤其清楚。席勒自己也承认这个问题,他在1794年8月31日致歌德信中也提到自己的困惑:"我的知解力更多的是以一种象征方式而工作的,所以在概念与感觉之间,在规则与情感之间,在匠人与天才之间,我总像一个混血儿一般游移徘徊。这是我显得十分勉强的原因,无论是在哲理思考还是在诗歌艺术方面,早年尤其如此;因为通常会出现这样的情况,当我想作为一个哲人思考时,诗人的气质使我激动;当我有作诗的激情时,哲学精神却又使我深沉。"他甚至不得不承认:"直到现在我还经常遭遇这样的情况,丰富的想象力会干扰抽象思维,而冷静的知解力会干扰诗意想象。"②正如洪堡所说的那样,康德是哲学天才,歌德是诗学天才,但

(接上页)中译参见[德]爱克曼辑录:《歌德谈话录》,朱光潜译,人民文学出版社1978年版,第221页。
① 朱光潜:《西方美学史》下册,人民文学出版社2004年版,第427页。
② 德文为: Mein Verstand wirkt eigentlich mehr symbolisierend, und so schwebe ich als eine Zwitterart zwischen dem Begriff und der Anschauung, zwischen der Regel und der Empfindung, zwischen dem technischen Kopf und dem Genie. Dies ist es, was (转下页)

第七章 从"希腊理想"到"中国镜像":论歌德、席勒的"古典图镜观"及其中国资源

若论兼而有之,却唯有席勒。而且,席勒是试图将二者融为一体的。① 但正是这种"兼而有之",也就必然要求席勒付出比常人更多、更艰辛的代价。

请注意,此时正是歌德、席勒刚刚订交不久。"歧异"当大于"共语",席勒不太可能一下子就入歌德思想的"彀中",而歌德也决不会轻易放弃自家的"立场"。所以他们在理论上的碰撞与冲突势所难免,而恰恰正是双方都非常认真的"理论思考",才使得他们由"友谊"到"共思"到"融合",最终形成了极为重要且具独创意义的"古典图镜观"。在这个方面,席勒的压力要更大些,因为他所面对的"对手"与"伙伴"毕竟是歌德,时年45岁的歌德,无论从哪个方面来说,都煌煌乎其高哉,席勒多少还必须保持着"仰视"的目光,所以,席勒要想坚持自己的立场,必须要显示自己的"腹有诗书气自华"。这也正是他为何要苦费心力,撰此构成他美学思想三大支

(接上页) mir, besonders in frühern Jahren, sowohl auf dem Felde der Spekulation als der Dichtkunst ein ziemlich linkisches Ansehen gegeben., denn gewöhnlich übereilte mich der Poet, wo ich philosophieren sollte, und der philosophische Geist, wo ich dichten wollte. Noch jetzt begegnet es mir häufig genug, daß die Einbildungskraft meine Abstraktionen und der kalte Verstand meine Dichtung stört. Schiller an Goethe, Jena, den 31. August 1794. in Seidel, Siegfried (Hrsg.): *Der Briefwechsel zwischen Schiller und Goethe*(《席勒歌德通信集》)1 Band. München Verlag C.H.Beck 1984. S.18.

① 德文为: Kant ist ein entschiednes philosophisches, Goethe ein entschiednes Dichtergenie, beide vielleicht und wie ich ernsthaft glaube, in höherem Grade, als bisher je eins aufstand, aber ihre Gattung ist bekannt und zu allen Zeiten da gewesen. Mit Schiller ist es ein durchaus anderer Fall. Er trägt durchaus und in allem, was er treibt, das Gepräge des echten Genies, von dem es nicht möglich ist, sich zu irren, aber sowohl gegen seinen dichterischen als gegen seinen philosophischen Beruf kann ich starke Ausnahmen machen. An Friedrich Heinrich Jacobi — Berlin, 15.10.1796. in Haufe, Eberhard (gesammelt und erläutert): *Wilhelm von Humboldt über Schiller und Goethe*(《洪堡论席勒与歌德》). Weimar: Gustav Kiepenheuer Verlag, 1963. S.38.

柱之一的长文的重要原因。①

正是出于一种清晰镜像的哲理思维,在席勒看来,大体上存在一个链型的关系,即素朴诗—古典的—希腊,感伤诗—浪漫的—现代。② 歌德后来看到了他们的通信后说:"从这些信里可以看出席勒当时怎样劳心焦思,想把感伤诗和素朴诗完全区别开来。"③在歌德看来,这种"完全区分"显然是不太可能做到的。所以他会再补上一句:"好象(像)没有素朴诗做基础,感伤诗就能存在一样,感伤诗也是从素朴诗生长出来的。"④这主要涉及双方思维方式的不同,在歌德的层次,大致达到了"从心所欲不逾矩"的境界,总能发掘出事物之间最细微的联系,他的这种方式是综合的、整体的、系统的;但席勒此时还不是,他仍在康德理性思维的强大笼罩之下,善于发掘事物之间的区别,以一种演绎的、个别的、单纯的方式去考察事物。

正如席勒举歌德为古典代表,是素朴诗人的巅峰一样。席勒自己如何确立自己的位置,则成了一个难题。就诗人的浪漫本性来说,他无疑是感伤的;但如果就诗人的哲理思维而言,他又具备

---

① 有论者将席勒的美学著作分为三类:第一类关于美的本质和功用,包括《论美书简》7篇、《审美教育书简》27篇;第二类关于古代诗与近代诗(或古典诗与浪漫诗),代表作即《论素朴的诗和感伤的诗》;第三类关于悲剧,包括《论悲剧题材产生快感的原因》《论合唱队在悲剧中的用途》《论激情》《论崇高》等。朱光潜:《西方美学史》下册,人民文学出版社2004年版,第429页。
② „Über naive und sentimentale Dichtung", in Schiller, Friedrich von: *Gesammelte Werke*(《席勒全集》). *Band 8*. Berlin: Aufbau-Verlag, 1955. S. 547 – 631. 中译文参见席勒:《论素朴的诗和感伤的诗》(1794—1796),载席勒:《秀美与尊严——席勒艺术和美学文集》,张玉能译,文化艺术出版社1996年版,第262—349页。
③ 1823年11月14日谈话,[德]爱克曼辑录:《歌德谈话录》,朱光潜译,人民文学出版社1978年版,第13页。
④ 同上。

第七章 从"希腊理想"到"中国镜像":论歌德、席勒的"古典图镜观"及其中国资源

非常强烈的逻辑思辨能力。这样一种双重性格的悖论,对当此身受的天才诗人而言,无疑是痛苦的,正如席勒在致歌德的信中所坦承的那样:"常常是我在进行哲思的时候,诗人就迫不及待地跳将出来;或而当我创作的时候,哲人的精神又占据上风。就是现在,我也常遭遇这种困惑,想象力会干扰我的抽象思维,而冷静的认知又将创造之思打断。"①这样一种"一体二魂"的悖论有其相对立的一面,但也有其相互转化的一面。关键在于,如何去把握其间的张力,诚如歌德借浮士德之口道出的思想史上的元命题那样:"啊!两个灵魂居于我的胸膛,/它们希望彼此分割,摆脱对方/一个执着于粗鄙的情欲,留恋这尘世的感官欲望/一个向往着崇高的性灵,攀登那彼岸的精神殿堂!"②而古典时代的价值就在于,歌德、席勒通过彼此之间的相互克制、理解、互动而达到了一种可能的调和度。是否达到了黄金分割点很难说,但至少他们给后世的"二元悖谬"提供了一种化合可能的可贵尝试。

我们所要论述的古典时代,是一个相对狭义的概念,即主要以歌德、席勒为代表的魏玛古典时代的开创,他们不仅创造了德国文

---

① 德文为: denn gewöhnlich übereilte mich der Poet, wo ich philosopieren sollte, und der philosophische Geist, wo ich dichten wollte. Noch jetzt begegnet es mir häufig genug, daß die Einbildungskraft meine Abstraktionen und der klate Verstand meine Dichtung stört. 席勒1794年8月31日致席勒函, in Seidel, Siegfried: *Der Briefwechsel zwischen Schiller und Goethe*(《席勒歌德通信集》)Erster Band. München Verlag C.H.Beck, 1984. S.18。
② 德文为: Zwei Seelen wohnen, ach! in meiner Brust,/Die eine will sich von der andern trennen;/Die eine hält, in derber Liebeslust,/Sich an die Welt mit klammernden Organen;/Die andre hebt gewaltsam sich vom Dunst/Zu den Gefilden hoher Ahnen. [Werke: Faust. Eine Tragödie. Goethe: Werke, S.4578 (vgl. Goethe-HA Bd. 3, S.41) http://www.digitale-bibliothek.de/band4.htm] 此处为作者自译。《浮士德》中译参见[德]歌德:《歌德文集》第1卷,绿原译,人民文学出版社1999年版,第34页。

学史（乃至世界文学史）上最辉煌的诗篇，还达到了一个时代所可能达到的思想高度，这样一种"由诗入思"的过程，不仅充分地显示了德国思想所可能达到的高度，而且给后世昭示了一种"以诗致思"的可能范式。这，正是值得我们深入探讨的。

"古典图镜"这一概念，包括至少以下几层含义：

一是在知识域扩张过程中慎重处理各种外来思想资源的"彼此张力"，尽可能"融会东西、萃于一炉"。这一点表现在几个方面，如"古典希腊"、如"中道思维"，还有对英国资源的借鉴，尤其是莎士比亚；对东方思想的重视，不仅中国，而且阿拉伯、印度都在歌德关注的视野之内。其中尤其以借来"古典希腊"为理想范式，在这方面歌德、席勒几乎不约而同，这与浪漫思脉一帮人将中世纪作为理想、启蒙理性强调科学和近世作为标志都不同。在这个层面，中国只是参与其中的一分子，甚至远不是主流的一分子，这是应当注意的。路将安在，他们将目光转向遥远的古代，那里有西方人所认同的古典希腊。虽然温克尔曼已在标榜回到希腊，温克尔曼的特点是视野宏阔，考虑问题注意到各领域之间的互动关系，谈论艺术也非就艺术论艺术，譬如他在论及希腊艺术的繁荣时，就特别注意考察其时的社会环境："从希腊的国家体制和管理这个意义上说，艺术之所以优越的最重要的原因是自由。在希腊的所有时代，甚至在国王家长式管理人民的时代，自由也不缺乏……"他还认为："在自由中孕育出来的全民族的思想方式，犹如健壮的树干上的优良枝叶一样。正如一个习惯于思考的人的心灵在敞开的门廊或在房屋之顶，一定比在低矮的小屋或拥挤不堪的室内，更为崇高和开阔通达。享有自由的希腊人的思想方式当然与在强权统治下生活的民族的观

第七章 从"希腊理想"到"中国镜像":论歌德、席勒的"古典图镜观"及其中国资源

念完全不同。希罗多德引证说,自由乃是雅典城邦繁荣强盛的唯一源泉,而在此以前,它由于被迫承认独裁政权,则无力与临(邻)近的城邦匹敌。正是这个原因,希腊人的演说术只有在充分自由时才开始得到发展。"①温克尔曼的基本思路,虽然不外乎借他人酒杯浇自家心中块垒,但其对希腊人的体验自有其独到之处。② 故此席勒对其相关论述仍征引使用,对其美学思路亦颇有借鉴继承之处,但在某种意义上他仍认为:"可是希腊人以及按照希腊人的精神从事写作的现代作家笔下是多么不同。希腊人从不因天性流露而害臊,他让感性充分发挥,但是又满有把握,绝不会被感性所压倒。"③实际上,对于希腊人特征中这样一种"感性—理性"的适中度把握,是歌德、席勒的最敏锐和可贵的地方,他们虽有将希腊人理想化的一面,但那和他们对希腊人特征的本质性把握有关。相较近代人(现代人)被伤害和摧毁的天性,希腊人这样一种曾把握"秘索思—逻各斯"维度的适中度是最值得寻找的思想遗产。而这种东西,与中国元思维方式的"中庸"则在极大程度上有暗合的地方,或许这也是歌德日后始终想借助各种文本在中国文化里发现或求证的某种东西。

---

① 《论希腊人的艺术》,载[德]温克尔曼:《希腊人的艺术》,邵大箴译,广西师范大学出版社 2001 年版,第 109、111 页。
② 就拿他最著名的论断,所谓"高贵的单纯和静穆的伟大"(edle Einfalt und stille Größe)来说,这其实与希腊艺术与文学的总体特征不甚符合。
③ 德文为:Wie ganz anders sind die *Griechen* und diejenigen unter den Neuern, die in ihrem Geiste gedichtet haben. Nie schämt sich der Grieche der Natur, er läßt der Sinnlichkeit ihre vollen Rechte und ist dennoch sicher, daß er nie von ihr unterjocht werden wird. [Schiller: Über das Pathetische. Schiller: Werke, S.3887 (vgl. Schiller-SW Bd. 5, S.513 - 514) http://www.digitale-bibliothek.de/band103.htm]中译参见张玉书译:《论激情》,载张玉书选编:《席勒文集》第 6 卷,人民文学出版社 2005 年版,第 53 页。

图7-1 温克尔曼《古代艺术史》书影

二是在诗创造过程中将独创性的文学创作与诗学思考定为"古典时代"的最重要特征,两者都以其互补性的创作实践与理论思考做了最好的证明。在歌德的整体创作中,主要以文学创作的蔚然大观而凸显,其诗学思考相对零散,但这绝不意味着他没有自己的诗学思想。在这一过程中,中国文化的作用仍相对有限,如《好逑传》《赵氏孤儿》等可能给其一定的启发,但归根结底,歌德借助文学作品想深入了解的是作为与德国对应的异文明体的个体中国人的伦理和思想。虽有论者称其《埃尔佩诺》受到《赵氏孤儿》影响,但很难从除了情节相似之处予以确证。不过,对中国文学,尤其是中国诗歌的接触,很可能给歌德以相当程度的启发和刺激,其《中德四季晨昏杂咏》等明显表现出这样的因素。我们必须注意到

第七章 从"希腊理想"到"中国镜像":论歌德、席勒的"古典图镜观"及其中国资源

的是,虽然歌德一再强调希腊理想的典范性,但正是作为从根本上具有"二元张力"的相当异文化成分的东方文化的参与,才使得其思想具有了世界整体性的资源供给,并最终助成其思想提升。事实上,歌德也意识到这个问题,所以他在《西东合集》(West-östlicher Divan)中明确表示:"北方、西方和南方分崩离析,/宝座陷塌,王国战栗,/逃走吧,逃向纯净的东方,/去呼吸宗法社会的清新空气!/让爱情、美酒、歌唱陪伴你,/为恢复青春,将吉塞泉沐浴!"①这里的东方当然有其泛指的成分在,甚至主要还是指波斯—阿拉伯文化;但作为东方文化中最核心组成部分的中国文化,其作为一种异质文化的"资源意义",意义怎么高估也不过分,从这个意义上来说,歌德之寻求东方,其实主要不在于具体的国度或文明,更重要的是,如何能在"启思"方面给予他重要的资源借鉴。实际上,就中国文化本身来说,"文以载道"是一个最根本的原则,文学—思想—制度都是密不可分的关系,一物虽小,可以见天下。歌德的诗之追求本身,实际上有其"经济天下"的意识,虽不是直接的,但其诉求是内在的。这就必然要求到致思层面去考察。

三是在思维模式上努力追求一种致思的可能,尤其是发现了以中道思维去衡量事物,这主要受到中国思想的刺激和影响,主要是歌德,同时席勒也借鉴并使用了这一方法。对于现代性的德国

---

① 德文为:Nord und West und Süd zersplittern,/Throne bersten, Reiche zittern,/Flüchte du, im reinen Osten/Patriarchenluft zu kosten,/Unter Lieben, Trinken, Singen/Soll dich Chisers Quell verjüngen. Werke: West-östlicher Divan, S.3. Digitale Bibliothek Band 4: Goethe, S.1868 (vgl. Goethe-BA Bd. 3, S.9)。《西东合集·歌者篇》,载[德]歌德:《迷娘曲——歌德诗选》,杨武能译,广西师范大学出版社2003年版,第211页。吉塞泉(Chisers Quell)为阿拉伯传说中的生命之泉,据说饮用者可以达到返老还童的效果。

199

路径和西方模式来说,这一点具有极为重要的启迪性意义。虽然长期以来,西方传统并没有受到歌德、席勒所开辟的"古典图镜观"的强烈影响,甚至也没有在德国文化传统中体现得很明显,但在潜移默化中却有着"随风潜入夜,润物细无声"的功用。所谓"中道思维",在我看来,乃是"古典图镜"这一思想史路径在"浪漫情径"与"启蒙理性"之外而异军突起,并能成三足鼎立之势的最重要思想资源。除歌德、席勒之外,古典时代之前与当时的所有知识界精英,莫不可或必须在这两条大的线路中找到位置。但唯有歌德、席勒,既不弃"感性"(浪漫),又不远"理性"(启蒙),他们试图寻找到一种张力所在。歌德已然涉及东方文化的三大文化域,即华夏、梵印、伊斯兰(泛指性概念,包括古代)。也许连歌德自己也没有意识到,他从中国文化里汲取了至为重要的思维资源,从而使得自己在方法论上于潜移默化中"臻于大成"。这就是"中道思维"。"古典图镜"的四大特征,无论是引为典范的"古典希腊",还是作为成就的"诗学创造",甚至是具有世界胸怀的"融会东西",都能够成立,也不会引起太大质疑,唯有这作为指导性的思维方式可能,却未必得到世人的认同,因为很难有证据显示此点。而恰恰是这点,是中国思想的光辉所在,歌德受其惠而不自知,否则对中国文化的评价当或不仅于此。

之所以能形成这样的思路,也与启蒙时代对"中国文化"的推崇以及魏玛宫廷对"中国风尚"的喜好有关。小小的魏玛,会聚了德国知识界的几乎大半精英人物,而像赫尔德、维兰德、塞肯多夫这些人对中国几乎都有自家的了解和判断,甚至有相关的完整论述与创作。塞肯多夫以做"道德故事"闻名,其著《命运之轮》不但写老庄,而且叙述了"庄周化蝶"的故事。对于此前以孔孟儒学为代表的主流叙事来说,老庄道家的出现这恐怕是首次①;《中国的风化导师》同样很有名。塞肯多夫日后是魏玛宫廷常客,他还有作曲的本领,为了庆祝首相歌德的32岁生日,1781年8月28日,魏玛宫廷上演了一出中国皮影戏《米涅华的诞生、生平和业绩》,其曲作者就是塞氏。②

三、从"尚三思路"到"中道思维":"蜕变""随命""断念"——兼论中国资源对"古典图镜观"形成之意义

有论者认为:"与生活富裕的歌德相比,席勒在其短暂的一生中常常贫困交加,没有更多的时间和精力在外国文学上多作停留。"所以认为他对中国文学的兴趣与取得的成果实属不易。③ 这一判断基本成立,就思维的艰深和抽象而言,席勒很有独到之处;但论到知识的渊博和兴趣的广泛,歌德的涉猎与包容则是席勒无法望其项背的。所以,就"古典图镜观"的形成而言,其核心人物仍为歌德。但尽管如此,席勒的意义不容忽视。

就纵向时间来看,"古典图镜观"的形成大致可分为三个阶段:18世纪90年代歌德、席勒合作时代的"中国认知",即萌芽阶段;19世纪10年代(1813—1819)系统探研中国时代,即发展阶段;19世纪20年代,歌德最后完成自己思想时代的再度复归中国,借助中国资源达致"古典图镜观"的全面提升和最终形成,以1827年"世界文学"概念的提出,《麦斯特》《浮士德》的最终完成为标志。在致思过程中,有两

---

① 杨武能:《歌德与中国》,生活·读书·新知三联书店1991年版,第18页。
② 同上书,第30—31页。关于塞肯多夫与中国的关系,参见卫茂平:《中国对德国文学影响史述》,上海外语教育出版社1996年版,第157—167页。
③ 卫茂平:《中国对德国文学影响史述》,上海外语教育出版社1996年版,第155页。

个核心观念值得特别关注,一是"尚三思路",二是"中道思维";而就歌德自身来说,有若干概念值得特别重视,即"蜕变"(Metamorphose)、"断念"(Entsagung)、"随命"(Resignation)。我认为,这三个概念构成了歌德思想的元思维模式,而且均与中国文化相互关联。"蜕变"是一种既关注事物的变化性规律,又强调渐进的概念,这其实与易经思维暗合;"断念"就是指一种相对的勇于放弃,在关键时刻能够在某一特殊的点上进行转折性的变化,而这是以放弃为代价的,这有些类似于儒家的进取姿态,所谓"进则处庙堂之高,退则处江湖之远",没有一种"断念"的勇气是很难做到的;"随命"则表示歌德的一种天命观和宇宙观,即意识到有一种冥冥中的自然规则存在,尽人力的基础上也要顺天命。这里,道家的清静无为与顺其自然,显然更符合"随命"的思维。这或许可以解释他的泛神论思想,虽然是不信绝对的神的,但对天的敬仰却是由衷的。从这个意义上来说,倒与孔子的"未知生,焉知死"也有相近之处。或者这两个概念也可理解为一组相对的概念,它们都有"放弃"的意思,但"断念"是主动的,是出于个体之主体选择而发生的;而"随命"则虽有个体之努力,但更多是意识到客观的规律性而不得不然。

有关"变"的思想在歌德并不算新鲜,其实他的"蜕变论"是更为系统的,在他看来:"在生命中一切都是蜕变,植物如此,动物亦然,就是人类也不例外。"[1]歌德的"蜕变论是建立在自然科学研

---

[1] 1815 年 8 月 3 日与布瓦泽雷(Boisserée, Sulpiz)谈话,德文为:Alles ist Metamorphose im Leben, bei den Pflanzen und bei den Thieren, bis zum Menschen und bei diesem auch. [*Goethe: 1815. Goethe: Briefe, Tagebücher, Gespräche, S.29296 (vgl. Goethe-Gespr. Bd. 3, S.192*) http://www.digitale-bibliothek.de/band10.htm]。

202

第七章 从"希腊理想"到"中国镜像":论歌德、席勒的"古典图镜观"及其中国资源

究基础上的,早在 1790 年他就写过《试论植物蜕变》(„Versuch die Metamorphose der Pflanzen zu erklären")。歌德通过对植物的观察,认为千种万类的植物都是从最早的一个"原型"即原始植物演化出来的,它们一个阶段一个阶段地转变,而且不断提高。他认为可以用此种理论来解说人的成长和社会的发展。所以在此诗中表现得也很明显:"只要你还不曾有过/这个经验:死和变!/你只是个忧郁的旅客/在这阴暗的尘寰。"(Und solang du das nicht hast,/Dieses: Stirb und werde!/Bist du nur ein trüber Gast/Auf der dunklen Erde.)[1]这种变易思想其实与中国的《易经》思想颇有相通之处,钱锺书先生揭示"易有三义"的深刻之处,所谓"易一名而含三义:易简一也,变易二也,不易三也"[2]。在变化之中有不变,才是"极高明而道中庸"。其实,歌德对此已隐约有所意识:"人们能够失却一切,如果永久是现在这样。"(苏莱卡语)[3]难怪冯至会评价说:"这部书(指《西东合集》——笔者注)充满了变化。一切都在变,但是并不在变化中失去了自己"[4]。从目前的材料来看,尚未发现歌德对《易经》的接触,但他早在莱布尼茨时就已接触到《易经》并获益匪浅[5];歌

---

[1] [Werke:West-östlicher Divan. Goethe:Werke, S. 1886 (vgl. Goethe-BA Bd. 3, S.22) http://www.digitale-bibliothek.de/band4.htm] 中译参见《浅释歌德诗十三首》(1982),载冯至:《冯至全集》第 8 卷,河北教育出版社 1999 年版,第 148 页。
[2] 郑玄《易赞》《易论》,参见钱钟书:《管锥篇》第 1 册,中华书局 1979 年版,第 1 页。
[3] 转引自《歌德的〈西东合集〉》(1947 年 9 月),载冯至:《冯至全集》第 8 卷,河北教育出版社 1999 年版,第 67 页。
[4] 《歌德的〈西东合集〉》(1947 年 9 月),载冯至:《冯至全集》第 8 卷,河北教育出版社 1999 年版,第 66 页。
[5] 参见安文铸、关珠、张文珍编译:《莱布尼和中国》,福建人民出版社 1993 年版,第 155—162 页。

德应有可能接触到。① 歌德的高度在于能将"二元论"与"蜕变论"结合起来。② 如果说,"蜕变论"是歌德面对世间万物的宏大宇宙观的表现;那么,"随命论"则是他面对世事处理自我的根本态度。

歌德在描述赫尔德手术之际使用了"随命"一词,认为"其思想中有一种忧郁的、强烈的随命感",而恰恰是这种"随命"使人感觉崇高而敬仰。③ 所以,我们可以感受到在歌德这里,"随命"一词具有相当特殊的含义,它不仅是一种泛泛的人生态度,更是一种对宇宙奥妙有所领悟后的人世妙谛。但它决不是一切听天由命的虚无主义,而是一种在"尽人力"之后的达观与知命,歌德这样说道:"当

---

① 查歌德材料,关于莱布尼茨谈到甚少。1830年3月3日与艾克曼谈话称:"莱布尼茨对于这些独立性实体有相似的看法,但我们称之为园极(生命现极)的东西,他将之称为单子。"德文为:"Leibniz," fuhr er fort, "hat ähnliche Gedanken über solche selbstständige Wesen gehabt, und zwar, was wir mit dem Ausdruck Entelechie bezeichnen, nannte er Monaden."［Goethe: 1830. Goethe: Briefe, Tagebücher, Gespräche, S. 31375（vgl. Goethe-Gespr. Bd. 7, S.233）http://www.digitale-bibliothek.de/band10.htm］在自传中,他提到莱布尼茨受到攻击。德文为：als ich erfuhr, daß Leibniz selbst diesem Vorwurf nicht entgehen können。［Werke: Aus meinem Leben. Dichtung und Wahrheit. Goethe: Werke, S.11006（vgl. Goethe-HA Bd. 10, S.78）http://www.digitale-bibliothek.de/band4.htm］

② 我这里使用的"蜕变论"是一个拓展了的概念,不局限于"蜕变"(Metamorphose)的思想,还包括"变"(werden)的思想。

③ 德文为：Wenn man nun bei der Operation Herders Standhaftigkeit unter solchen Schmerzen bewundern mußte, so hatte seine melancholische, ja grimmige Resignation in den Gedanken, zeitlebens einen solchen Makel tragen zu müssen, etwas wahrhaft Erhabenes, wodurch er sich die Verehrung derer, die ihn schauten und liebten, für immer zu eigen machte。［Werke：Aus meinem Leben. Dichtung und Wahrheit. Goethe：Werke, S. 10588（vgl. Goethe-HA Bd. 9, S.410）http://www.digitale-bibliothek.de/band4.htm］此处为作者自译。另参见中译："如果我们看见赫尔德在动那样痛苦的手术时的强毅、坚忍而不禁表示惊叹,那么,他念及一辈子带有这个缺陷时却沉郁地、忍痛地逆来顺受,这种态度着实崇高,使观察着他和爱他的人对他拥有存着尊敬之念。"《诗与真》上册,刘思慕译,载歌德:《歌德文集》第4卷,人民文学出版社1999年版,第421页。

第七章 从"希腊理想"到"中国镜像":论歌德、席勒的"古典图镜观"及其中国资源

我最终在原初现象前平静下来,这也仅是随命而已;但其间有一个重要区分度,即我究竟是在人类整体的限度前随命,抑或是由于自己浅陋个体之限制而随命。"①将人类整体的上限作为一种理想的标尺,由此可见歌德的"随命"有着相当的承载度。

"断念"的概念已经多为论者所指出,歌德在谈到自己少年时代诗艺情趣转变时就使用了"断念"一词,意即将此前的价值评判标准全盘推倒重来。② 而在《西东合集》里赞颂苏莱卡时也将其光辉的品格夸称为"断念"③;歌德希望人以后能够缓慢地、逐渐地享

---

① 德文为:Wenn ich mich beim Urphänomen zuletzt beruhige, so ist es doch auch nur Resignation; aber es bleibt ein großer Unterschied, ob ich mich an den Grenzen der Menschheit resigniere oder innerhalb einer hypothetischen Beschränktheit meines bornierten Individuums。[Werke: Wilhelm Meisters Wanderjahre. Goethe: Werke, S.7430(vgl. Goethe-HA Bd. 8, S.304)http://www.digitale-bibliothek.de/band4.htm]此处为作者自译。另参见中译:"如果我最终默认了某个原始的自然现象,那也只能说是我的失败;但这个失败的发生是因为我有于人类的极限,还是有于我个人的浅陋的假设,那是有天渊之别的。"[德]歌德:《威廉·麦斯特的漫游时代》,关惠文译,人民文学出版社1993年版,第305页。

② 德文为:aber ich befand mich in dem schlimmen Falle, in den man gesetzt ist, wenn eine vollkommene Sinnesänderung verlangt wird, eine Entsagung alles dessen, was man bisher geliebt und für gut befunden hat。[Werke: Aus meinem Leben. Dichtung und Wahrheit. Goethe: Werke, S.10342(vgl. Goethe-HA Bd. 9, S.257)http://www.digitale-bibliothek.de/band4.htm]另参见中译:"可是我这时处境十分恶劣,也就是说要完全改变志趣,把一向所喜爱的,认为好的东西都抛弃掉。"《诗与真》上册,刘思慕译,载歌德:《歌德文集》第4卷,人民文学出版社1999年版,第257—258页。此处作者未把"断念"一词译出。

③ 德文为:Erst Suleika, Erdensonne,/Gegen Jussuph ganz Begierde,/Nun, des Paradieses Wonne,/Glänzt sie, der Entsagung Zierde。[Werke: West-östlicher Divan. Goethe: Werke, S.2029(vgl. Goethe-BA Bd. 3, S.147 – 148)http://www.digitale-bibliothek.de/band4.htm]"尘世的太阳苏卡莱第一,/对犹素福她全心全意,/她光辉的德行是克己,/如今也带给天国欣喜。"《西东合集》,载[德]歌德:《迷娘曲——歌德诗选》第350页,杨武能译,广西师范大学出版社2003年版。此处杨武能将"断念"译为"克己"。

205

受现时代断念的成果。① 但值得注意的是这段表述:"我们人类有时以一种强烈的态度反对断念,有时又毫无抗拒而自然地屈服于断念。"②这就意味着"断念"并非完全是褒义的,在歌德的潜台词里,显然两种极端态度——或绝对抗拒,或绝对顺从——都是不可取的;而是应该去辩证地认识问题。

大约说来,西方思想重分析,东方思想倾综合。一重局部,一重整体。这点在西医与中医的基本分歧中也可玩味一二。但问题在于,西医立竿见影、攻毒见效;而中医则往往费时费力,难见成效。这恐怕也是事实。在歌德的三位一体的概念里,我们看到,其对局部与整体的关系都有相当好的揭示,很难得。

对于"三"这一数字概念的崇尚,并非中国人独一无二的特征。黑格尔就认识到印度人的"尚三":"印度人在他们的观察意识中认识到凡是真实的与自在自为的就包含三个范畴,并且理念的总念是在三个环节中得到完成的。这个对于三位一体的高卓的意识,我们在柏拉图和其他人的思想中也再度看到。"③所以,这一"尚三

---

① 德文为: daß man in der Folge langsam, nach und nach, die Früchte gegenwärtiger Entsagung genießen könne。歌德1826年1月8日致布瓦塞莱(Sulpiz Boisserée)函附件, [Goethe: 1826. Goethe: Briefe, Tagebücher, Gespräche, S.19137 (vgl. Goethe-WA-IV, Bd. 40, S.236) http://www.digitale-bibliothek.de/band10.htm]
② 德文为: Wir Menschen haben es aber an der Art daß wir uns bald zu heftig gegen Entsagung wehren, bald aber, ohne Widerstand zu versuchen, ganz gelassen und darein ergeben. Dießmal wenigstens hab ich bereut Ihnen nicht dringende Vorstellung gethan zu haben。1819年6月24日歌德致艾森贝克(Christian Gottfried Daniel Nees von Esenbeck)函, [Goethe: 1819. Goethe: Briefe, Tagebücher, Gespräche, S. 15244 (vgl. Goethe-WA-IV, Bd. 31, S.203) http://www.digitale-bibliothek.de/band10.htm]
③ [德]黑格尔:《哲学史讲演录》第1卷,贺麟、王太庆译,商务印书馆1959年版,第142页。

第七章 从"希腊理想"到"中国镜像":论歌德、席勒的"古典图镜观"及其中国资源

思路"似乎并非东方人的杰作。但察其实质则不在于是否知之,而在于是否为之,因为问题的根本不在于是否意识到了某种思想,而在于这种思想在本民族文化中究竟起到一个什么样的作用。古代希腊人似乎也都提到过相关观念,诸如三的概念、中道思维等,但最后他们发展出的基本思维模式却不是这样的[1],这是问题的本质所在。中国人同样有这样的"尚三思路",但我们不仅曾经有之,而且它确实在民族的共同生活中发生了极为重要的作用。《老子》中有这样一段话值得注意:"道生一,一生二,二生三,三生万物。"(《老子》第四十二章)塞肯多夫对这段话显然很熟悉,并在其所创作的过程中有所反映[2];不仅如此,他还将自然比作无法测度的车轮,"时间为轴,永恒为轨,携千万人之运命,离自身之实体;创于生命之源,送入生命之海。"如此,人类也就只有寻此法则、守此法则。[3] 这倒是很符合歌德的"随命观"。而在魏玛时代,歌德与塞肯多夫接触是相当多的(在日记、书信里都有体现),所以他完全可能接触到这种思想。

或许,最重要的并不是歌德从中国文化里获得了什么,而是他对包括中国文化在内的外来资源有一种非常敏锐的关注度和汲取意识,并借助这样的思维而达到一种"致思"可能。譬如,歌德曾说

---

[1] 当然一个比较有趣的现象是,法国人 1789 年三级会议的理念,德国人的 1914 年理念,都是"以三为美"。

[2] Tscharner, Horst von: *China in der deutschen Dichtung bis zur Klassik*(《至古典主义德国文学中的中国》). München, 1939. S.95. 卫茂平:《中国对德国文学影响史述》,上海外语教育出版社 1996 年版,第 166—167 页。

[3] Tscharner, Horst von: *China in der deutschen Dichtung bis zur Klassik*(《至古典主义德国文学中的中国》). München, 1939. S.111. 卫茂平:《中国对德国文学影响史述》,上海外语教育出版社 1996 年版,第 163 页。

过这么一段话:

> 思与行,行与思,这是一切智慧的总合。从来就被承认,从来就被练习,并不被每个人所领悟。二者必须像呼与吸那样在生活里永远继续着往复活动;正如问与答二者不能缺一。谁若把人的理智神秘地在每个初生者的耳边所说的话作成法则,即验行于思,验思于行,哲人就不能迷惑,若是他迷惑了,他就会不久又找得到正路。①

这段话很容易让人想起孔子的明言:"学而不思则罔,思而不学则殆"(《论语:为政》)。关于思与行的关系,确实是人类的根本问题之一。孙中山日后则提出了著名的"知行学说",其实不管是"知难行易"还是"知易行难",要者仍在"知行并重",二者本是车之二轮、鸟之双翼,缺一不可。而歌德在此处拈出的命题,不仅在于发掘出这一元命题之一的重要价值;更重要的是,他很自然地运用了"中道思维"去对待这样一个"二元论"关系。似乎正是这样一种

---

① 德文为: Denken und Tun, Tun und Denken, das ist die Summe aller Weisheit, von jeher anerkannt, von jeher geübt, nicht eingesehen von einem jeden. Beides muß wie Aus- und Einatmen sich im Leben ewig fort hin und wider bewegen; wie Frage und Antwort sollte eins ohne das andere nicht stattfinden. Wer sich zum Gesetz macht, was einem jeden Neugebornen der Genius des Menschenverstandes heimlich ins Ohr flüstert, das Tun am Denken, das Denken am Tun zu prüfen, der kann nicht irren, und irrt er, so wird er sich bald auf den rechten Weg zurückfinden. [*Werke: Wilhelm Meisters Wanderjahre. Goethe: Werke*, S.7366 (vgl. Goethe-HA Bd. 8, S.263) http://www.digitale-bibliothek.de/band4.htm] 参见[德]歌德:《威廉·麦斯特的漫游时代》,关惠文译,人民文学出版社1993年版,第264页。此处* 用冯至译文,见《"论歌德"的回顾、说明和补充(代序)》,载《冯至全集》第8卷,河北教育出版社1999年版,第7—8页。

第七章 从"希腊理想"到"中国镜像":论歌德、席勒的"古典图镜观"及其中国资源

"二元关系"的不断"蜕变"过程,而构成了一种"正路"(道)的寻求。

中国资源里对"古典图镜观"形成的重要借鉴意义就是所谓的"中道思维"。这个概念,包括以下三层意义,一是源自中华;二是老子之道,即"道可道,非常道";三是中庸之道。而落实在,就是"过犹不及",就是"折中而取"。这种"折中",不是那种乡愿的折中,而是发现黄金分割点的"中道之寻"。所以,歌德又通过这样一种化用他者而创生为自己的独到之思,就是所谓的三大观念,"蜕变"观是大本之道,乃是理解其宇宙观的根本思想,确实也符合《易经》的基本思维;而"随命""断念"这两种观念貌似相近,实则对立互补,即在"放弃"的意义上有识道体认与主动抉择的重要区分。这就有一种辩证法的成分在内了,而主导性的则是"蜕变"论,即万事万物皆在变化之中,且在渐变之中。但即便是有了这三种观念的独创性,歌德仍是取中而立,虽然未能尽善尽美居于黄金分割点(或许人类始终在寻求这一点的过程中),但正是因为有了中道思维,所以"古典图镜"是既不依傍居于主流的启蒙理性,又与以反启蒙而逐渐蔓延势大的浪漫情径保持距离,取其中者,既强调感性的自然本质,又注重理性的道德需求。歌德是极智慧的,正如他在《麦斯特的漫游时代》这座巨大的思想宝库里所说的那样:"新时代的有特色的作者之所以有独创性,不是因为他们创造了什么新的东西,只是因为他们能够表达出似乎闻所未闻的新的东西。"故此,"独创性的最好标志,就是善于卓有成效地发挥从外界接受的思想,使人难以发现其内心隐藏多少东西的能力。"歌德的夫子自道,似乎为我们理解他创造力的来源提供了入门之匙;他确乎是成功

的,因为他很善于将外来资源"化盐于水"。然而更重要的是,我们需要仔细辨析其"化合博采"的过程,这才可能为后世提供一种有效性的"复制模式"。虽然对歌德这样的天才,这种探索很可能是徒劳的,但这也正是我们劳作的意义。就此而言,虽然文献已汗牛充栋,但歌德思想的中国资源问题,只是开了个话头而言,但无论如何,我们应当领会诗人的谆谆教诲:"很多思想从普通文化中迸发,犹如无数鲜花从绿色枝条中萌芽。玫瑰时节,处处可以见到盛开的玫瑰花。"①

---

① 德文为: Die originalsten Autoren der neusten Zeit sind es nicht deswegen, weil sie etwas Neues hervorbringen, sondern allein weil sie fähig sind, dergleichen Dinge zu sagen, als wenn sie vorher niemals wären gesagt gewesen.

Daher ist das schönste Zeichen der Originalität, wenn man einen empfangenen Gedanken dergestalt fruchtbar zu entwickeln weiß, daß niemand leicht, wie viel in ihm verborgen liege, gefunden hätte.

Viele Gedanken heben sich erst aus der allgemeinen Kultur hervor wie die Blüten aus den grünen Zweigen. Zur Rosenzeit sieht man Rosen überall blühen。

[Werke: Wilhelm Meisters Wanderjahre. Goethe: Werke, S. 7725 – 7726 (vgl. Goethe-HA Bd. 8, S.486) http://www.digitale-bibliothek.de/band4.htm] [德] 歌德:《威廉·麦斯特的漫游时代》,关惠文译,人民文学出版社 1993 年版,第 491 页。

第八章　暮年歌德的中国想象与女性之美：以《中德四季晨昏杂咏》与《中国才女诗人》为中心[①]

一、歌德耄耋之龄与中国文学的亲密接触

1827年,歌德年近耄耋。作为经历过波澜壮阔的18世纪后半期与19世纪早期的伟大诗人,歌德没有因为自己的老境而步入颓唐,恰恰相反,他以一种罕见的精神力量重新开始了他的世界文学的学习旅途。而其中,最值得大加书写的至少包括中国文学这一章节。

古典时代已渐去渐远,终将弦歌而雅息。已经确立自己一生令名的歌德,却并未止歇下阅读的渴望与追求。甚至在自己最亲密的战友席勒故去的年代里,他痛感知音远去、高山流水不再,但即便在如此精神伤痛之中,他都没有放弃对"致思"的终极攀登尝试,或许正如福克纳(Faulkner, William, 1897—1962)所说,我们都

[①] 关于歌德与"中国女诗人"的研究,参见谭渊:《歌德席勒笔下的"中国公主"与"中国女诗人"——1800年前后中国文化软实力对德影响研究》,中国社会科学出版社2013年版,第125—178页。

不能达到自己的理想①;但歌德用他的生命实践贯彻了对艺术家理想的执着与探索精神。或许,也正是借助对知识、思想与精神的探索过程,他才可以减淡那种对席勒的刻骨冥思。而有趣则在于,在日后的岁月里,歌德发展了这样一种求知的欲望,他每隔十年似乎就要来一次精神的凤凰涅槃,通过对异文化知识的系统追索,来达到自己的"登峰尝试"的高度。

在这样一种求知与探索的激情中,他不但扩张了自家的知识域,还创造了未来的经典。《中德四季晨昏杂咏》(简称《杂咏》)与《中国才女诗人》(简称《才女》)的出世,乃是文学史上值得标记的事件与精品。前者已为学界所熟知,后者则值得被更多看见。譬如一则关于梅妃的故事,原诗相当白描:"柳叶蛾眉久不描,残妆和泪湿红绡。窗门尽日无梳洗,何必珍珠慰寂寥。"作为明皇宠妃、唐代丽人,梅妃当年是何等的"三千宠爱在一身"呢,然而一朝失宠竟然如此?一旦杨玉环得宠,梅妃就免不了孤寂冷宫。遥想当年恩爱,是何等的伤心悲凉?或许正是这样的一种人生无常,美人的凄凉,使得歌德生出一种同情与回应。中间虽然经历了汤姆斯(Thoms, Peter Perring)英译的一道中介②,但歌

---

① 福克纳评价作家时的标准便是"知其不可而为之"的光荣失败的程度。他相信如果能重写自己的全部作品,一定会做得更好,这是艺术家最健康的状况。这也是艺术家不断写作、不断尝试的理由。每次他都相信这次能成功,写完后却仍然保持距离,于是就要不断如此周而复始。转引自《〈反抗绝望〉新版自序》,载汪晖:《死火重温》,人民文学出版社2000年版,第473—474页。
② 英译为: The eye of the *Kwei* flower, have been long unadorned;/Being forsaken my girdle has been wet with tears of regret./Since residing in other apartments, I have refused to dress,/How think by a present of pearls, to restore peace to my mind? Thoms, Peter Perring: *Chinese Courtship — in verse.* London: Parbury, Allen, and Kinsbury; Marco: The Honorable East India Company's Press, 1824.p.254.

第八章　暮年歌德的中国想象与女性之美：以《中德四季晨昏杂咏》与《中国才女诗人》为中心

德的译诗仍然别出手眼，极为精彩：

Du sendest Schätze, mich zu schmücken!

Den Spiegel hab'ich längst nicht angeblickt;

Seit ich entfernt von deinen Blicken,

Weiß ich nicht mehr, was ziert und schmückt.

君赠珠羞饰我容，影子凋零铜镜中。

红颜不能悦君意，何必脂粉熏香笼。①

其实，此诗出自《花笺记》的英译本，但不是原来的中文本，而是英译者自己加上的一部分女性传记，而其原文来源则为《百美新咏》。②《花笺记》的德译本要到1836年才由库尔茨（Kurz, Heinrich, 1805—1873）直接由中文本译出③，而此时歌德已辞世四载，无缘得见其母语译本，故此其阅读结缘，仍是通过汤姆斯的这

---

① 引自陈铨：《中德文学研究》，辽宁教育出版社1997年版，第96页。此处中文为作者自译。关于这首梅妃诗翻译的比较评论，参见《梅妃答明皇赠珠一诗的译文评比》，载张威廉：《德语教学随笔》，南京大学出版社2000年版，第140—143页。卫礼贤也曾将歌德的德译文回译为中文："承君相爱赠珠翠，我妆台久未复临，自去君旁不相见，何曾知怎样梳妆门磕辉。"卫礼贤（Richard Wilhelm）：《歌德与中国文化》，温晋韩译，载周冰若、宗白华编：《歌德之认识》，钟山书局1933年版，第268页。
② 这一点汤姆斯交代得很清楚，他说这些女性传记节选自《百美新咏》(*Pih-mei-she-yung, The Songs of a Hundred Beautiful Women*)，用的是乾隆三十二年的版本。Thoms, Peter Perring: *Chinese Courtship — in verse*. London: Parbury, Allen, and Kinsbury; Marco: The Honorable East India Company's Press, 1824. p.249. 关于梅妃故事及图画，参见［清］颜希源编撰：《百美新咏图传》，［清］袁枚等诗词，［清］王翙绘画，刘精民收藏，连震译校，中国文联出版社2006年版，第42—43页。
③ 陈铨：《中德文学研究》，辽宁教育出版社1997年版，第21页。我们也可以比较日后汉学家卫礼贤的德译本，参见上揭书第95页。

道英译中介。这并不算很重要,重要的是,《花笺记》写了什么,有哪些特色？又是在何种意义上契入了诗人的心灵深处？转化称为其创造资源？对于此书,郑振铎有一个很精练的概括:"全文凡五十九段,叙梁亦沧及杨淑姬的恋爱的始终。作者写这两个少年男女的恋爱心理,反复相思,牵肠挂肚,极为深刻、细腻。文笔也很清秀可喜。"[①]对于作品本身,只要达到一定基本条件之后,其取舍得失往往是"萝卜青菜,各有所爱"。对于歌德来说,重要的并不是对某一个具体文本的执着爱恋,而是透过其表面的文字情节,而探察中国人的精神世界和伦理情感。所以,"歌德从《花笺记》中所得来的实际上对中国的印象,本来就是模糊不定的,他把这些浅淡的印象,用他的想象和他创造的本事,独立形成。不过顶有趣味,顶奇怪的,就是歌德越是从自身出发来写诗,他同中国人性接触越近,因为他能够从他个人,到世界的全体。"[②]这倒是一个非常有趣的思路,就是说歌德的初衷并非如学者般探究"中国原相",而是立足于"诗性创造",是有我的,是主体意识彰然的,是本位立场清晰的,可恰恰是通过这样一种创造性转化,使得其反而更能体贴"中国心灵"。何以然？从这种意义上来说,我们是否可以说歌德与卫礼贤甚至是殊途同归、异曲同工呢？无独有偶,卫礼贤也指出《杂咏》与《花笺记》之间的创作关系:"总括的(地)说一句,歌德在这十几首诗里所受花笺记底(的)冲动,是很不一定的,他把由那本书里所得底冲动放在脑筋里融化组织过,他接受冲动的态度,是活的不是死的,因为他能够活现这些冲动,深深钻进它后幕。所以他的思想能

[①] 郑振铎:《中国俗文学史》,东方出版社1996年版,第542页。
[②] 陈铨:《中德文学研究》,辽宁教育出版社1997年版,第99页。

第八章 暮年歌德的中国想象与女性之美：以《中德四季晨昏杂咏》与《中国才女诗人》为中心

和中国的真精神，直接的深深吻合。"① 以卫礼贤对"中国心灵"的体贴入微，居然也认为作为外来客的歌德之思想与中国之真精神相吻合，真是非常重要的判断。因为这种精神契合不是谁说能达到就达到的境界，正如陈寅恪所指出的那样："吾人今日可依据之材料，仅为当时所遗存最小之一部，欲借此残余断片，以窥测其全部结构，必须备艺术家欣赏古代绘画雕刻之眼光及精神，然后古人立说之用意与对象，始可以真了解。"② 歌德当然是艺术家，他所具备的那种艺术天分使得他虽然很看重材料的功用，但却不必如同史家那样小心翼翼、步步为营，他本身就是那种联通时空、超越边界、极富想象力的艺术家，所以很可以借助自身的那种诗性创造和通感意识，对问题的本质进行"由象见道"式的把握。从这个意义上来说，歌德对中国文化的精神有一种"竭尽底里"的把握。

卫礼贤似乎能切入歌德精神的幽深之处："歌德思想范围底（的）推广和他的年岁同时增进，人类在他的中心渐成一个整体，东方也随着得他的注意，最堪注意的，就是他留心研究东方情形底（的）开始，正是拿破仑战争底（的）时候，大多数的德国民族正在受着最大的政治底（的）刺激。在他一八一三年的日记中我们直接看得出来：当莱布齐希大战前几星期他正用严正的态度去研究中国情形。他在这时候，努力用恐惧和希望摆脱当时强烈底（的）刺激，

---

① 卫礼贤：《歌德与中国文化》，温晋韩译，载周冰若、宗白华编：《歌德之认识》，钟山书局1933年版，第282—283页。薛汕《前记》也引了卫礼贤这段话，但有所不同，可能造成歧义，参见薛汕校订：《花笺记》，文化艺术出版社1985年版，第3页。
② 《冯友兰中国哲学史上册审查报告》，载陈寅恪：《陈寅恪集·金明馆丛稿二编》，生活·读书·新知三联书店2001年版，第279页。

并为免致思想的新方向——这在经验底(的)组成上尚不能发生影响的——发生变动起见,极力专注这辽远的有定的对象,和中国的贤哲一样,他自此以后越发努力于向着这目标底(的)精神的持续。"①这段分析应该说是非常能契合歌德的知识和思想演进实际的,而且确实有大局观,颇有"世界都在我心中"的浩瀚气概,东西方的二元存在是世界地图的一个基本景观,但若要这种客观存在真实地落实在一个个体的思想世界之中,则甚难,而歌德作为一个大诗人,他是达到了这样的境界的。

按照郑振铎(1898—1958)的说法:"《花笺记》之文字,在粤曲中可算是很好的,间亦有很轻妙、很入情之描写。"②为什么好?有论者如此分析:"《花笺记》被公认为优秀作品,主要是因为它韵文的美丽。这些韵文,非诗非词,也非白话;它们确实是立在诗与白话之间、富有诗情画意的一种文艺作品,读起来特别感到韵味悠然。它们具有诗歌一般的音节美、和谐美,但更自然更通俗。说它们自然,是因为书中词文都是随手拈来,不需雕琢,恰到好处;说它们通俗,因为许多句子都比旧诗词容易懂,表面上虽似粗浅,但它们仍是经过洗练的。"③由此我们可以看到,作为粤曲的《花笺记》是有着优美的文本和诗歌的美感的,如谓不信,请品读之。全书五

---

① 卫礼贤:《歌德与中国文化》,温晋韩译,载周冰若、宗白华编:《歌德之认识》,钟山书局1933年版,第259页。
② 郑振铎:《巴黎图书馆中之中国小说与戏曲》,载郑振铎:《郑振铎文集》第6卷,人民文学出版社1988年版,第432页。转引自薛汕:《前记》,载薛汕校订:《花笺记》,文化艺术出版社1985年版,第1页。
③ 陈汝衡《〈花笺记〉导言》,转引自薛汕:《前记》,载薛汕校订:《花笺记》,文化艺术出版社1985年版,第10页。

第八章 暮年歌德的中国想象与女性之美:以《中德四季晨昏杂咏》与《中国才女诗人》为中心

卷,卷一开篇即为"《花笺》大意","起凭危栏纳晚凉,秋风吹送白莲香。只见一钩新月光如水,人话天孙今夜会牛郎"①。确实可以让人心生浪漫绮丽之思,这样的文本不可谓不美。郑振铎在其名著《中国俗文学史》里,更是盖棺论定地肯定:"广东最流行的是木鱼书。……其中最负盛名的有《花笺记》,有《二荷花史》。"②其中牵涉文学史的内部谱系和俗文学的意义判断。所谓"木鱼书"乃是用广州话写的弹词。而弹词则是中国文学史上不应被忽略的一个重要文类,概括言之,"弹词为流行于南方诸省的讲唱文学"③。陈寅恪高度重视弹词之功用,不惜以暮年盲目膑足之身为陈端生立传,看重的或许并不仅仅是一女性个体的超凡脱俗之力,更是能揭出此一个案—文体背后所关联出的种种深层蕴涵。因为在某种意义上,弹词可以被视作中国之史诗。即便"弹词在今日,在民间占的势力还极大。一般的妇女们和不大识字的男人们,他们不会知道秦皇、汉武,不会知道魏征、宋濂,不会知道杜甫、李白,但他们没有不知道方卿、唐伯虎,没有不知道左仪贞、孟丽君的。那些弹词作家们所创造的人物已在民间留极大深刻的印象和影响了"④。更重要的是,恰恰是宝卷、鼓词、弹词这类的东西,"千余年来支配着民间思想"⑤,这个太重要了。歌德之接触《花笺记》的意义,或许更在对一种沉浸在对于中国思想的感知和触摸。确实,《好逑传》基本

---

① 薛汕校订:《花笺记》,文化艺术出版社1985年版,第1页。
② 郑振铎:《中国俗文学史》,东方出版社1996年版,第542页。
③ 具体来说,"在福建有所谓'评话'的;在广东,有所谓'木鱼书'的,都可以归到这一类里去。"郑振铎:《中国俗文学史》,东方出版社1996年版,第514页。
④ 郑振铎:《中国俗文学史》,东方出版社1996年版,第514页。
⑤ 同上书,第144页。

上是较为简单的才子佳人故事,但以一种单纯的儒家伦理意识贯穿之,是正统观念的文学表现;可《花笺记》就不一样了,它是民间文学的代表作品,可以反映出更为广泛的大众生活和民间观念。我认为至少在中国文化传统里一直存在着一种"多重二元结构",即庙堂—江湖、载道—民间、雅文化—俗文化等。不但有儒家理解之道,更有民间之道,道家之道。这些"道"的寻求,或许在具体的路径区分上各异,但在最终的层次上仍会是合一的,是有一个"大道之寻"的。

再拓展视域观之,则《再生缘》《珍珠塔》《玉钏缘》等都是弹词名作,其中孕育着极为丰富的文学史、社会史和思想史资料,端在如何发掘。在这方面,陈寅恪先生已经做出了很好的榜样,其《论〈再生缘〉》一书寄托深厚、眼光通达,实具多重意义,开篇即谓:"寅恪少喜读小说,虽至鄙陋者亦取寓目。独弹词七字唱之体则略知其内容大意后,辄弃去不复观览,盖厌恶其繁复冗长也。及长游学四方,从师受天竺希腊之文,读其史诗名著,始知所言宗教哲理,固有远胜吾国弹词七字唱者,然其构章遣词,繁复冗长,实与弹词七字唱无甚差异,绝不可以桐城古文义法及江西诗派句律绳之者,而少时厌恶此体小说之意,遂渐减损改易矣。又中岁以后,研治元白长庆体诗,穷其流变,广涉唐五代俗讲之文,于弹词七字唱之体,益复有所心会。衰年病目,废书不观,唯听读小说消日,偶至再生缘一书,深有感于其作者之身世,遂稍稍考证其本末,草成此文。承平豢养,无所用心,忖文章之得失,兴窈窕之哀思,聊作无益之事,以遣有涯之生云而。"[①]而作为极具地域特色的广东,则更是这方面的佼佼者,其中尤其以《花

---

① 《论〈再生缘〉》,载陈寅恪:《陈寅恪集·寒柳堂集》,北京:生活·读书·新知三联书店2001年版,第1页。

第八章　暮年歌德的中国想象与女性之美：以《中德四季晨昏杂咏》与《中国才女诗人》为中心

笺记》《二荷花史》等为代表，所谓"曲本有《西厢》，歌本有《花笺》"，"二书真可称是合璧，盖其文笔声调皆一样绝世"①，更重要的是，"《花笺记》不但文笔之妙，即其声调亦字字可歌。试于风前月下，令十七八女郎按红牙缓歌一曲，回视花鸟，嫣然欲笑，亦足以乐而忘死矣"②。这就不是歌德所能有机会享受得了的了。尽管如此，歌德仍以其独特的眼光和诗人之思，敏锐地发掘出其中可能蕴含的制度和文化空间，所以重温《花笺记》，我们就可以清晰地看出这一文本提供的更广阔的文化与精神世界。如此比照之下，应该说，歌德之诗几乎就是一种再创造，取原诗之意，而弃原诗之词。描摹心理，追踪感觉，大诗人的创造之笔如天然神出。更重要的问题或许还在于，诗人因何能达致这样的境界和层次？

郑畋有诗《马嵬坡》云："玄宗回马杨妃死，云雨难忘日月新。终是圣明天子事，景阳宫井又何人？"其实，想想这个千古流传的爱情故事，有昔日的"在天愿为比翼鸟，在地愿为连理枝"（白居易《长恨歌》），也才有日后这种悲凉的诗语叙事。但当初又是何等的荣耀呢？张祜《集灵台》二首：

日光斜照集灵台，红树花迎晓露开。
昨夜上皇新授箓，太真含笑入帘来。

虢国夫人承主恩，平明骑马入宫门。
却嫌脂粉污颜色，淡扫蛾眉朝至尊。

---

① 钟映雪：《总论》，载薛汕校订：《花笺记》，文化艺术出版社1985年版，第72页。
② 同上书，第71页。

从这里我们可以见到诗的绝妙功用,再美的人也是需要文字来形容修饰的呀。薛瑶英是元载宠姬,《百美新咏图传》引《杜阳杂编》:"元载宠姬薛瑶英,能诗书,善歌舞,仙姿玉质,肌香体轻,虽旋波、摇光、飞燕、绿珠不能过也。载以金丝帐、却尘褥处之,以红绡衣衣之。贾至、杨炎雅与载喜,时得见其歌舞。至乃赠诗曰:舞怯珠衣重,笑疑桃脸开。方知汉武帝,虚筑避风台。炎亦作长歌美之,略曰:雪面澹娥天上女,凤萧鸾翅欲飞去。玉钗翘碧步无尘,楚腰如柳不胜春。"[1]歌德通过汤姆斯的英译将此诗译为德语:

Fräulein See-Yaou-Hing

Sie war schön, besaß poetisches Talent, man bewunderte sie als die leichteste Tänzerin. Ein Verehrer drückte sich hierüber poetisch folgendermaßen aus:

Du tanzest leicht bei Pfirsichflor

Am luftigen Frühlingsort:

Der Wind, stellt man den Schirm nicht vor.

Bläs't euch zusammen fort.

Auf Wasserlilien hüpftest du

Wohl hin den bunten Teich,

Dein winziger Fuß, dein zarter Schuh

---

[1] 关于薛瑶英的故事及图画,参见[清]颜希源编撰:《百美新咏图传》,[清]袁枚等诗词,[清]王翙绘画,刘精民收藏,连震译校,中国文联出版社2006年版,第114—115页。

第八章 暮年歌德的中国想象与女性之美：以《中德四季晨昏杂咏》与《中国才女诗人》为中心

Sind selbst der Lilie gleich.

Die andern binden Füß für Fuß,

Und wenn sie ruhig stehn,

Gelingt wohl noch ein holder Gruß,

Doch können sie nicht gehen.

Von ihren kleinen goldbeschuhten Füßchen schreibt sich's her, daß niedliche Füße von den Dichtern durchaus goldne Lilien genannt werden, auch soll dieser Ihr Vorzug die übrigen Frauen des Harems veranlaßt haben, ihre Füße in enge Bande einzuschließen, um ihr ähnlich, wo nicht gleich zu werden. Dieser Gebrauch, sagen sie, sei nachher auf die ganze Nation übergegangen.[①]

我们再看将其回译为中文：

薛瑶英小姐

她美丽，拥有诗人天赋，人们惊叹她是最为轻盈的舞女。

一位崇拜者为此作了下面这段诗：

起舞在桃花锦簇下，

翩然于春风吹拂中：

若非有人撑伞遮挡，

风儿恐会将你吹走。

[①] 转引自谭渊：《歌德席勒笔下的"中国公主"与"中国女诗人"——1800年前后中国文化软实力对德影响研究》，中国社会科学出版社2013年版，第136—137页。

>　　轻舞在朵朵水莲上，
>　　悠悠然踏入彩池中，
>　　你那纤细的脚，轻柔的鞋，
>　　就恍若这莲花一般。
>　　旁人纷纷来把脚儿缠起，
>　　她们纵能平稳站立，
>　　或许还能妩媚行礼，
>　　举步行走却万万不能。

　　据说，由于她那双金鞋中的小脚，诗人们就干脆将小巧的脚称为金莲。同时她的这一过人之处使得后宫里的其他女人都把自己的脚用布紧紧地包裹起来，就算不能跟她一样，至少也能和她相像。据说，这一风俗后来就这样传遍了中国。①

从这首诗可以看出，歌德并未拘泥于英译本，而是大胆地进行了艺术相像和加工，使此诗成为一首"再创造"的佳作。谭渊比对手稿后认为："歌德是在最后阶段才将原本分别描写轻盈舞姿和莲足的两首诗歌合并成了一首《薛瑶英小姐》。"②这正说明了歌德的诗人创发特色，他是经过自己再兴奋之后的创造，而非简单的"翻译"而已。

二、伟人的心灵撞击与接受的创造意义：以伟大作品为中介

　　伟大的作品，需要伟大的接受，在阅读的瞬间，伟人之间的心

---

① 转引自谭渊：《歌德席勒笔下的"中国公主"与"中国女诗人"——1800年前后中国文化软实力对德影响研究》，中国社会科学出版社2013年版，第137—138页。
② 同上书，第138页。

第八章　暮年歌德的中国想象与女性之美：以《中德四季晨昏杂咏》与《中国才女诗人》为中心

灵沟通也得以达致，这样一种艺术灵感的刺激也就可能实现。由此，而开始了又一轮的精神更替。陈铨讲得最到位："歌德从他自己的世界观，把中国的材料，重新改变创造，把它弄成功一种艺术品。"①所以理解歌德这种诗哲型的大诗人，"不应该太注意外形相互的影响，而应当考察精神一贯的关系。我们要看怎么样中国的精神，同这一位世界诗人的精神，根本相同。"②这个超越外形而进入内在精神世界的思路，确实是很有见地的。

《百美新咏》当然是一种非常有意思的东西，正如颜希源所说："天生人最易，生美人最难，自周秦以来三千年，美人传者落落无几，岂山川灵秀之气不钟美于巽方耶？……要知物非美不著，美非文不传。"③这或许正是他不惜工本代价而编纂此册诗图集的用心所在，如果不是他的精心搜集配图成就这样的图文并茂的艺术品，或许歌德也不可能受到灵感刺

图8-1　[清]焦秉贞《仕女图》

---

① 陈铨：《中德文学研究》，辽宁教育出版社1997年版，第98页。
② 同上书，第99页。
③ 颜希源《原版本序一》，载[清]颜希源编撰：《百美新咏图传》，[清]袁枚等诗词，[清]王翙绘画，刘精民收藏，连震译校，中国文联出版社2006年版，第7页。

223

激,再创造出这样的伟大作品。但歌德之所以选择此书作为一种中介可能,仍不得不取决于当时的物质条件和限制。

我们还是回到文本本身,《杂咏》第8首:

> 暮色徐徐下沉,景物俱已远遁。
> 长庚最早升起,光辉柔美晶莹!
> 万象摇曳无定,夜雾冉冉上升,
> 一池静谧湖水,映出深沉黑影。
>
> 此时在那东方,该有朗朗月光。
> 秀发也似柳丝,嬉戏清溪之上。
> 柳阴随风摆动,月影轻盈跳荡。
> 透过人的眼帘,凉意沁入心田。

> Dämmrung senkte sich von oben,
> Schon ist alle Nähe fern;
> Doch zuerst emporgehoben
> Holden Lichts der Abendstern!
> Alles schwankt ins Ungewisse,
> Nebel schleichen in die Höh;
> Schwarzvertiefte Finsternisse
> Widerspiegelnd ruht der See.
>
> Nun im östlichen Bereiche

第八章 暮年歌德的中国想象与女性之美：以《中德四季晨昏杂咏》与《中国才女诗人》为中心

Ahn ich Mondenglanz und-glut,

Schlanker Weiden Haargezweige

Scherzen auf der nächsten Flut.

Durch bewegter Schatten Spiele

Zittert Lunas Zauberschein,

Und durchs Auge schleicht die Kühle

Sänftigend ins Herz hinein.①

这首诗诗意盎然，妙思灵动，很有一种以自然入诗的境界。而以东方做比照，更能显示出作者穿梭自如的诗意建构能力。"万象摇曳无定"一句则颇有哲理深层的意味，也符合歌德的诗哲身份。要知道，对元思维的追索，始终是歌德不变的追求，即便沉浸在向往东方（中国）的意境之中，他仍对此恋恋不忘，第11首就说："常存不易，／是永恒法则，／蔷薇与百合，／循之开花。"（Das Unvergängliche,／Es ist das ewige Gesetz,／Wonach die Ros und Lilie blüht.）②对这首诗，陈铨有非常精彩的分析：

> 像他第十一首诗，讲宇宙上的万事万物，时时刻刻都在变易，但是在一切变易之中又有不变易者在。我们看见世界上

---

① ［Werke：［Gedichte. Nachlese］. Goethe：Werke, S.1543 – 1544（vgl. Goethe-BA Bd. 2, S.106 – 107）http://www.digitale-bibliothek.de/band4.htm］［德］歌德：《迷娘曲——歌德诗选》，杨武能译，广西师范大学出版社2003年版，第397页。

② ［Werke：［Gedichte. Nachlese］. Goethe：Werke, S.1545（vgl. Goethe-BA Bd. 2, S.108）http://www.digitale-bibliothek.de/band4.htm］此处作者自译。参见［德］歌德：《迷娘曲——歌德诗选》，杨武能译，广西师范大学出版社2003年版，第398页。

所有的东西都风驰云卷地飞去,我们忍不住害怕但是我们一想变易是宇宙的基本原理,事物可变,宇宙的基本原理不变,那么我们又未尝不可以自慰。歌德对于宇宙人生这一种深刻的认识同中国孔子老子,有许多共鸣的地方。孔子平生最用功夫的书,就是《易经》,《易经》中间所讲的道理,同歌德这一首诗中所讲的道理主要的地方,完全一样。因为易与不易,相生相成,不易的地方,正要在易中表现。有一次孔子站在川上,说:"逝者如斯夫不舍昼夜!"在老子的《道德经》里边,也有无数的地方讲到同一的道理。①

在这里,陈铨将歌德思想直接追溯到《易经》,并且将之与老子、孔子相提并论,甚有意味。而且无论是其有意或无意,实际上揭示出了中国文化的元结构——由《易经》到道家—儒家的"一生二"的过程,这是一个基本结构模式。而重要的是,这并非陈铨的一家之见,无独有偶,卫礼贤也有同样的思路,他将歌德与孔子、老子也都做过比较,显然歌德是有着多重适应性的。歌德的这种"变易"思想是非常有价值的,蜕变论本来就是他思想的一个核心要素,从根本上来说都是相通的。但我并不倾向于将其简单归结为中国文化的影响,而更倾向于"东海西海,心理攸通"的思路。虽然侨易学强调"察变寻异",但大道所在,仍不脱二元三维的基本结构。宇宙规律是有其一定的根本性原则的,"变"与"常"("不变")就是其中的重要元素。"常存不易,/是永恒法则",应该说歌德是把握到其中

---

① 陈铨:《中德文学研究》,辽宁教育出版社1997年版,第99页。

第八章　暮年歌德的中国想象与女性之美：以《中德四季晨昏杂咏》与《中国才女诗人》为中心

的关键所在的。

第12首则典型地体现出古代诗人的痕迹：

> 我沉溺于古时的梦想，
> 与花相亲，代替娇娘，
> 与树倾谈，代替贤哲；
> 倘使这还不值得称赏，
> 那就召来众多的童仆，
> 让他们站立一旁，
> 在绿野里将我等侍候，
> 捧来画笔、丹青、酒浆。

> Hingesunken alten Träumen,
>
> Buhlst mit Rosen, sprichst mit Bäumen
>
> Statt der Mädchen, statt der Weisen;
>
> Können das nicht löblich preisen.
>
> Kommen deshalb die Gesellen,
>
> Sich zur Seite dir zu stellen,
>
> Finden, dir und uns zu dienen,
>
> Pinsel, Farbe, Wein im Grünen.①

这首诗很有中国古诗的韵味，与花草树木为亲为邻，在田野里吟诗

---

① ［Werke：［Gedichte. Nachlese］. Goethe：Werke，S.1545（vgl. Goethe-BA Bd. 2，S.108）http://www.digitale-bibliothek.de/band4.htm］参见［德］歌德：《迷娘曲——歌德诗选》，杨武能译，广西师范大学出版社2003年版，第399页。

作画甚至饮酒,很有魏晋名士的风度。"与花相亲,代替娇娘,/与树倾谈,代替贤哲;"确实是有一种很亲切的自然主义的风采在,"梅妻鹤子"的说法套用在这里,就是"花妻树子",别有一番悠然出南山的意境。至于招来童仆,伴酒作画,那就更是一种陶然忘言,出尘潇洒的大自在了。回到古代,回到自然,回到小我,这就是中国古人给歌德的启迪。更重要的是,伟人的心灵再受到撞击之后,发生了一种亲近的接受,再度转化为创造的意义,生成了伟大的作品,而这灵秀的诗作又转化为一重中介,展现出诗人伟大的思想,这就是异文化交融的意义所在。

三、永恒之女性、上升之东方:中国女性之美在歌德心灵中的映射

谈到歌德与女性的关系,我们当然不会忘记《浮士德》中那句最为典范式的话语:"永恒的女性,引我们上升。"(Das Ewig-Weibliche/Zieht uns hinan.)[1]那么,我们要追问的是,在歌德心目中,中国女性究竟占据了怎样的形象?他又是为什么一而再、再而三地歌咏中国的古典女性?

歌德接触到的中国女性,大抵当以文学作品中的"镜像"为代表。他当年曾写过在罗马的中国人,应该是有可能真的在意大利见过中国人,因为当时耶稣会士不乏将中国人作为传教士接班人加以培养,并将之携往罗马的;但要看到中国女性则不太可能。所以,其华女形象,多半当从文学中得来,尤其是小说和戏剧。就小

---

[1] [Werke: Faust. Eine Tragödie. Goethe: Werke, S.5112 (vgl. Goethe-HA Bd. 3, S.364) http://www.digitale-bibliothek.de/band4.htm]

第八章 暮年歌德的中国想象与女性之美：以《中德四季晨昏杂咏》与《中国才女诗人》为中心

说来看，他读过的不外乎《好逑传》《玉娇梨》《花笺记》这类才子佳人类长篇小说，还有《今古奇观》中的短篇小说，《中国短篇小说集》(*Contes chinois*①)[法国人德卫士(John Francis DAVIS, 1795—1890)翻译，包括了前者的10个短篇]。就戏剧来看，则《赵氏孤儿》《老生儿》等皆是重要材料。当然，我们也不能忘记，中国古典诗歌同样具有叙事和描摹功能。这一点，在《才女》这组诗歌里得到了充分体现。

《百美新咏》所咏美女上百，可谓洋洋大观，即便是在汤姆斯的英译本中也有数十人之多，但歌德选择翻译的只有寥寥数人，也可说是"心有灵犀"吧。1827年2月5日日记记录下："和约翰(John)一起读中国女诗人。"②当天"晚上继续读中国文学"③。这段时间看来歌德热情高涨，到了2月6日就是"中国女诗人抄本"(Abschrift der chinesischen Dichterinnen.)④，看来有可能他自己是动手抄写了一遍。对于歌德这样一个天生情种来说，对于女性是有着强烈的情感冲动，那么他内心向往的中国美人，尤其是美人兼才女的女诗人，应该亦为题中应有之义。

此前，2月3日的日记："中国式求爱。附记：葛特灵教授去耶

---

① *Contes chinois*, Traduits par John Francis DAVIS (1795 – 1890), Peter Perring THOMS (1814 -1851), François-Xavier DENTRECOLLES (1664 – 1741) et publiés par Jean-Pierre ABEL-RÉMUSAT (1788 – 1832), chez Moutardier, Paris, 1827.
② 德文为：Mit John chinesische Dichterinnen。1827年2月5日日记，[*Goethe: 1827. Goethe: Briefe, Tagebücher, Gespräche*, S.26847 (vgl. Goethe-WA, III.Abt., Bd. 11, S.16)]
③ 德文为：Nachts Fortsetzung der Betrachtung über chinesische Literatur。1827年2月5日日记，[*Goethe: 1827. Goethe: Briefe, Tagebücher, Gespräche*, S.26847 – 26848 (vgl. Goethe-WA, III.Abt., Bd. 11, S.17)]
④ 1827年2月6日日记，[*Goethe: 1827. Goethe: Briefe, Tagebücher, Gespräche*, S.26848 (vgl. Goethe-WA, III.Abt., Bd. 11, S.17)]

拿。……晚上归我,与中国式求爱继续前进。"①2 月 4 日仍然是"晚上读中国东西"(Nachts Chinesisches.)。② 而在 1 月 31 日,则应该是和艾克曼(Eckermann, Johann Peter, 1792—1854)讨论了中国诗歌的特质,我们不妨来看一看这一整天歌德的活动:

> 在前屋打开纽伦堡寄来的箱子。很长的雪橇路。艾克曼博士。稍后与他讨论一些东西。关于中国诗的特质。晚上归自己。尼布尔的罗马史。沃尔夫拿出他的各种各样的玩具,表现得很乖。③

歌德真是一个人性中的至人,他所度过的平凡一日,真可谓是内容充实。有朋友的远程相寄,能够收到外地邮物,应该是很高兴的事情;而又能和青年人促膝长谈,艾克曼的谈话应该是很令老人愉悦的事情吧,而且又是那么专业,有趣的是讨论的竟是中国诗。他们会怎样谈论中国诗呢?到了晚上可以读读闲书,譬如尼布尔的《罗

---

① 德文为:Chinese Courtship. Nebenstehendes: Herrn Professor Göttling nach Jena. ……Abends für mich, mit der chinesischen Werbung fortgefahren。1827 年 2 月 3 日日记,[Goethe:1827. Goethe: *Briefe, Tagebücher, Gespräche*, S.26847 (vgl. Goethe-WA, III. Abt., Bd. 11, S.16)]

② [Goethe:1827. Goethe: *Briefe, Tagebücher, Gespräche*, S. 26847 (vgl. Goethe-WA, III.Abt., Bd. 11, S.16)]

③ 德文为:Die Kiste von Nürnberg in dem vordern Zimmer ausgepackt. Grosse Schlittenfahrt. Dr. Eckermann. Nachher mit demselben manches besprochen. Ueber den Charakter des chinesischen Gedichts. Abends für mich. Niebuhrs Römische Geschichte. Wolf stellte seine verschiedenen Spielsachen auf und betrug sich gar artig。1827 年 1 月 31 日日记,[Goethe:1827. Goethe: *Briefe, Tagebücher, Gespräche*, S.26845 (vgl. Goethe-WA, III.Abt., Bd. 11, S.14 – 15)]

第八章　暮年歌德的中国想象与女性之美：以《中德四季晨昏杂咏》与《中国才女诗人》为中心

马史》，还可以有"含饴弄孙"的乐趣。

《开元》("Kay-Yuen")就是很有特色的德译[①]，这是歌德与中国女诗人结缘的另类叙事。[②] 我们先来看一看原诗：

> 沙场征戍客，寒苦若为眠。
> 战袍经手做，知落阿谁边？
> 蓄意多添线，含情更著棉。
> 今生已过也，愿结后生缘。

不知这个故事的真实情况如何？据说此诗后来经由军士而统帅，而到皇帝手中。唐玄宗乃查出宫女，并使其与有缘获此棉袍的军士喜结连理。还是清人吴麟的诗最形象："缘拟他生结，今生事竟成。良宵感牛女，天子本多情。"[③]

歌德的德译是这样的：

> Aufruhr an der Gränze zu bestrafen
> Fechtest wacker, aber nachts zu schlafen
> Hindert dich die strenge Kälte beissig,
> Dieses Kriegerkleid, ich nähts'es fleissig,

[①] Thoms, Peter Perring: *Chinese Courtship — in verse*. London: Parbury, Allen, and Kinsbury; Marco: The Honorable East India Company's Press, 1824. p.270. 关于开元宫人的故事及图画，参见[清]颜希源编撰：《百美新咏图传》，[清]袁枚等诗词，[清]王翙绘画，刘精民收藏，连震译校，中国文联出版社 2006 年版，第 184—185 页。
[②] 参见《中德文化交流史上一段佳话——歌德为开元宫人续诗》，载张威廉：《德语教学随笔》，南京大学出版社 2000 年版，第 1—5 页。
[③] [清]颜希源编撰：《百美新咏图传》，[清]袁枚等诗词，[清]王翙绘画，刘精民收藏，连震译校，中国文联出版社 2006 年版，第 184 页。

Wenn ich schon nicht weiß, wer's tragen sollte;
Doppelt hab'ich es wattirt, und sorglich wollte
Meine Nadel auch die Stiche mehren
Zur Erhaltung eines Mannes der Ehren.
Werden hier uns nicht zusammen finden.
Mög'ein Zustand droben uns verbinden!
英勇征边兮讨叛，严寒入夜兮难眠。
战袍缝制兮密线，不知何人兮将穿。
再添棉絮兮细针，勇士荣光兮卫捍。
连理在地此生难，愿结比翼天上缘。①

如果比较一下汤姆斯的英译，我们就可以清楚地看到，歌德这首诗的德译虽不乏自己的成分，但总体上与原诗出入不大。② 歌德在后面为这位开元宫女续吟了两句诗："皇帝是万能的，为了子民/幸福，他把未来化成现实。"(Der Kaiser schafft, bei ihm ist alles fertig, Zum Wohl der Seinen, Künftiges gegenwärtig.)③这位宫女的名字应当不是开元，而是指唐玄宗李隆基的年号，所谓开元宫人，指其时

---

① 引自陈铨：《中德文学研究》，辽宁教育出版社1997年版，第97页。此处中文为作者自译。关于这首诗翻译的比较评论，《中德文化交流史上一段佳话——歌德为开元宫人续诗》，载张威廉：《德语教学随笔》，南京大学出版社2000年版，第1—5页。
② „Kay-Yuen", in Thoms, Peter Perring: *Chinese Courtship — in verse*. London: Parbury, Allen, and Kinsbury; Marco: The Honorable East India Company's Press, 1824. pp.270-271.参见谭渊：《歌德席勒笔下的"中国公主"与"中国女诗人"——1800年前后中国文化软实力对德影响研究》，中国社会科学出版社2013年版，第157页。
③ 原文载魏玛版《歌德全集》第41卷下册，中译文引自《中德文化交流史上一段佳话——歌德为开元宫人续诗》，载张威廉：《德语教学随笔》，南京大学出版社2000年版，第4页。

第八章 暮年歌德的中国想象与女性之美：以《中德四季晨昏杂咏》与《中国才女诗人》为中心

的宫女。汤姆斯的误译也误导了歌德，他也继续将"开元"作为一个中国美女诗人来看待，不过歌德或许更多的是为这个故事所打动，形成了他心中更为具体而浪漫的中国女诗人形象："开元中，颁赐边军纩衣，制于宫中。有军士于袍中得诗曰：'沙场征戍客，寒苦若为眠。战袍经手做，知落阿谁边？蓄意多添线，含情更著棉。今生已过也，愿结后生缘。'军士以诗白于帅，帅以上闻。元宗命遍示后宫曰：'有作者勿隐，吾不罪汝。'一宫人自言万死。元宗深悯之，以嫁得诗者，曰：'我与汝结今生缘。'"①这样一种由来世缘到今生缘的"落地行为"，不仅使得故事性变得很强，而且也为"开元"这个美女诗人形象的树立提供了很好的氛围。对于歌德来说，或许正是对此类故事的铺陈叙事，譬如"皇家军队在寒冬时节驻守边境，讨伐叛乱"（Als die kaiserlichen Truppen im strengen Winter an der Gränzer standen, um die Rebellen zu bekriegen,）等，更能显示烘云托月的素描效果，"开元"这个美女诗人的意义也才一步步得以更好的表现。

歌德的最后指向无疑摆不脱那代欧洲精英指向人类大同的普遍理想，但他更是在东西方二元关系基础上来思考的：

> 东西两大洲，
> 不能再分离了，
> 谁是多识的人们呀，
> 应明白这些吧！

---

① [清]颜希源编撰：《百美新咏图传》，[清]袁枚等诗词，[清]王翙绘画，刘精民收藏，连震译校，中国文联出版社2006年版，第184页。

> 两世界互相研究，
> 即是我的希望；
> 东西互相连联，
> 也是我的希望。①

暮年歌德的中国想象当然是指向了东—西方二元关系问题，但将中国女性纳入进来，则有了更为意味深长的意义，这里的二元不仅是东西二元，也还有阴阳二元，对中国女诗人的选择和赞美，其实孕育了更为实际的审美理想，这对天性浪漫的歌德来说，也是完全可以理解的。或许用《诗经》里的《蒹葭》一篇更贴近其心声：

> 蒹葭苍苍，白露为霜。所谓伊人，在水一方。溯洄从之，道阻且长；溯游从之，宛在水中央。
> 蒹葭凄凄，白露未晞。所谓伊人，在水之湄。溯洄从之，道阻且跻；溯游从之，宛在水中坻。
> 蒹葭采采，白露未已。所谓伊人，在水之涘。溯洄从之，道阻且右；溯游从之，宛在水中沚。

---

① 卫礼贤：《歌德与中国文化》，温晋韩译，载周冰若、宗白华编：《歌德之认识》，钟山书局 1933 年版，第 259—260 页。这段诗也为后世学者所不断征引，譬如在《东方启蒙：东西方思想的遭遇》(*Oriental Enlightenment: The Encounter between Asian and Western Thought*) 这部著作的开篇就引用了歌德此诗的前两句："他了解自我和他者／也就知道东方／与西方不能分离。" [美] J.J.克拉克 (Clarke, John James)：《东方启蒙：东西方思想的遭遇》第 5 页，于闵梅等译，上海人民出版社 2011 年版。

第八章　暮年歌德的中国想象与女性之美：以《中德四季晨昏杂咏》与《中国才女诗人》为中心

对于歌德来说，是否始终有一个中国美女诗人的形象在水一方呢？暮年歌德的中国想象与女性之美交融在一处，或许正符合他那句判断，"永恒的女性，引导我们上升！"在这里，则是"永恒的异族女性，引导我们前进！"

第九章 文学旅行与诗人创化：
从《埃尔佩诺》断片实践看歌德的"世界文学"理想

一般而言，国人颇以歌德接受中国文学为荣，在权威的辞书里都称"德国诗人歌德曾改编《赵氏孤儿》，是为《埃尔佩诺》"[①]；但也有论者反弹琵琶，对此说强烈质疑甚至明确否定："歌德《埃尔佩诺》是《赵氏孤儿》的改编本吗？"[②]这种针锋相对、非此即彼的选择，其实都颇难接近事实之本相。在我看来，倒是这样一种表述，或可约略近之："在德国，《赵氏孤儿》成了歌德《额尔彭罗》（$Elpenor$）的重要材料。"[③] 从伏尔泰到歌德有一重大变化，即不是改编，而是创化（Nachdichtung）。说到底，《埃尔佩诺》的动机或许出自中国文学，而其创作本身已经"完全是一本欧洲的戏剧"[④]。这才是问题的关键。

一、作为多种资源汇集的《埃尔佩诺》

将《埃尔佩诺》作为中国文化影响歌德的证据固然不妨，但若

---

① 见"纪君祥"条目，《中国大百科全书·戏曲曲艺卷》光盘版，1983 年版。
② 卫茂平：《歌德〈埃尔佩诺〉是〈赵氏孤儿〉的改编本吗？》，《中国比较文学》1988 年第 1 期。
③ 陈铨：《中德文学研究》，辽宁教育出版社 1997 年版，第 54 页。《额尔彭罗》即《埃尔佩诺》。
④ 同上。

第九章 文学旅行与诗人创化:从《埃尔佩诺》断片实践看歌德的"世界文学"理想

更加客观地细加推敲,我们还是很容易发现其中因为"文化转移"(Les transferts culturels)而造成的深度变形。① 就基本情节而言,《埃尔佩诺》的设计显然受到欧洲文学资源的影响,此处举两个核心情节为例:一是"兄弟阋墙"。兄弟共治的背景在欧洲文学中屡见不鲜,且不说席勒的《墨西拿的新娘》就是兄弟争情人而导致的悲剧②,而最为经典的,当数《李尔王》对"无情最是帝王家"的演绎,莎士比亚作为近代欧洲最重要的戏剧诗人,为英国戏剧赋予了极高的意义;二是"遇难还乡"。这显然很容易让我们想起《奥德赛》的故事,作为欧洲文学的古典源泉,荷马史诗的范式意义怎么高估都不为过。奥德赛所昭示的流浪母题③,同样为后世所不断效仿。在《埃尔佩诺》中,这两个核心情节形成了一种基本架构,即因为王室争斗而流浪漂泊。所以我们看到即便是在伟大诗人的创作中,题材的重复和主题的复制也是难以避免的,这也就难怪歌德会说:"几千年以来,那么多的重要人物已生活过、思考过,现在可找到和可说出的新东西已不多了。就连我关于颜色的学说也不完全是新的。柏拉图、达·芬奇、还有许多其他卓越人物都已在一些个别方面先我有所发现,有所论述,我只不过又有所发现,有所论述而已。我努力在这个思想混乱的世界里再开辟一条达到真实的门

---

① 关于文化转移的理论和操作,参见 Espagne, Michel: *Les transferts culturels franco-allemands*(《法德文化转移》). Paris: Presses Universitaires de France, 1999。
② Schiller, Friedrich von: „Die Braut von Messina oder Die feindlichen Brüder." in Schiller, Friedrich von: *Gesammelte Werke*(《席勒全集》). *Band 4.* Berlin: Aufbau-Verlag, 1959.S.321 – 422.
③ 关于西方文学的"流浪母题",参见陈昭荣:《流浪母题与西方文学经典阐释》,中国社会科学出版社 2006 年版。

路。这就是我的功绩。"①所以,在这里我们不但看到歌德的高贵品格,而且很容易得出结论,只有无知者才会妄言创新。

当然可以补充的情节还有很多,譬如"群逐遗孀"(众多求婚者对安提娥柏的追求,类同于《奥德赛》中奥德修斯的妻子被众人纠缠),譬如"仇人养孤"[吕科斯(Lykus)抚养埃尔佩诺,类同于屠岸贾抚养赵武],譬如"遗孀嫁弟"(《哈姆雷特》中克劳迪斯娶嫂;在现实中则有清代开国时,孝庄皇后下嫁摄政王多尔衮的史实)等。但其中涉及很多不同的观念之争,譬如在中国文化传统里,父母之仇不共戴天;但在欧洲文化中,抚养者与被抚养者之间显然应存在契约义务。所以,当"仇人养孤"作为背景时,就使得这两种观念发生强烈冲突,作者究竟该怎样处理这样的问题? 调和几乎是不可能的②,但调和是歌德思想发展的必由之路。在总的方向上没有问题,可具体如何调和才是困扰歌德之所在。

埃尔佩诺的"父仇母训"决定了他必然要致力于复仇事业。但

---

① 1828年12月16日谈话,德文为: es haben seit Jahrtausenden so viele bedeutende Menschen gelebt und gedacht, daß wenig Neues mehr zu finden und zu sagen ist. Meine Farbenlehre ist auch nicht durchaus neu. Plato, Leonardo da Vinci und viele andere Treffliche haben im einzelnen vor mir dasselbige gefunden und gesagt; aber daß ich es auch fand, daß ich es wieder sagte, und daß ich dafür strebte, in einer confusen Welt dem Wahren wieder Eingang zu verschaffen, das ist mein Verdienst. [Goethe: 1828. Goethe: Briefe, Tagebücher, Gespräche, S.31040 - 31041 (vgl. Goethe-Gespr. Bd. 6, S.359 - 360) http://www.digitale-bibliothek.de/band10.htm]。中译参见[德]爱克曼辑录:《歌德谈话录》,朱光潜译,人民文学出版社1978年版,第178页。此处 Wahren 原译为"真理",此处处理为"真实"。

② 有学者就认为埃尔佩诺最后会成为仇恨的调解者,因其名 Elpenor 合乎希腊文 elpis(希望),这可备一说。Tscharner, Horst von: *China in der deutschen Dichtung bis zur Klassik*(《至古典主义德国文学中的中国》)。München:Verlag von Ernst Reinhardt, 1939. S.82.这还主要从语言学角度来立论,我则以为从思想史发展来看,歌德也会倾向于调和立场,尤其是当此剧从最初的魏玛创作,变成他精神支撑的主要部分之后。

第九章 文学旅行与诗人创化:从《埃尔佩诺》断片实践看歌德的"世界文学"理想

他作为一个在西方语境中成长起来的王子,必然要接受西方传统文化,尤其是基督教思维的规训。那么,他就不可能如赵氏孤儿那样迅速地"拨乱反正",然后就能"大义灭亲"地对养父拔刀相向。彼得曼曾大胆假设了《埃尔佩诺》的结局,虽然难免有"狗尾续貂"的嫌疑,但正如高鹗之于《红楼梦》还是有贡献的。他将埃尔佩诺的结局设置为"自杀"①,即在一种二元冲突的背景下难以两全而放弃责任。因为在西方学者看来,自杀的行为乃是"任何由死者自己完成并知道会产生这种结果的某种积极或消极的行动直接或间接地引起的死亡"②。既不能按照中国传统,以"父母之仇不共戴天"而毅然叛出养父(譬如《说岳全传》中陆文龙一旦得知金兀术是杀害自己父亲的凶手,马上就可以跟着王佐投奔岳飞,并誓杀养父金兀术,一点没有感情伦理上的负疚感),这样他就不能履行当初对安提娥柏的承诺。同时,他又不能按照欧洲文化(譬如基督教传统)去宽恕和消解矛盾,所以这样一个"向伦理之路"是不通的。这种出于观念的两难在德国文学传统中并非少见,譬如在《尼贝龙根之歌》中,路狄格无疑是史诗核心线索人物之一,如果没有他的巧妙说辞,克琳希德不可能答应下嫁匈奴王。而为了完成自己的使命,路狄格也提供了作为一个骑士最为宝贵的承诺——这使得日后的他处境两难,最终为此捐躯。③ 在某种意义上,这种选择"就

---

① Biedermann, Woldemar Freiherr von: *Goethe Forschung*(《歌德研究》). Leipzig, 1886. S.136.
② [法]埃米尔·迪尔凯姆(Durkeim, Emile):《自杀论——社会学研究》(*Le suicide. Étude sociologique*),冯韵文译,商务印书馆1996年版,第11页。
③ 参见《尼贝龙根之歌》第三十七歌,钱春绮译,人民文学出版社1959年版,第428—446页。

死",也可以视为一种"自杀"行为,但其目的则是多元的。正如路狄格自己所言:"要不是我把那些恭太的勇士领到这里,/我早就尽我的力量,对他们不起。/他们来到我国,是由我作的引路人:/因此我不好举起这不祥之手和他们战争。"①在勇士的信用和臣属的忠诚之间,路狄格最后不得不选择后者,但他绝对不甘心抛弃前者,所以在奉命挑战恭太王的时候从容就死。

按照彼得曼的推测,作为阴谋策划者的是国王之弟吕科斯;作为吕科斯仆人、知情人兼埃尔佩诺恩主的是波吕梅迪斯(Polymetis)②。这是很有可能的。因为这种类似情节在西方文学文本中也经常出现,譬如《哈姆雷特》中王室之间的"兄弟阋墙";而恩主角色则不妨看作《赵氏孤儿》的启发。歌德常常借用现有资源,譬如《列拿狐》等,即法国的民间叙事诗,也有很悠久的历史了,但他确实知道资源之限制所在,自己之突破所在,能够别出手眼,也能够化盐于水。所以,就是这样一个改写之作,居然也能成就一代名篇。断片虽多,却也非随意着手、随意丢弃。其中,面对东方的不断探索,使他所留下的《埃尔佩诺》断片具有了特别的意义。1781年11月至1782年1月,歌德在魏玛自由画院(im Weimarer Freien Zeicheninstitut)作关于解剖学(Anatomie)的报告,也提及了《女渔人》(*Die Fischerin*)、《埃尔佩诺》。③ 我们今天很难知道当时歌德都谈了些什么,但显然《埃尔佩诺》是一个议题。歌德甚至在他著

---

① 《尼贝龙根之歌》,钱春绮译,人民文学出版社1959年版,第429—430页,第2144节。
② Goethe, Johann Wolfgang von: *Elpenor-Ein Trauerspiel*. http://www.wissen-im-netz.info/literatur/goethe/unvollendet/06.html,下载于2011年5月31日。
③ [Materialien zu Leben und Werk: Zeittafel. Goethe: Werke, S.194 (vgl. rororo-Goethe, S.153) http://www.digitale-bibliothek.de/band4.htm]

第九章 文学旅行与诗人创化：从《埃尔佩诺》断片实践看歌德的"世界文学"理想

名的《格言诗与还愿牌》(Xenien und Votivtafeln)中也专门作有一首《埃尔佩诺》：

> 我难道必须在此，
> 就已与你遭遇，
> 埃尔佩诺？
> 你是如此强劲有力，
> 遥遥领先于我！
> 怎样呢？
> 简直是折断的颈脖。

> Muß ich dich hier schon treffen, Elpenor? Du bist mir gewaltig Vorgelaufen! und wie? gar mit gebrochnem Genick?[①]

此诗彰显的意义非同一般，这意味着歌德显然认为自己过早遇到了对手，当然不是埃尔佩诺，而是这个人物背后象征的那种文化力量。沟通文化体之间的努力，是歌德在后期生命中最着力进行的工作，但在此之前他其实已经通过创作实践有极为深刻的体会和感触。确实，歌德创作《埃尔佩诺》时不过而立前后，就知识域扩展来说，尚远远未到日后的"东西衔接"、融通创生之境，但至少，这样一种困境意识是明显表露出来了。

需要补充说明的是《赵氏孤儿》在欧洲语境的流转。我们

---

① ［Werke：［Xenien und Votivtafeln］. Goethe：Werke, S. 1771（vgl. Schiller-SW Bd. 1, S.293）http://www.digitale-bibliothek.de/band4.htm］此处为作者自译。

241

有必要澄清作为剧本的《赵氏孤儿》在欧洲的流转过程。1734年,位于法国巴黎的《水星》杂志(Merkur)收到一份未署名来稿,旋即发表,即传教士马若瑟(Premare, Joseph Maria, 1665—1735)翻译的《赵氏孤儿》节译本;1735年,由杜赫德主编的《中国通志》(Description de la Chine)出版,包括《赵氏孤儿》的法文全译本。此后,英译本旋即出现。可以发现,法国是最初的源头,这当然与法国传教士的枢纽性位置有关,同时法国也是当时的欧洲文化中心,这与翻译文本的最初出现地若合符节。但英国的反应显然相当快[①],这既说明英法之间关系的通畅,也可见出英国人的文化态度。当然德国对法国文化曾经也是非常重视的,但整个翻译史似乎并不如英国那么迅捷。所以,歌德接触到《赵氏孤儿》,应该是完全有可能的,而且未必通过德译本。因为18世纪欧洲汉学的三大名著,《中华帝国全志》(Description géographique, historique, chronologique, politique, et physique de L'impire de la Chine et de la Tartarie Chinoise, 4 Bde, Paris, 1735)、《耶稣会士书简集》(Lettres édifiantes et curieuses écrites des missions étrangères par quelques missionaries de la Compagnie de Jésus, 1702—1776)[②]、《中国杂纂》(Memoire concernant l'histoire, les sciences, les arts, les mœurs, les usages etc. des Chinoises. Par les Missionares de Pekin, 16 Bde. Paris, 1776—1814)是在此基础上的精选本;而后者出版最晚,直到1814年

---

① 参见范存忠:《中国文化在启蒙时期的英国》,上海外语教育出版社1991年版,第104—146页。
② 此书有中译本,参见[法]杜赫德编:《耶稣会士中国书简集——中国回忆录》第1—6册,郑德弟等译,大象出版社2001—2005年版。

第九章 文学旅行与诗人创化：从《埃尔佩诺》断片实践看歌德的"世界文学"理想

才作为第 16 卷（最后一卷）出版①。歌德对他们该是比较熟悉的。

二、古典图镜时代创作突破的重要标志：以歌德、席勒关于《埃尔佩诺》的讨论为中心

在歌德与席勒的交流中，《埃尔佩诺》也是一个重要话题。歌德对他的亲密朋友玩了一回"狡计"，1798 年 6 月 24 日在他给席勒的信中说道："另外附上的一个手稿我根本就不想看，从材料上来看它似乎不太可信，只有上帝才知道是否还有另一个具有警示意义的例子。我很好奇的是，您会怎样看待这个不幸的产品的幼稚。"②席勒第二天就给朋友复信，不但寄回手稿详加评述，而且希望知道作者是谁（Wenn ich den Autor wissen darf, so wünsche ich, Sie nennten mir ihn.）：

> 剧本也给您寄回去了；我已立刻将它读完，并且倾向于认为，比您的思考更加积极。它使我想起一个好的学派，虽然它仅仅是一种业余作品，不必做出艺术评判。它证明了一个道德伦理上受到良好教化的心灵，一种由良好面具遮盖的但却可以受到信任的美丽的和适度的意义。如果它不是被一位女性所为，那它至少使人理所当然地想起敏感的女性之力，当然

---

① 参见顾钧：《卫三畏与美国早期汉学》，外语教学与研究出版社 2009 年版，第 113 页。
② 德文为：In das andere beyliegende Manuscript mochte ich gar nicht hineinsehen, es mag ein Beyspiel eines unglaublichen ergreifens im Stoffe, und weiß Gott für was noch anders ein warnendes Beyspiel seyn. Ich bin recht neugierig was Sie diesem unglücklichen Producte für eine Nativität stellen. [Goethe: 1798. Goethe: Briefe, Tagebücher, Gespräche, S.6654 (vgl. Goethe-WA-IV, Bd. 13, S.194) http://www.digitale-bibliothek.de/band10.htm]

一个男性也可做到这一点。如果它能从很多长篇题目,也包括一部分已被划出、想要的熟语中能够被解放出来的话;尤其是最后一段独白,它包含了一段不自然的跳跃,可以改写,这样可以使人读来更感觉到兴味。①

这段话寓意相当丰富,不但对《埃尔佩诺》断片给予了非常高的评价,并且看出了其中孕育的伦理观和致思可能性。这也意味着席勒在这个"精神迷藏"中获得了胜利。歌德得到知音之言,显然很兴奋,在1798年6月28日致席勒函中说:"很偶然地,或者更多是因为我假设您已经了解《埃尔佩诺》对我的意义,我在书信中并未特别注明,现在对我来说就更亲切了,因为这个产品那么纯粹地对您产生了影响。自从我写了这两幕以来,大约已过去了16年,后来就对它感到厌恶,于是有10年之久没有再看过。对您的明晰与公正我感到高兴,无论是在以往,还是这次事情上。您准确地描述出我曾经所处的状况及其原因,还有为什么这个产品对我是不利的,这些现在都值得思考。"②但

---

① 席勒1798年6月25日致歌德函, Seidel, Siegfried (Hrsg.): *Der Briefwechsel zwischen Schiller und Goethe*(《席勒歌德通信集》). Zweiter Band. München Verlag C.H. Beck, 1984. S.107。

② 德文为: Zufälligerweise, oder vielmehr weil ich voraussetzte Sie wüßten daß Elpenor von mir sey, sagte ich es nicht ausdrücklich im Briefe, nun ist es mir um so viel lieber, da dieses Product ganz rein auf Sie gewirkt hat. Es können ohngefähr 16 Jahre seyn daß ich diese beyden Acte schrieb, nahm sie aber bald in Aversion und habe sie seit 10 Jahren gewiß nicht wieder angesehen. Ich freue mich über Ihre Klarheit und Gerechtigkeit, wie so oft schon, also auch in diesem Falle. Sie beschreiben recht eigentlich den Zustand in dem ich mich befinden mochte, und die Ursache, warum das Product mir zuwider war, läßt sich nun auch denken. [Goethe: 1798. Goethe: Briefe, Tagebücher, Gespräche, S.6657 (vgl. Goethe-WA-IV, Bd. 13, S.195 - 196) http://www.digitale-bibliothek.de/band10.htm]

第九章 文学旅行与诗人创化:从《埃尔佩诺》断片实践看歌德的"世界文学"理想

席勒显然对此"喜出望外",他并没有料到《埃尔佩诺》对歌德具有如此重要的意义。[①] 在席勒去世之后的1806年,歌德在日记、书信中不断提到《埃尔佩诺》,大约有10次之多,这是相当罕见的,也足以证明歌德对此剧的重视与偏爱。因为我们目前所能查到的材料,只是断垣残片,相比较他们朝夕相处的思想交流与争锋是无法"重复现场"了。但至少可以肯定的是,《埃尔佩诺》或许是他们的一个重要话题。

那么,除为了获得基本的阅读和知识资源之外,歌德、席勒关于《埃尔佩诺》的讨论究竟可以生发出怎样的意义?这必须联系他们整体性的思想发展来看。大体说来,魏玛的古典时代,是歌德、席勒合作无间、形成自身的"古典图镜观"的重要年代,尤其是歌德,孜孜以求,通过不懈的知识积累,终于完成了其思想之大成。"古典图镜"这一概念,包括了至少以下几层含义:一是在知识域扩张过程中慎重处理各种外来思想资源的"彼此张力",尽可能"融会东西、淬于一炉";二是在诗创造过程中将独创性的文学创作与诗学思考定为"古典时代"的最重要特征,两者都以其互补性的创作实践与理论思考做了最好的证明;三是在思维模式上努力追求一种致思的可能,尤其是发明了以中道思维去衡量事物,这主要受

[①] 德文为:Die Nachricht, daß der *Elpenor* von Ihnen sei, hat mich wirklich überrascht, ich weiß nicht, wie es kam, daß Sie mir gar nicht dabei einfielen. Aber eben weil ich unter bekannten und wahlfähigen Namen keinen dazu wußte, so war ich sehr neugierig auf den Verfasser, denn es gehört zu denen Werken, wo man, über den Gegenstand hinweg, unmittelbar zu dem Gemüt des Hervorbringenden geführt und getrieben wird. Übrigens ist es für die Geschichte Ihres Geistes und seiner Perioden ein schätzbares Dokument, daß Sie in Ehren halten müssen. 席勒1798年6月28日致歌德函,Seidel, Siegfried (Hrsg.): *Der Briefwechsel zwischen Schiller und Goethe*(《席勒歌德通信集》). Zweiter Band. München Verlag C.H.Beck, 1984. S.109。

到中国思想的刺激和影响,主要是歌德,同时席勒也借鉴并使用了这一方法。而中国之思维元素成为其重要文化资源。

譬如在日记里,歌德提道:"通读中国戏剧。"①这可不是一般的翻阅而已,乃是"通读"。显然,这种阅读对歌德很有启发,因为他试图由此触摸中国人的精神脉搏乃至内心秘处。1817年9月4日,歌德阅读元杂剧《老生儿》(元人武汉臣原作《散家财天赐老生儿》,英译者达维斯;Davis, M.M.)。这是一部元代杂剧,在国人看来也就平平而已,不过是讲述一个富家员外刘从善无子嗣,女婿争财,排挤刘氏子侄,迫害怀孕的刘妾;刘从善散家财、行善事,最后老来生子的故事。但在歌德则大不相同,因为其透过作品洞察文化的能力在那里。在1817年10月9日日记里,歌德写道,在给克内伯尔的信里谈论中国戏剧。②那么我们自然会好奇,歌德在给友人的信里究竟怎样谈论中国戏剧的呢?"这里是《中国戏剧》,开始的时候并不很美味可口,但如果我们能平静地通读下来,最后会惊喜异常,一定会承认这是一部高度引人注目的而且非常有价值的作品。"③那么,

---

① 德文为:Das chinesische Drama durchlesen。1817年9月4日日记,[Goethe: 1817. Goethe: Briefe, Tagebücher, Gespräche, S.25454 (vgl. Goethe-WA, III. Abt., Bd. 6, S.103) http://www.digitale-bibliothek.de/band10.htm]
② 德文为:An Knebel das chinesische Drama。1817年10月9日日记,[Goethe: 1817. Goethe: Briefe, Tagebücher, Gespräche, S.25470 (vgl. Goethe-WA, III. Abt., Bd. 6, S.119) http://www.digitale-bibliothek.de/band10.htm]
③ 德文为:Hier das chinesische Drama, das anfangs nicht munden will, das aber, wenn man es mit Ruhe durchliest und zuletzt überschaut, als ein höchst merkwürdiges und verdienstvolles Werk muß angesprochen werden. 作者自译。1817年10月9日歌德致克内伯尔(Knebel)函,[Goethe: 1817. Goethe: Briefe, Tagebücher, Gespräche, S.14330 (vgl. Goethe-WA-IV, Bd. 28, S.272 - 273) http://www.digitale-bibliothek.de/band10. htm] 陈铨曾引文与德国文学比较,未核出。陈铨:《中德文学研究》,辽宁教育出版社1997年版,第57页。

第九章 文学旅行与诗人创化:从《埃尔佩诺》断片实践看歌德的"世界文学"理想

歌德读的究竟是一部怎样的书?这就是《散家财天赐老生儿》。①

显然,中国戏剧并不以"引人入胜"而见长,但之所以能激发起歌德如此浓厚的兴趣,乃在于它体现了一种与德国乃至欧洲等西方价值的"异维度"。作为人类智者和思者,歌德显然试图借助文学的力量来探索人类思考的"整体维度",也就是说"求异"不仅是一种探知异者的手段,更是一种"求全"的方式。求异的目的不仅在于"知异",更在于"知全"。陈铨曾很严肃地区分了中德两国的"戏剧"概念:"严格地说:'戏剧'两个字,拿来应用到中国戏台剧本上,实在有些不妥当。一个德国人要判断中国的戏剧文学,他一定要先把所有在德国同'戏剧'相连的观念,完全暂时抛弃。就算中国最伟大的作品,如像元朝的作品,从形式和内容方面来讲,都不合欧洲所谓'戏剧'的基本的条件。至于通常的民间剧本,更不用说了。"②这正是敏锐地把握到了"求异之维"。无独有偶,席勒的感觉也与此相近。席勒批评的是第二幕第三场,即波吕梅迪斯一个人(allein)的独白:

这孩子觉得恭维的话这么悦耳动听!
倘若将来我们必须
为我们反对的事称赞你,
我们就感到更为艰难。
被众神移出这个世界的人,

---

① 宋柏年主编:《中国古典文学在国外》,北京语言学院出版社1994年版,第360页。
② 陈铨:《中德文学研究》,辽宁教育出版社1997年版,第51页。

为自己庆幸吧!
他尊敬和敬畏诸神,默默感谢吧!
如果他们的手温和地统治人民。
他们的痛苦对他几乎没有触动,
他能无节制地分享他们的欢乐。
哦,我真不幸,今天加倍不幸,
漂亮、活泼的少年,你该活着?
我该把能将你撕碎的怪物
锁在它的深渊里?
王后该不该知道你父亲对她
犯下何等阴险毒辣的罪行?
如果我缄口不言,
你会给我奖赏?
人们能否察觉一种无声的忠诚?
我这老人还希望从你那里得到什么?
我会成为你的负担。
你将用一次握手
使我暂时感到非常满足。
你被志同道合的潮流卷走,
而你的父亲用沉重的王笏统治我们。
不!有朝一日还有一个太阳会照耀我,
某个巨大的分歧必定动摇王室,
一旦成千上万的穷人遭难,
人们将又感觉到我们的价值。

第九章　文学旅行与诗人创化：从《埃尔佩诺》断片实践看歌德的"世界文学"理想

如同在最初的混乱时期那样；

于是人们将把我们像一柄古剑

热心地从柱子上取下，

擦去剑刃上的铁锈。

从你们的墓穴中出来吧！

你们这些隐藏罪行的老恶鬼，

你们在那里过着囚禁生活！

重罪不令消失！

起来！用浓雾包围王位，

它建立在众多的坟墓之上，

恐怖像一声霹雳震撼人心！

欢乐变成切齿痛恨！

希望在伸出的手臂前破灭！

Wie Schmeichelei dem Knaben schon so lieblich klingt!

Und doch unschuldig ist der Hoffnung Schmeichelei.

Wenn wir dereinst zu dem, was wir missbilligen,

Dich loben müssen, härter fühlen wir's.

Der preise glücklich sich, der von

Den Göttern dieser Welt entfernt lebt;

Verehr' und fürcht'er sie und danke still,

Wenn ihre Hand gelind das Volk regiert.

Ihr Schmerz berührt ihn kau, und ihre Freude

Kann er unmäßig teilen.

O weh mir! Doppelt weh mir heute!

Du schöner muntrer Knabe, sollst du leben?

Soll ich das Ungeheur, das dich zerreißen kann,

In seinen Klüften angeschlossen halten?

Die Königin, soll sie erfahren,

Welch schwarze Tat dein Vater gegen sie verübt?

Wirst du mir's lohnen, wenn ich schweige?

Wird eine Treue, die nicht rauscht, empfunden?

Was hab' ich Alter noch von dir zu hoffen?

Ich werde dir zur Last sein.

Du wirst vorübergehend mit einem Händedruck

Mich sehr befriedigt halten.

Vom Strome Gleichgesinnter wirst du fortgerissen,

Indes dein Vater uns mit schwerem Szepter beherrscht.

Nein! Soll mir je noch eine Sonne scheinen,

So muss ein ungeheurer Zwist das Haus zerrütten,

Und wann die Not mit tausend Armen eingreift,

Dann wird man wieder unsern Wert,

Wie in den ersten, den verworrnen Zeiten fühlen;

Dann wird man uns wie ein veraltet Schwert

Vom Pfeiler eifrig nehmen,

Den Rost von seiner Klinge tilgen.

Hervor aus euren Grüften,

Ihr alten Larven verborgner schwarzer Taten,

第九章 文学旅行与诗人创化：从《埃尔佩诺》断片实践看歌德的"世界文学"理想

> Wo ihr gefangen lebt! Die schwere Schuld erstirbt nicht!
> Auf! Umgebt mit dumpfem Nebel
> Den Thron, der über Gräbern aufgebaut ist,
> Dass das Entsetzen wie ein Donnerschlag
> Durch alle Busen fahre!
> Freude verwandelt in Knirschen!
> Und vor den ausgestreckten Armen
> Scheiter die Hoffnung![①]

这段长篇大论，让我们更深入地了解到波吕梅迪斯的内心世界，一方面，他作为吕科斯的仆人，不得不严守主仆伦理，按照主人的心思行事；另一方面，他又不能泯灭自己内心的道德感，深为做了坏事而感到不安，希望能通过适当的方式来弥补。因为剧本是未完成时，所以我们不得不根据推测来还原剧情。总体来说，此剧应当视为歌德的再创造，但却是融合了多种因子的诗性再造过程，《赵氏孤儿》应当扮演一个相当重要的角色，因为他试图在其中解决中西文化的冲突问题。而与《赵氏孤儿》很不相同的是安提娥柏这个形象的出现，中国戏里是没有这样一个女主角的戏份的；但《埃尔佩诺》不同，在第一幕里给了安提娥柏相当多的话语，尤其是第四

---

① Goethe, Johann Wolfgang von: *Elpenor-Ein Trauerspiel. fragment von Goethe*. Fortsetzung III. bis V. aufzug von Woldemar frhr. Von Biedermann. Leipzig, Biedermann, 1900, S.45–47. http://www.wissen-im-netz.info/literatur/goethe/unvollendet/06.htm, 下载于2011年5月31日。中译参见《厄尔珀诺》，张载扬译，载［德］歌德：《歌德文集》第7卷《戏剧》，杨武能、刘硕良主编，钱春绮等译，河北教育出版社1999年版，第584—586页。

场在安提娥柏、埃尔佩诺之间进行，譬如开篇就说："我的儿子，愿你生活美满！／我很爱你，然而／我庄重而高兴地同你分别。／虽然我因失去亲生而感不幸，／我也愿意用母亲的温柔的手／把他交给严格的义务。／你至今追随爱你的妇女，／去吧，学习服从，学习统治。"①这段让安提娥柏重温了当年悲剧发生的场景，她的丈夫是如何遭到伏击身亡；之后儿子又是如何被抢走，不知下落。

这个故事的核心情节应该是吕科斯与安提娥柏的爱恨情仇。这个故事的本质是吕科斯兄弟的权力冲突，波吕梅迪斯说："王后该不该知道你父亲对她／犯下何等阴险毒辣的罪行？"（Die Königin, soll sie erfahren,／Welch schwarze Tat dein Vater gegen sie verübt? ）已经很清楚地说明了这点。之前的独白中也说过："一位国王不该命令／任何人参与他大胆的罪行。／他为了夺权和巩固王位与国家／所干的事情即使适当，／其手段仍是卑劣的背叛。"②（Ein König sollte seiner kühnen Taten／Mitschuldig niemand machen.／Was er, um Kron' und Reich sich zu gewinnen／Und zu befestigen, tut,／Was sich um Kron' und Reich zu tun wohl ziemen mag,／Ist in dem Werkzeug niedriger Verrat. ）这里所指的罪行，应

---

① Goethe, Johann Wolfgang von: Elpenor-Ein Trauerspiel. fragment von Goethe. Fortsetzung III. bis V. aufzug von Woldemar frhr. Von Biedermann. Leipzig, Biedermann, 1900, S.14－15. http://www.wissen-im-netz.info/literatur/goethe/unvollendet/06.htm, 下载于 2011 年 5 月 31 日。中译参见《厄尔珀诺》，张载扬译，载 [德] 歌德：《歌德文集》第 7 卷《戏剧》，杨武能、刘硕良主编，钱春绮等译，河北教育出版社 1999 年版，第 557 页。
② Goethe, Johann Wolfgang von: Elpenor-Ein Trauerspiel. fragment von Goethe. Fortsetzung III. bis V. aufzug von Woldemar frhr. Von Biedermann. Leipzig, Biedermann, 1900, S.36. http://www.wissen-im-netz.info/literatur/goethe/unvollendet/06.htm, 下载于 2011 年 5 月 31 日。中译参见《厄尔珀诺》，张载扬译，载 [德] 歌德：《歌德文集》第 7 卷《戏剧》，杨武能、刘硕良主编，钱春绮等译，河北教育出版社 1999 年版，第 576 页。

第九章 文学旅行与诗人创化：从《埃尔佩诺》断片实践看歌德的"世界文学"理想

该就是对其兄弟及孩子的暴力施害行为。按照安提娥柏的叙述，"我们两个母亲/同时答应给兄弟俩各生一个继承人。/你们渐渐长大，新的希望之光/射进父亲们古老的王室，/照遍辽阔的共有的国家。"（Wir beiden Mütter/Versprachen zugleich den Brüdern einen Erben./Ihr sprosstet auf; ein neuer Glanz der Hoffnung/Durchleuchtete der Väter altes Haus/Und überschien das weite gemeinsame Reich.）[①]这里的王权冲突应该是明显的，就是兄弟共有一国，"一山不容二虎"，弟弟吕科斯心思缜密、心狠手辣，要动手实现一家独大。

"当时我丈夫碰上了厄运，去征服海那边的敌人。"（Damals traf meinen Gemahl das Los, Den Feind jenseit des Meers zu bändigen.）[②]其结果就是"在节节胜利的进程中，他遭到恶毒的伏击阵亡。"（Er fiel, von einem tück'schen Hinterhalte/Im Laufe seines Sieges überwältigt.）[③] 姑且不论这个伏击阵亡的真相如何，很有可能是吕科斯布局中重要的一环。下一步就是对孩子下手，因为孩子是有继承权的。因为外祖母的要求，安提娥柏将孩子带到娘家

[①] Goethe, Johann Wolfgang von: *Elpenor-Ein Trauerspiel. fragment von Goethe*. Fortsetzung III. bis V. aufzug von Woldemar frhr. Von Biedermann. Leipzig, Biedermann, 1900, S.15. http://www.wissen-im-netz.info/literatur/goethe/unvollendet/06.htm，下载于2011年5月31日。中译参见《厄尔珀诺》，张载扬译，载[德]歌德：《歌德文集》第7卷《戏剧》，杨武能、刘硕良主编，钱春绮等译，河北教育出版社1999年版，第557—558页。
[②] Goethe, Johann Wolfgang von: *Elpenor-Ein Trauerspiel. fragment von Goethe*. Fortsetzung III. bis V. aufzug von Woldemar frhr. Von Biedermann. Leipzig, Biedermann, 1900, S.16. http://www.wissen-im-netz.info/literatur/goethe/unvollendet/06.htm，下载于2011年5月31日。中译参见《厄尔珀诺》，张载扬译，载[德]歌德：《歌德文集》第7卷《戏剧》，杨武能、刘硕良主编，钱春绮等译，河北教育出版社1999年版，第558页。
[③] 同上书，第559页。

去,结果却遭到暴徒伏击,孩子被夺走,不知所终。"谁知我又失去了儿子,我的心肝,这叫我不能忍受,现在仍不能忍受!"(O den, auch den vom Herzen zu verlieren, Ertrug ich nicht, und noch ertrag' ich's nicht!)①

事情发生之后,吕科斯表现很好,"你父亲立即向各方派出使者,叫士兵严密搜查了海滨和山区。然而是白费辛劳。"(Nach allen Seiten sandte schnell dein Vater Boten, Ließ von Gewappneten die Küsten/Scharf untersuchen samt den Bergen; doch umsonst.)② "你的父亲待我很好,但不久我感到我生活在他的心腹中间,我必须感谢他对我施加的恩惠。"(Dein Vater begegnete mir gut, doch fühlt' ich bald, Dass ich nun in dem Seinen lebte, seiner Gnade, Was er mir gönnen wollte, danken musste.)③ "我来到你父亲的城邦,同他商量。我向你承认,我从没有爱过他;但我始终能够信任他的聪明。"(Mit deinem Vater mich zu beraten, Kam ich in seine Stadt.

---

① Goethe, Johann Wolfgang von: *Elpenor-Ein Trauerspiel. fragment von Goethe. Fortsetzung III. bis V. aufzug von Woldemar frhr. Von Biedermann*. Leipzig, Biedermann, 1900, S.17. http://www.wissen-im-netz.info/literatur/goethe/unvollendet/06.htm, 下载于 2011 年 5 月 31 日。中译参见《厄尔珀诺》,张载扬译,载[德]歌德:《歌德文集》第 7 卷《戏剧》,杨武能、刘硕良主编,钱春绮等译,河北教育出版社 1999 年版,第 559 页。
② Goethe, Johann Wolfgang von: *Elpenor-Ein Trauerspiel. fragment von Goethe. Fortsetzung III. bis V. aufzug von Woldemar frhr. Von Biedermann*. Leipzig, Biedermann, 1900, S.20. http://www.wissen-im-netz.info/literatur/goethe/unvollendet/06.htm, 下载于 2011 年 5 月 31 日。中译参见《厄尔珀诺》,张载扬译,载[德]歌德:《歌德文集》第 7 卷《戏剧》,杨武能、刘硕良主编,钱春绮等译,河北教育出版社 1999 年版,第 562 页。
③ Goethe, Johann Wolfgang von: *Elpenor-Ein Trauerspiel. fragment von Goethe. Fortsetzung III. bis V. aufzug von Woldemar frhr. Von Biedermann*. Leipzig, Biedermann, 1900, S.21. http://www.wissen-im-netz.info/literatur/goethe/unvollendet/06.htm, 下载于 2011 年 5 月 31 日。中译参见《厄尔珀诺》,张载扬译,载[德]歌德:《歌德文集》第 7 卷《戏剧》,杨武能、刘硕良主编,钱春绮等译,河北教育出版社 1999 年版,第 563 页。

第九章 文学旅行与诗人创化：从《埃尔佩诺》断片实践看歌德的"世界文学"理想

Denn ich gesteh' es dir, geliebt hab' ich ihn nie; Doch seiner Klugheit konnt' ich stets vertrauen.)①

这里透露出的信息值得留意，即吕科斯与安提娥柏之间的关系。一方面安提娥柏感谢他的帮助和关照，另一方面则否认两人之间的情爱关系。这里面缺了很重要的一环，即埃尔佩诺与其母亲的关系。安提娥柏要带走埃尔佩诺，并最终如愿，是因为"我说，把孩子放在我那里！直到青春呼唤他严肃生活。他是我一切愿望的目标。我愿寡居直到老死。我的财产成为他的财产的可观部分。这时你父亲沉默不语，衡量得失。我大声说：马上把群岛拿走作为抵押！加强你的国家，保护我的领土，让你的儿子得到它！这一着终于打动了他的心；因为虚荣心经常控制着他，并且使他产生欲望"。(Lass mir den Knaben! Sprach ich, bis die Jugend ihn/Zum ernstern Leben ruft. Er sei das Ziel von allen meinen Wünschen. Dem Fremden, wer es sei, versag' ich meine Hand, Als Witwe will ich leben, will ich sterben. Ihm sei das Meinige ein schöner Teil/Zu dem, was er besitzt. Da schwieg dein Vater, sann dem Vorteil nach. Ich rief: Nimm gleich die Inseln! Nimm sie hin zum Pfand! Befestige deine Reich, beschütze meins, Erhalt es deinem Sohne! Dies bewegt' ihn endlich; Denn Ehrgeiz hat ihn stets beherrscht/Und die Begierde, zu

---

① Goethe, Johann Wolfgang von: *Elpenor-Ein Trauerspiel. fragment von Goethe.* Fortsetzung III. bis V. aufzug von Woldemar frhr. Von Biedermann. Leipzig, Biedermann, 1900, S.21－22. http://www.wissen-im-netz.info/literatur/goethe/unvollendet/06.htm, 下载于 2011 年 5 月 31 日。中译参见《厄尔珀诺》，张载扬译，载 [德] 歌德：《歌德文集》第 7 卷《戏剧》，杨武能、刘硕良主编，钱春绮等译，河北教育出版社 1999 年版，第 563 页。

befehlen.)①

我们透过字里行间可以发现,安提娥柏是一个很有背景的女性,"那时我是父母的全部遗产的主人"(Da ward ich Meisterin von allem, was mein Vater, Was sie mir hinterließ.),结果很多人都来欺骗捏造,"我的财产诱来了求婚者"(Mein Reichtum lockte Freier;)②,场景很有些像《奥德赛》里的珀涅罗珀被求婚的故事。吕科斯应该是潜在的对象之一,事实上最后安提娥柏也没有成婚,反而是去向吕科斯讨主意了。不过以安提娥柏的智慧,她不应该没有怀疑过吕科斯,因为显然他是最大得益者。

从现有的断片来看,歌德在创作过程中确实是充满了矛盾的,因为既有的文本不是一个能自给自足的系统,譬如我提到的几个问题:吕科斯的妻子,他的儿子。如果埃尔佩诺是安提娥柏之子的话,那么吕科斯自己的儿子怎么安排?如果两兄弟同统治一个王国的话,那么妯娌之间应该都是彼此熟悉的。

可以设想,安提娥柏早就产生了怀疑,所以会想尽办法将埃尔佩诺放在身边养大。按照她的说法:"现在已到你可以知道一切的时候,听着!我看见你长大,悄悄地察看着你坦率正直的天性和出

---

① Goethe, Johann Wolfgang von: *Elpenor-Ein Trauerspiel. fragment von Goethe*. Fortsetzung III. bis V. aufzug von Woldemar frhr. Von Biedermann. Leipzig, Biedermann, 1900, S.23-24. http://www.wissen-im-netz.info/literatur/goethe/unvollendet/06.htm,下载于2011年5月31日。中译参见《厄尔珀诺》,张载扬译,载[德]歌德:《歌德文集》第7卷《戏剧》,杨武能、刘硕良主编,钱春绮等译,河北教育出版社1999年版,第565页。
② Goethe, Johann Wolfgang von: *Elpenor-Ein Trauerspiel. fragment von Goethe*. Fortsetzung III. bis V. aufzug von Woldemar frhr. Von Biedermann. Leipzig, Biedermann, 1900, S.21. http://www.wissen-im-netz.info/literatur/goethe/unvollendet/06.htm,下载于2011年5月31日。中译参见《厄尔珀诺》,张载扬译,载[德]歌德:《歌德文集》第7卷《戏剧》,杨武能、刘硕良主编,钱春绮等译,河北教育出版社1999年版,第563页。

第九章　文学旅行与诗人创化：从《埃尔佩诺》断片实践看歌德的"世界文学"理想

众的力量，于是我喊叫：他是给我生的！他是那一罪行的复仇者，这罪行肢解了我的生命。"（Es ist nun Zeit, du kannst vernehmen; höre! Ich sah dich wachsen und erspähte still／Der offnen Neigung Trieb und schöne Kraft. Da rief ich aus: Ja, er ward mir geboren! In ihm der Rächer jener Missetat, Die mir das Leben zerstückte.）[1]显然，安提娥柏在等待，她等待到一定的时刻才选择告知埃尔佩诺，"可以知道一切的时候"，但最后的答案是什么，仍是呼之欲出，千呼万唤不出来，"然而要你毁灭的不只是他一人；还有他的党羽亲信，他们在他周围，在他之后巩固他尘世行乐的力量。"这意味着安提娥柏清楚吕科斯的团体暴行力量是强大的。

　　安提娥柏很高兴地感谢埃尔佩诺，说是"卸下了我生命的负担"。而埃尔佩诺做出了复仇的承诺，并且说："请相信我！你可以对我毫不隐瞒。"显然安提娥柏没有将话都说出来，她似乎还是要等待更为合适的时机，但她在不断地透露相关信息："我认为他已死而长期哀悼的那人是否还在活人中行走？""如果他活着并在这里露面，你能否答应把他应得的一半交还？""他的后颈上有一个褐色斑点，我在你身上也惊喜地发现。你们的祖先把这个标记传给了两个孙儿，在两位父亲身上却隐而不见。"这是一个非常明确的标志，埃尔佩诺的独特性胎记吻合，而实际上这个胎记不太可能同时在两人身上都有。

---

[1]　Goethe, Johann Wolfgang von: *Elpenor-Ein Trauerspiel. fragment von Goethe. Fortsetzung III. bis V. aufzug von Woldemar frhr. Von Biedermann*. Leipzig, Biedermann, 1900, S.25. http://www.wissen-im-netz.info/literatur/goethe/unvollendet/06.htm, 下载于 2011 年 5 月 31 日。中译参见《厄尔珀诺》，张载扬译，载［德］歌德：《歌德文集》第 7 卷《戏剧》，杨武能、刘硕良主编，钱春绮等译，河北教育出版社 1999 年版，第 566 页。

波吕梅迪斯则纠结于双重背叛,"我若揭露,就是双重叛徒;如不揭露,最可耻的背叛就得胜利"。第一重叛徒,自然就是对原来的兄长国王,安提娥柏的丈夫;第二重叛徒,则是对国王吕科斯的背叛,对恶本身的背叛。确实,波吕梅迪斯陷入了一种两难境地,揭露阴谋,虽符合正义原则,但自己也深陷其中。保持沉默,则他心底深处的正义之声难以静音。

这确实是一个艰难的选择,但波吕梅迪斯必须选择,否则这部戏就无法进行下去。假设,波吕梅迪斯告诉了埃尔佩诺真相,这同样是安提娥柏所推断的。吕科斯设计陷害了兄长,掳走了侄儿,获取了王国。那么,埃尔贝诺该怎么办?像赵氏孤儿那样,毅然复仇?这应该是可能的。因为根据歌德到目前的设计,埃尔佩诺是跟着安提娥柏长大的,而并非吕科斯,所以两者之间并无亲密的养父子关系。但无论如何,歌德是没有完成这部剧作,只留下断片,遗憾在于我们无法看到诗人最后如何来解决中西文化之根本冲突;不过好处则是给我们留下了开放的结局,有兴趣者尽可参加到"猜谜"中来。

按照侨易学的基本原则,观侨取象、察变寻异。在《赵氏孤儿》的流转过程中,无疑是一个典型的侨易过程,而其复杂性则在于它不是一个简单的影响或接受就可以说清楚的概念。相比较伏尔泰等人对《中国孤儿》的明确标示借用,歌德显然想隐于无形,他给这部戏剧穿上了希腊外衣,是个典型的"欧洲婴儿",但内里却试图联结中西,沟通观念,应该说在艺术手法上是有独创性的,但难度也是很大的。这是诗人创化的高层次境界,虽然未能"妙手偶得之",但确实留下了十分宝贵的文学史遗产,一个

第九章 文学旅行与诗人创化:从《埃尔佩诺》断片实践看歌德的"世界文学"理想

开放的创造空间,可以供后来者持续思考和完善。1806 年是对歌德大考的一年,因为这位伟大的诗人遭遇了战争,在这样的时刻他仍然念念不忘《埃尔佩诺》,10 月 20 日在从魏玛写给科塔(Cotta, Johann Friedrich, 1764—1832)的信中充分表明了他的这种忧虑:"在这糟糕的时刻我最大的担心就是我的手稿,它并非没有原因;抢掠者们尤其将手稿扔得乱七八糟,分得一塌糊涂,都快毁掉了。好像这里面有钱或什么值钱的东西。您会在第一时间首次得到《埃尔佩诺》的断片。"①实际上,歌德多次与科塔讨论《埃尔佩诺》的问题,在信中多次提及,可见《埃尔佩诺》在他心目中的重要性。

三、作为德人赠礼的大剧设想

直到垂暮之年(1828),歌德仍对自己的《埃尔佩诺》念念不忘,在谈话中与别人提及,马尔蒂资(Maltitz, Friedrich Apollonius von, 1795—1870)这样记录道:

> 歌德允许我给他送去这部书,就是《名字向他承诺一切如意》。我同样此前不久刚读了他自己的《埃尔佩诺》;我感到很震惊的说法是他说了这么一段话:"我自己对这部断片有一种

---

① 德文为: Meine größte Sorge in diesen schrecklichen Stunden war für meine Papiere und sie war nicht ohne Grund; denn in andern Häusern haben die Plünderer besonders Papiere durcheinander geworfen, zerstreut und verderbt. Sie schienen Geld und Kostbarkeiten dazwischen zu vermuthen. In den ersten ruhigen Stunden erhalten Sie das Fragment Elpenor zur ersten Lieferung. [Goethe: 1806. Goethe: *Briefe, Tagebücher, Gespräche*, S.9091 (vgl. Goethe-WA-IV, Bd. 19, S.205)]

偏爱;如果我真想给德国人馈赠一部戏剧的话,我就应该沿着这条道路继续走下去。"①

究竟是一种什么样的力量,使得歌德将《埃尔佩诺》视为馈赠国人的"大礼"? 一个不可否认的事实是,1783年《埃尔佩诺》的两幕就已经完成了②,可此后虽然歌德一直想将其完成并纳入自己的文集,但终究难改其残垣断片的结局。歌德究竟想赠送给德国人什么?以他的创造天才和卓越思想,能够作为给自己母国民族献礼的东西,又该是何等的珍贵呢?它至少该有独一无二的品格、迥异于一般作品的特点,甚至应该有能进入最优秀作品行列的潜质。可谁曾料想,《埃尔佩诺》的最后结局竟然是"未竟章"?

关于母题的雷同比拟,曾是德国学者的长项。作为首创歌德与中国文化关系研究的彼得曼,其眼光也不可谓不敏锐、论述也不可谓不精深③;但却未免"一叶障目",难以深入底里。所以,我们看

---

① 德文为: Goethe erlaubte mir, ihm dieß Werk zu senden, indem „der Name ihm alles Gute verspräche". Sein eigner *Elpenor* hatte mich ebenfalls vor kurzem beschäftigt; ein Ausdruck meiner Bewunderung veranlaßte Goethe zu den Worten: „Auch ich habe eine Vorliebe für dieses Fragment; auf *diesem* Wege hätte ich fortfahren sollen, wenn ich den Deutschen ein Theater hätte schenken wollen."作者自译。1828年歌德与马尔蒂资的谈话, [Goethe: 1828. Goethe: *Briefe, Tagebücher, Gespräche*, S. 31051 (vgl. Goethe-Gespr. Bd. 10, S.369) http://www.digitale-bibliothek.de/band10.htm]
② 德文为: Die zwei Akte von *Elpenor* wurden 1783 geschrieben。[Werke: Tag-und Jahreshefte. Goethe: Werke, S. 12479 (vgl. Goethe-BA Bd. 16, S. 11) http://www.digitale-bibliothek.de/band4.htm]
③ 他曾详细列出《赵氏孤儿》与《埃尔佩诺》相同的13个母题,参见 Biedermann, Woldemar Freiherr von: *Goethe Forschung*(《歌德研究》). Frankfurt am Main, 1879. S.110 - 111。

第九章　文学旅行与诗人创化：从《埃尔佩诺》断片实践看歌德的"世界文学"理想

到比较文学的研究，如果仅仅将目光集中在双边关系上，当然不是没有道理，但往往很难揭示其本来面目。像歌德这样一个大诗人，以世界文学为自己的资源（甚至远不止文学），努力提升自己的认知高度和知识域宽度，希望以"知全"的方式来"一览众山小"，这无疑是高明的。就创作史背景来说，歌德至少要面对以下几组关系，第一，认祖归宗，诚如他自己所强调的那样，不是中国人或塞尔维亚人、卡尔德隆；甚至不是尼伯龙根，而是只有希腊才可作为模范[①]；第二，欧洲内部文化关系的处理，相对于此前法国文化的占优地位，他无疑更凸显英国人尤其是莎士比亚的地位[②]；第三，更重要的或许是现实场域的制约，尤其是伏尔泰的《中国孤儿》仿佛"崔颢题诗在上头"，他不创作则已，要之，则必然力图超越伏氏。这就意味着在面对同样的"中国之东方"的背景下，他必须能别出手眼，看出比法国大师更精深微妙的东西来，这对一般的挑战者容易做到，但面对伏尔泰这样等级的大师时，则抗争性就显得很突出。或许，还是陈铨说得有道理：

[①] Mittwoch, den 31. Januar 1827. in Eckermann, Johann Peter: *Gespräche mit Goethe — in den letzten Jahren seines Lebens*(《歌德谈话录——他生命中的最后几个年头》). Berlin und Weimar: Aufbau-Verlag, 1982. S.198. 中译参见[德]爱克曼辑录：《歌德谈话录》，朱光潜译，人民文学出版社1978年版，第113—114页。

[②] 歌德看来："莎士比亚的戏剧宛如一只精美的百宝箱；在这箱子里，世界历史就像用一根看不见时光之线串着，从我们眼前一幕一幕地拉过。他的布局，拿时下的行话来说，根本算不上是布局；可是他所有的剧作全都围绕着一个秘密的点转动——时至今日尚没有一位智者见过这个点，给他下过定义，也就在这个点上，我们的自我本性，我们的意志所要求的自由，都与整个剧情的必然发展产生了冲突。然而，我们败坏了的趣味已蒙蔽住我们的眼睛，我们想要逃出黑暗见到光明，几乎需要重新创造一个世界。"[德]歌德：《莎士比亚命名日致词》，载[德]艾克曼辑录：《歌德谈话录》，杨武能译，浙江文艺出版社2004年版，第234页。

《赵氏孤儿》能不能改编成《额尔彭罗》，仍然能有价值，还有一点，我们不能不特别注意。《赵氏孤儿》里边的人物并不是个人，只是团体的代表，屠岸贾是恶人的代表，程婴杵臼是忠实家臣的代表，其他皇帝，公主，文武官员，都是各种固定的代表人物。他们的个性，从不成长变化，他们从最初到末尾都是一样的。①

就艺术史而言，"这一本戏文学的价值，完全在它的词藻"②，而因为传教士马若瑟将其翻译成法文，则其艺术价值基本不太存在；故此，这样一种再创，只能从思想史层面去探讨，陈铨的推测就值得关注："歌德自己也许觉悟两种不同的世界观没有连合的可能，所以把他努力的工作，中途抛弃了。"③这个观点很可以注意，因为以歌德的妙手天成与坚韧卓绝，连《浮士德》《麦斯特》这样的鸿篇巨制他都能最终完成，而他如此牵肠挂肚的区区一部戏剧《埃尔佩诺》却不能终篇，是没有道理的。要之，则陈铨的意见很重要，是其创作目的无法实现，即两种世界观的调和问题。西方的世界观相对清晰，就是二元对立；那么中国的世界观是什么呢？或许更应该说的是，以中国为代表的东方的世界观是什么？歌德也许并没有在理论上进行总结的想法，但至少在潜意识中，他是试图沟通东西的。这一点，我们只要看看他对东方的浓厚兴趣就可以知道，而且在某种程度上他也有成功的尝试，譬如说作为巨制的《西东合集》，

---

① 陈铨：《中德文学研究》，辽宁教育出版社1997年版，第56页。
② 同上。
③ 同上书，第54页。

第九章 文学旅行与诗人创化:从《埃尔佩诺》断片实践看歌德的"世界文学"理想

但必须承认的是,这部诗歌并非完整意义上的"西东合集",而仅仅是西方与波斯的融合尝试罢了。因为作为东方边缘的闪系文明,并不能从整体,甚至主体意义上代表东方。所以,歌德在《埃尔佩诺》这里遭遇了最为严峻的挑战,也是东西调试的重大难题。因为,在这里,他遭遇到一个和他此前的知识准备预期完全不同的"东方",即"华夏东方"。作为后来者的卫礼贤,既有对中国文化精神在乡村田野与高端庙堂的不同面相的多重漫长经验,又有对文学思想的深度浸润资本,所以对这点的分析能由点及面、由低及高、由物及思,相当深刻:

> 中国戏剧的基本宇宙观,是一个完全古代的宇宙观,同我们近代欧洲的全不相同。歌德固然曾经在他的《伊菲金丽》中把一本古代希腊的剧本,改编成一本德国的名剧,他用新时代的人性来复活古代的戏剧,可以算是成功。但是我们要想到,歌德曾经同样地拿中国材料来改编,终究认为没有希望,把它抛弃了。理由大概是中国戏剧的宇宙观同我们近代的感情,相去实在是太远了。中国戏剧根据的是一种严格的古代世界观,可以从两方面来看。剧里面的英雄,并不是我们所谓的单独的个人,乃是各种各类人物的代表。他们的思想行动命运都是依照定律的,含代表性的。这就是为什么,中国的听众毫无问题就可以了解,而我们外国人却时时感觉到奇怪。第二点就是命运如何平均的方式。每一件不公平的事情都有调和。每一件不幸的事情,立刻有一件随后就来的快乐事情来救济。好人在起初虽然好像倒霉,不过结果越是倒霉得久,越

是一定会胜利。这一种诗人公平的赏罚是无条件的实现。从来没有遗留一件紧张没有解决的事情。中国戏台上的人物都是代表人物,他们从最初到末尾都只表现一贯的性格,一本剧中间性格变迁是不可能的事情。①

确实,《伊菲金丽》与《埃尔佩诺》是值得拿来比较的。前者意味着欧洲传统自身定位与整合的成功,而后者显然表现出"东西衔接"过程中的巨大难度与漫长道路。宇宙观的问题确实是一个根本性问题,或许这里我们可以将其加上"元问题"的冠冕。这涉及基本的思维模式,确实是核心问题。卫礼贤确实不愧为在中国生活多年的"另类人类学家",他在这里发覆的两点可谓"见道之言",极具见地。更重要的是,卫礼贤能一针见血地指出,歌德的"第一篇可以算是根源于中国的作品——至少可以说是中国思想为他做这工作底[的]主要冲动的,是未完的悲剧《哀兰伯若》(*Elpenor*),这篇大约怕是取材于《希奇姆》底[的]预言《安得白》,从它现在的形式看来好像穿上希腊的衣裳的。"②如此明确的判断,表现出卫礼贤对中德(西方)文化的熟稔以及学术理解的自信,《埃尔佩诺》的意义不在于简单地对《赵氏孤儿》的改编或续作,那不是歌德的重心所在,以歌德的艺术野心,当然是想在思想上对中西沟通和调试有所

---

① Wilhelm, Richard, In *Chinesischer Blätter für Wissenschaft und Kunst*(《中国学术与艺术报导》). Bd. I. Heft I.1925. S.79ff.中译转引自陈铨:《中德文学研究》,辽宁教育出版社1997年版,第48—49页。《伊菲金丽》即《伊菲洁莉在陶里斯岛》(*Iphigenie auf Tauris*)。

② [德]卫礼贤:《歌德与中国文化》,温晋韩译,载周冰若、宗白华编:《歌德之认识》,钟山书局1933年版,第265页。

第九章 文学旅行与诗人创化:从《埃尔佩诺》断片实践看歌德的"世界文学"理想

尝新。

歌德显然是在追求一种美学上的创新,一种戏剧艺术的超越,不仅是技术层面,还在思想层面,他似乎试图调和两种不同的世界观问题,或者说到底是东西方文化的二元相遇该路向何方的问题。至少就欧洲、中国两种价值观来说,这是不同的,他已经很敏锐地感受到,并且在寻找某种可能调和的途径。所以我们不妨深入分析一下欧洲与中国不同的宇宙观,以及《埃尔佩诺》所表现的方面,以及它可能达成的那种妥协方式,或者是"太极易理"互证之可能。

埃尔佩诺的欧洲元素,至少可以举出三种元典作为原本,即荷马史诗(以《奥德赛》为主)、莎翁戏剧(以《李尔王》《哈姆雷特》等为主)、拉丁传统(包括法国、意大利等);而其中国资鉴,则不仅表现为《赵氏孤儿》(中国戏剧),也包括中国小说(如《好逑传》《老生儿》等),还有灵动鲜活的中国诗歌,它们构成一个文学中国的整体。屠岸贾是恶人的代表,程婴、杵臼是正义的化身。然而在歌德那里,却成了叔王和义仆,恶的显性变成隐性,善的隐性则更加隐去,或许也正是西方文学的技巧?他要给集体无意识拓出一种个体的个性表现。

歌德还不太可能明白《易经》的道理,如果按照阴阳调和的思路,则不难理解。《赵氏孤儿》说到底是个二元论的问题,忠奸的二元、善恶的二元、君臣的二元等。这样一种非此即彼的思路,其实很容易符合西方的二元论观念,那就是人我二分。可为什么在歌德这里接不上呢?歌德究竟要寻找什么?这不得不回到他的历史语境中去探索。

歌德在最初创造的魏玛早期时代，没有足够的知识域准备来接受和消化《赵氏孤儿》；到了晚年，经历了诸多忧患经验积累和知识扩充之后，却又不可能起而复振，鼓余勇而完成《埃尔佩诺》，这在歌德或许是率性而为，当发处发，当止处止，但在文学史上却是非常遗憾的事情。这意味着"文学话语"的建构，尚还未能达致"极高明而道中庸"的从心所欲的境界。歌德所做不到的，后世群英就更难做到，甚至连意识到的承继者都如凤毛麟角。在这方面，我们自然不得不提及20世纪陆续东向的西方诸子，在欧洲，尤其以德法两大谱系为重；但同时我们要关注到现代西方形成的另外两条重要支脉，即北美、大洋洲。美国的知识精英，譬如庞德（Pound, Ezra, 1885—1972）、海明威（Hemingway, Ernest Miller, 1899—1961）等皆为代表；而在大洋洲，则有劳森（Lawson, Henry, 1867—1922）、怀特等人。但总体来说，仍未能构成青出于蓝而胜于蓝的"后来居上"景象。特别值得关注的，仍是政治上渐趋衰落的欧洲，在歌德的母国，黑塞的出现，是一个怎么高估都不过分的事件！因为黑塞真正理解了歌德的世界与精神，并努力开辟出一种诗思提升的道路。但遗憾的是，黑塞虽曾有东方之旅，但却到印度而止步，未能亲历中国。从这个意义上讲，法国诸子则出手不凡，从洛蒂（Loti, Pierre, 1850—1923）、克罗岱尔（Claudel, Paul, 1868—1955）到圣琼佩斯（Saint-John Perse, 1887—1975），尤其是谢阁兰的出现，为接受中国资源准备了足够的实践经验与艺术资本。说到底，欧洲面临的问题，尤其是在歌德那个时代所面临的问题，仍是现代性的大势迫来，而这是中国文化所未曾预料也未曾准备走向的路径。

第九章 文学旅行与诗人创化:从《埃尔佩诺》断片实践看歌德的"世界文学"理想

至少从可靠的材料来看,1781—1828 年,《埃尔佩诺》至少跟随了歌德近 50 年,堪称可与《浮士德》《麦斯特》媲美的大制作计划,可相比较前两者的负重致远,戏剧方面却"铩羽而归"。我们大致可以揣摩的是,在诗歌、小说、戏剧三大领域,歌德都希望有大制作。虽然《浮士德》作为诗剧也不妨理解作戏剧的成就,但毕竟不同。更重要的是,相较《浮士德》作为一种对启蒙理性的持续表述、《麦斯特》作为思想仓库的功能,《埃尔佩诺》承担的则是沟通东西文化的关键手笔。然而,最后一步终究没有能踏出。直到壮士暮年,歌德仍对所坚守的方向坚信不疑,可他已经不再具有实际操作的可能去完成自己的"暮年变法"。1828 年之后,我们尚未能找到具体的材料来证明他对《埃尔佩诺》的念念不忘,但我相信,这样一个情结应是始终萦绕在歌德心头的。他作为一个伟大的诗人,是带着"未完成"的遗憾而去的,这或许正如将军本当"马革裹尸"还一样,他是要坚持奋战到底的。

卫礼贤认为《埃尔佩诺》"第一篇可以算是根源中国底(的)作品的——至少可以说是中国思想为他做这工作底(的)主要冲动的",他细加比较,认为"若将赵氏孤儿大报仇和哀兰伯若已成的两幕比较起来就可以看得出它们着实有相同点"[①]。而歌德"不写完这篇戏剧的原因",卫礼贤是这样分析的:"中国那篇戏剧里没有悲哀底(的)烦恼,赵武不踌躇的对他毫没察觉的养父报仇,他——养父——对他一切的恩惠,在他心里完全没有作用,这种不假思索的报仇,歌德照他自己底(的)慈爱是写不出来的。他这种心理吾人

---

① 卫礼贤:《歌德与中国文化》,温晋韩译,载周冰若、宗白华编:《歌德之认识》,钟山书局 1933 年版,第 265 页。哀兰伯若即埃尔佩诺。

在他的伊菲格尼(Iphigenie)中也可以看得出来,他描写多亚斯底(的)行为完全和哀劳比德相反,他把多亚斯底(的)行为照哀劳比德写来是欺骗恶劣的变为忠实可靠,而所谓野蛮底(的)多亚斯也不再现于剧中了。这是歌德慈爱主义——欧洲基督教发展底(的)产物底(的)表现,比希腊哀劳比德原作胜得多多了。"①可问题在于,"但是和伊菲格尼一样底(的)结果是在哀兰伯若底(的)情形中不可能的,所以他虽然费了许多工夫写好两幕也把它搁下了。"②应该说,卫礼贤可谓深得"歌德心",他的这些判断是很符合歌德的思维特点的,就是力求别出手笔,凸显思想高度。

　　卫礼贤还提供了一个很重要的线索,即"哀兰伯若弟兄彼此不和,哥哥的儿子在兄弟手中被人抢去,这段故事大概歌德是由《吕大郎还金完骨肉》来的"。③ 这就涉及歌德的中国文学知识以及其资源组合的重要性,这个故事出自《警世通言》卷五,也被选入日后的《今古奇观》④。就欧洲语境来说,其出处应当是《中国详志》(又称《中华帝国全志》《中华帝国详志》),当时颇为流行,其中收有《今古奇观》中的《庄子休谷盆成大道》《吕大郎还金完骨肉》等四篇法译文,译者是法国耶稣会士殷宏绪。所以,歌德很有可能是通过译本读到这个故事的,那么很奇妙的是,他将这个故事与《赵氏孤儿》等进行了同时的嫁接。这个故事一方面表现金员外的吝啬

---

① 卫礼贤:《歌德与中国文化》,温晋韩译,载周冰若、宗白华编:《歌德之认识》,钟山书局1933年版,第266页。伊菲格尼即伊菲金丽。
② 同上书,第266—267页。
③ 同上书,第266页。
④ 《今古奇观》是中国古代白话短篇小说选集,书中共40篇作品,主要选自冯梦龙的"三言"、凌濛初的"二拍"。

第九章 文学旅行与诗人创化：从《埃尔佩诺》断片实践看歌德的"世界文学"理想

与恶行，揭示其家毁人亡的必然；另一方面则比照吕大郎的拾金不昧与积德，凸显其家兴人旺的必然。

很明显在1805—1806年，歌德再度聚焦于《埃尔佩诺》，正是在席勒逝世之后。此时的歌德甚至在日记中称"革命性成果埃尔佩诺"（Revolutions Stük Elpenor）①，但这部让天才的歌德耗时费力、恋恋不忘达50年之久的戏剧，却始终是"千呼万唤不出来"。我们也就无法真正地一窥"融合东西"（主要指以中国为代表的东方）后的理想状态究竟是怎样的。《埃尔佩诺》与《赵氏孤儿》（甚至《中国孤儿》），无论怎样看，似乎都是难以相会的那样"两个点"？

在19世纪一二十年代他又有过两次对埃尔佩诺的提及，而这又与他对中国文化的密切关注遥相呼应。应该说，《埃尔佩诺》不妨视作歌德冲击"世界文学"的一种自觉实践，虽然折羽而断，甚至都未能按照最低限度的要求完成一部成型的文本，但这正是歌德作为大诗人的伟大。因为此中表现出一个大诗人的自我期许和不断攀登精神，他守住并标立起作为诗人的艺术伦理维度，故此他能够永远被世界文学之"凌烟阁"铭记不忘。他相信如果能重写自己的全部作品，一定会做得更好，这是艺术家最健康的状况。这也是艺术家不断写作、不断尝试的理由。每次他都相信这次能成功，写完后却仍然保持距离，于是就要不断如此周而复始。② 应该说，福

---

① 1806年2月24日日记，[Goethe：1806. Goethe：Briefe, Tagebücher, Gespräche, S.24352（vgl. Goethe-WA, III. Abt., Bd. 3, S.119）http://www.digitale-bibliothek.de/band10.htm］

② 转引自《〈反抗绝望〉新版自序》，载汪晖：《死火重温》，人民文学出版社2000年版，第473—474页。

克纳代表了诗人艺术家、思想家的最精英的那部分人的理想诉求,而歌德则是以自己的生命来实践之并获得后世知者尊重的最伟大的诗人。①

在歌德看来:民族文学在现代算不了一回事,世界文学的时代已快到来了,而每个人都应该出力促使它早日来临。② 那么,关键的问题当然还是,何谓"世界文学",何谓"世界文学时代"? 作为一种特殊的精神产品,文学自然有其无法替代的价值,在我看来,它应属于民族国家精神结构中最高端的那部分内容,同时它也是在人类精神结构中最高端之列。

《浮士德》体现了世界文学的理想吗?《麦斯特》体现了世界文学的理想吗? 或者竟还要算是《埃尔佩诺》,这未完成的断片零落? 然而,《埃尔佩诺》终究还是《埃尔佩诺》,它既没有立诗成型,也未能勾连东西。文学旅行是人类精神奥德赛的需要,诗人创化则是人类攀向精神巅峰的必由之路。然而,要使这两者得以相濡以沫,却真的很不容易。作为历史上的伟大诗人,歌德付出过艰辛的努

---

① 这或许就是金庸这样的人物与大师的差别所在,就中国文学史来看,他确实是一个不世出的极有天分的作家,但他没有对艺术伦理的高端标准的自觉认知和身体力行。我们可以说他是现代中国所产生的最优秀的作家,但他缺乏一份对文学的投入、沉着、负重致远和超越的思考。他或许是一个智者,但不属于文学世界的诗统承担者。所谓"诗统",是要建构在"学统""治统"之外的"诗统"。因为文学传统的建构是极为重要的,这貌似无用之物或许正关联到人类之重归天然本性的关键所在。
② 德文为: Nationalliteratur will jetzt nicht viel sagen, die Epoche der Weltliteratur ist an der Zeit, und jeder muß jetzt dazu wirken, diese Epoche zu beschleunigen. Mittwoch, den 31. Januar 1827. in Eckermann, Johann Peter: *Gespräche mit Goethe — in den letzten Jahren seines Lebens*(《歌德谈话录——他生命中的最后几个年头》). Berlin und Weimar: Aufbau-Verlag, 1982. S.198. 中译参见[德]爱克曼辑录:《歌德谈话录》,朱光潜译,人民文学出版社 1978 年版,第 113 页。

第九章 文学旅行与诗人创化：从《埃尔佩诺》断片实践看歌德的"世界文学"理想

力，也留下了宝贵的精神遗产。或许我们有理由期待，会有新一代的伟大诗人崛起，能书写续作《埃尔佩诺》的伟大诗篇？设若如此，世界文学的理想，就不仅仅是一种虚幻的口号，或沦为众多知识人据以为谋生牟利的工具？

第十章 结 论

当我们梳理了德国诗哲在古典时代的启蒙路径及其中国资源之后,不妨借助侨易学理论资源,尤其是"二元三维"的核心理念,引入宏观语境的全球化维度和文明史维度,强调现代性命题,"东学西渐"与"西学东渐"乃成为平行交错的两条基本线索,这就在通常的"西方-东方"二元之间建构起一种更深层次的"相互转化"的关联性,即形成了太极图中那种阴阳鱼之间的流力因素,按照中国的传统周易思维,就是一个事物的两个方面,既对立又同一,同一为对立提供了基地;对立为同一提供了内容。离开同一的对立,和离开对立的同一都是不存在的。[①] 这一具体思维模式的引入和创发,对于我们理解西方文学史、思想史背后的认知模式乃至建构一种新的"二元-三元"关系,具有重要意义;而我们同样高度重视文化子系统的问题,即在东方框架下考虑中国,也努力将可能的多重元素纳入考量。

一、中国文化的位置:中心、边缘抑或流居

虽然此书研究中国文化在启蒙德国的作用和功能,但我们切

---

① 庞朴:《一分为三论》,上海古籍出版社2003年版,第4页。

第十章　结　论

不可因此而无限夸大一种外来文化的意义。无论在此一伟大文明的创造时代里,德国精神是如何创造性地从中国文化里汲取了资源,都必须承认,受者的主体性更为重要。而在欧洲整体思想差距甚远的语境之中,无论如何,中国文化都处于相对边缘地位。这点必须有清晰的认知。拉赫的概括给我们提供了这种实证性背景材料:"17世纪的一个显著特点是欧洲商旅和传教士向亚洲大陆及群岛的纵深挺进。他们从上个世纪夺来的沿海据点出发,深入内陆,还踏入了印度莫卧儿王国、暹罗、马打兰、中国、日本等国家的宫廷。这些行迹虽然为他们带来了更加可靠的信息和知识,但这并不直接意味着现实的政治权力延伸和领地范围的扩张。……欧洲人最成功之处在于他们或者通过内部合作,或者与当地土著居民合作,在沿海地带建设新城或者改造旧城;如马尼拉、长崎、澳门、巴达维亚、科伦坡、马德拉斯、孟买、加尔各答等。这些战略性货物集散港口的修建,使得欧洲商人垄断了亚洲各地之间的贸易,同时还满足了欧洲市场的需求。"[1]这就为我们理解亚洲知识的欧洲传入过程提供了很好的背景语境,而且是在一种整体语境中的。具体到德国,情况如何呢?"在很长一段时间内,日耳曼欧洲的知识界和文学界对于16世纪席卷意大利和法国的人文主义运动漠不关心。"[2]再细言之:"德国仅在16世纪的头十年和最后十年直接参与了香料贸易,在这之间的四十年(1530—1570)中,德国人忙于国

---

[1] [美]唐纳德·F.拉赫(Lach, Donald F.)、埃德温·J.范·克雷(Kley, Edwin J. Van):《欧洲形成中的亚洲》(*Asia in the Making of Eruope*)第3卷第1册上,周宁总校译,人民出版社2013年版,第7—8页。
[2] [美]唐纳德·F.拉赫:《欧洲形成中的亚洲》第2卷第2册,周宁总校译,人民出版社2013年版,第426页。

内事务,特别是宗教冲突。尽管德国的文人学士在早期意识到了东方发现,但他们无法将这些新信息和复兴的古代旧知识调和起来。"① 更值得注意的是:"与意大利和法国相比,德国的文人既不准备也没有能力从海外发现中为自己的国家汲取营养,德国的诗人,尤其是布兰特和菲沙尔特,对天主教宣称他们成功地打开了东方世界,为耶稣基督赢得了荣誉的说法,持怀疑甚至敌视的态度。"②这基本上让我们看到了日后日耳曼与拉丁欧洲分野的一个标志性所在,在一个整体的文明史结构框架中,我们可以看到居于高端的知识、思想、观念等和居于初段的器物、商贸与经济并非风马牛不相及的关系,甚至是百姓日用而不知的极为重要。虽然早期的德国文人已经意识到东方之"地理大发现",但真正将中国作为资源纳入视野并予以高度重视还是要等到莱布尼茨那代人,而到了康德、歌德、席勒等才开始"大用之"。说到底,这是两种异质文化的相逢、碰撞、交流、融通、对抗、博弈的过程。有论者认为:

> 两个民族或两种文化之间的调和必须建立在一些共同的基点上,而两种文化借以达到此共同点的观念和信仰可以不同。不过,即使达不到中国那样的程度,认识并发展这些共同点也可以使之扩大,增加调和的机会。这就是为什么耶稣会士和莱布尼茨没有看到、没有发扬儒家的精神修养因而消弱

---

① [美]唐纳德·F.拉赫:《欧洲形成中的亚洲》第 2 卷第 2 册,周宁总校译,人民出版社 2013 年版,第 451 页。
② 同上书,第 452 页。

第十章 结 论

了他们在中西方融合上的成就的原因。①

这段论述更清楚地说明莱布尼茨那代人接受中国资源的弱点,但这或许也更说明了文化侨易过程的复杂性,更明确地说:"文化相互影响不是文化全部移植。它表现为各参与群体方面一定程度的文化发展。在估价相互影响的程度时,一定要考虑不同地区知识传统的独立发展。因为,一切思想和概念有共同的开端,它们无论多么微弱,距今多么遥远,均源于我们共同祖先所在的原始社会;所有人类群体分别以各自特有的方式对周围世界好奇而探索,并寻求超越它的实在。探究的共性可能导致独立地得到相似的结果。再者,某些具有基本性质的思想是所有群体共有的,从这些基本的思想中发展出深层的理论,例如有些形成一元论或者二元论。全世界人类推理的方法如同人类的反应一样,具有某种相似性。因此,人们期望:所有人类群体对某些概念的态度会是共同的。然而,如果文化相似之处在细节上极为接近、在既定的环境中极为频繁,或者伴随有接触的迹象,那就应该承认相互影响。"②这就更进一步区分了异质文化体的相互作用的层次。而对这个问题,诚如有论者所指出的:"每一种文化都是一个相对比较复杂的糅合体,一方面都有自己的历史,另一方面又有不同的学派与代言人。这种多面结构决定不同文化间的某些重合,从而为对话交流提供了

---

① [美]孟德卫:《莱布尼茨和儒学》,张学智译,江苏人民出版社1998年版,第133页。
② 《前言》,载[印]D.P.辛加尔(Singhal, D.P.):《印度与世界文明》(*India and World Civilization*)上卷,庄万友等译,商务印书馆2015年版,第7页。

可能；同时它也决定了在理解一个文化时应该避免以偏概全，因为每一个讨论总是针对某一历史时期，甚或某一学派以及某一人物或现象的讨论；而为了达到这一点，则必须要求对整体有足够而深入的了解。因此，在强调文化之间的差异时必须特别小心，因为某些所谓的差异仔细看来也许是同一事实在不同文化环境中而出现的变种。"①这里就关注到了文化体内部的复杂性，以及异文化之间交互作用的多样性，说到底，"德国人对中国文化的兴趣，同他们自己的精神生活互相关联"②。这也是我们所要强调的，德国民族精英分子所选择的本来民族之地位的立场，才是在这场交流过程中更为决定性的因素。那么，是否中国文化就不甚重要呢？也不然。按照二元三维的动力系统去思考，中国文化的位置既不是简单地处于边缘，也当然不是立定于中心，而是在一种流居地位。所谓流居，乃是一种流动不居、不断变换，如同行云流水之意。它与德国人作为受者主体的自觉选择发生密切关联，构成一种密切互动关系，它同时也与自身的时代处境变化发展有关，是处在一种不断发生碰撞、交流、变位、提升、博弈的复杂侨易系统之中。

二、受者的主体意识：德国精英坚守的本来民族之地位

一方面我们应清楚地体认中国文化在欧洲语境（此处首先是德国语境）里曾经有过的相对边缘位置，另一方面无可否认的是，

---

① 李文潮：《莱布尼茨〈中国近事〉的历史与意义》，载［德］莱布尼茨：《中国近事——为了照亮我们这个时代的历史》，［法］梅谦立等译，大象出版社2005年版，第154页。
② 《中德文学研究》，载陈铨：《陈铨德国文学研究论集》，陕西人民教育出版社2016年版，第420页。

第十章 结 论

中国文化也确实在欧洲启蒙(德国启蒙)中发挥了重要的作用。此中的原因,仍是那句话,"巧妇难为无米之炊"。但解释上有所不同,先决条件是"有米",中国文化当然是博大精深,其作为文化资源的丰富性无可置疑;但有米之后,是否能成炊,且能成精致之炊,却确实取决于"巧妇"之手,主妇的努力固然重要,主妇本身的技能、修养、勤奋等因素,也同样扮演重要角色。所以,中国文化之所以能在启蒙德国发挥如此重大的作用,仍应归功于启蒙德国的知识精英的天才、勤奋与胸怀。陈寅恪曾深刻指出:

> 窃疑中国自今日以后,即使能忠实输入北美或东欧之思想,其结局当亦等于玄奘唯识之学,在吾国思想史上既不能居最高之地位,且亦终归于歇绝者。其真能于思想上自成系统,有所创获者,必须一方面吸收输入外来之学说,一方面不忘本来民族之地位。此二种相反而适相成之态度,乃道教之真精神,新儒家之旧途径,而二千年吾民族与他民族思想接触史之所昭示者也。[1]

这句话反过来用在异国文化的身上,也同样适用。按照德国主体的位置来看的话,这正是德国精英分子在古典时代自成系统,有所创获的根本原因所在,你看他们从最初的依赖法国到接近英国,日后又回归古典希腊,直到借鉴印度、中国,始终是在一种多维度的全球资源中寻找典范的。所以,在接受与影响的关系中,核心因素

---

[1] 《冯友兰〈中国哲学史〉下册审查报告》,载陈寅恪:《陈寅恪学术文化随笔》,刘桂生、张步洲编,中国青年出版社1996年版,第17页。

仍是"受者",因为"文学中的影响关键往往不在前者而在后者。授者提供选择,受者自身才决定取舍"①。这个论断可以进一步延伸,在文化发展过程中也是如此,授者固然重要,但受者更具有决定意义,因为最终的取舍之权是握在自家手上的。

赫尔德强调:"没有哪个民族曾经或可能长时间地保持不变;每一个民族,就像艺术、科学和这个世界上的一切东西,生长、开花和衰落各有其时;这些变化中的每一种,都只持续最短的时间,是人类命运之轮可能赋予它的时限;最后,世界上没有两个时刻一模一样……"所以在这里我们可以看到,赫尔德其实还是客观的,他并没有将对自己民族的发展期待建构起一种特殊理论,而是明确指出民族发展变化的有限性,将其规律化,说到底是,"大同中还是有小异"。而必须指出的是,作为康德的昔日弟子、如今论敌的赫尔德,其理念形成是在对师辈的"创造性叛逆"过程中显示的。他对于康德的理性观显然不以为然,"概括言之,当哲学家最真诚地希望扮演神,自信满满地计算世界的完美,就是他最野蛮无知的时刻。他彻底相信所有东西都是按直线有序进行,一人接着一人,一代接着一代,都在依着他的理想逐渐进步而臻完美!"这明显就是对启蒙理性的彻底否定,对于这种抨击,康德当然不能坐视,他在书评的最后就间接回答了这个问题:"如果人类就是指一系列朝着无穷(无限)前进的世世代代的总合(正如这种意义乃是十分常见的),并且我们假定这条线索是在不断地趋近于和它并肩而行的它那天职;我们要是说它在其各个方面都在渐近于这一天职并且在

---

① 卫茂平:《中国对德国文学影响史述》,上海外语教育出版社1996年版,引言第1页。

第十章 结 论

整体上也是与之相符合的,这种说法就并没有任何矛盾。换句话说,人类的世世代代之中并不是哪一个环节而只有整个的物种才能充分完成它的天职。数学家就可以对这个问题做出阐释。哲学家则是说:人类的天职在整体上就是永不终止的进步,而它的完成则在于一项纯粹的但在各个方面又是非常之有用的有关最终鹄的观念,我们在这上面必须依照天意的观点来指导我们的努力。"这答案响亮而又明确,不但再次肯定了启蒙理性的路径——为人类指向的光辉未来,而且再一次提升了哲学家的话语权。进步不仅是一种规律,更是人类的天职!在我看来,其实二者之间的关系并非就是绝对的非此即彼,或者更多出于场域论战的需要,而不得不将自己的观点推向一个极端。如前所述,启蒙运动自有其必然的历史语境和逻辑必然,浪漫思脉自然也有着自身的悠久秘索思传统,两者之间本应是交融互补、彼此沟通才对。从这个意义上来说,谨守人本、懂得敬畏的赫尔德似乎还是更值得欣赏。赫尔德对人的局限性看得很清楚:

> 整个世界是一个深远,神一眼便尽览无余。我却站在谷底,无论转向何方,都找不到出路。我看到一件无名的伟大作品,但它其中却充满着各种各样的名、声响和力量!我并不觉得自己站在所有声响和谐汇聚的那一点上。但是,我能在自己的地方听到那减弱的、令人迷惑的声音也自有一种和谐。这我是知道且听到了的。这一和谐同样加入颂扬的和声,唱给那唯一者听,对他来说时间和空间都没有意义。人的耳朵只片刻停留、听到几个音符,通常都是五音陈杂,令人心乱。

> 很有可能,这耳朵一出来,恰巧碰上调音,不幸被卷入不和谐的漩涡之中。现代的"启蒙"人,不单是想要在一瞬间听到所有的音调,还要听那最高处的声音!他要反思整个过去的时光,还要代表整个丰富多彩的造物界的目的。这是何等的幼稚狂妄!毋宁说是这样:这个早熟的孩子不过是他前面一个短暂即逝的音符的回音,或整个和弦中的一部分而已!

这个比喻出神入化!人类走向启蒙有其必然性和必要性,更多或许可以理解为西方历史语境中的运动性事件,但确实也有过犹不及的一面。而赫尔德攻击的,真是将这种思维引向极端后所造成的可怕后果。人类在走向理性的同时,应始终不忘天生为人、感性难却,在颠覆神座的同时,理应保持戒惧,心存敬畏。这是赫尔德给我们揭示的第一条原则:井蛙天意。在大自然的这个布局中,人类或许就是井底之蛙,就是万物之中的芸芸众生之一,因为历史上也曾有过其他生物统治世界的时代,与那样浩瀚的历史长河相比,人类只不过沧海一粟。这是赫尔德给我们的最大启示,他继续宣示自己的基本立场:"无论我是什么,天堂来的声音告诉我,和万事万物一样,我在自己的位置上有意义。万事万物都被赋予了能力,为的是要在整体中尽力;万事万物都依着自己能力的限度感受幸福!普天之下同胞物与,有哪样东西在来此世界之前要比其他东西优先?即便万物之天意与和谐,要求我的邻居做一只金碗而我只能做泥罐(因为我从目的、材质、存续、感受和能力来说都是泥罐),我能和造我的大师争吵吗?我既没有被忽视,也没有高居其他造物之上。感受力、行动和能力在整个人类中分配。水流在这

第十章 结 论

里切断,在那里重又汇合。得恩赐多者必回报以多劳。得丰富感受力者必用它们来勉力作为。我相信,人要反思历史之河的言说和沉默、启示和隐藏,没有什么比这更能开拓我们的识见的了。这就是宇宙历史之光照亮给我们看的。"这是第二条原则,坚守位置。其实,剥去赫尔德貌似浪漫的外衣,他还是有着理性的意识的,这样一种位置选择和坚守立意,不正是一种浪漫理性的表现吗？而康德那种执律固执(以为自己掌握了人类发展史规律)的态度,其实不更多是一种理性浪漫的姿态吗？

诚如周宁指出的那样:"西方现代历史惯于在欧洲自身寻找现代性精神结构的动力与灵感,强调'古今之争'甚于'东西之争'。笔者认为,在西方现代性自我奠基的过程中,'东西之争'即使不比'古今之争'来的(得)重要,至少是同等重要的。"①这个判断非常重要,无论在何种意义来说,"东西关系"与"古今关系",都是理解人类整体进程的关键所在,但我更愿意将"古今关系"表述为"故(古)现关系",即故(古)代与现代的关系,因为这表示着两个长时段概念的形成,而非简单的"今时"之短暂含义。而更进一步追问,则"东西"—"故(古)现"之间是二元归一的关系,不是相互排斥的非此即彼。按照侨易学的观念,彼此之间是有着一个相互连接的中间点的,但又不是骑墙式的乡愿中庸,在空间、时间的维度上表现初则大异,实则归一,所以二者还应是二元归一。总之,无论是就西方而言,还是具体到德国来说,其现代性崛起过程中的"东学知识场"之建构,至关重要。邹振环曾借用美国学者勒温(Lewin, K., 1890—1940)"场论"与

---

① 周宁《总译序》,载[美]唐纳德 F.拉赫:《欧洲形成中的亚洲》第 1 卷第 1 册上,周宁总校译,人民出版社 2013 年版,第 43 页。

法国学者布迪厄的"场域"概念,提出了"西学知识场"的重要概念①,这对我们理解西学知识在中国历史上的形成过程,尤其是用一种长时段的理论眼光去审视具有重要意义。作者是这样综合阐释的:"某个特定时间与空间存在着控制或服从、竞争、对立和互补的客观关系网,各种与知识有关的存在,如文类、杂志、沙龙等构成所谓的'知识场域',简称'知识场',由占据着不同位置的众多行动者所构成的。这是一种非人为而更具复杂性的相对独立的流动空间,是由结构、性情和行为共同构成的交互作用,其界限是动态的。……知识场是一种显性知识与隐性知识对流的处所,知识场的交互作用生成一种对于社会行为具有持久影响力的定向性,这种定向性又反过来会作用于社会场域,其间不断发生着新陈代谢的活动。"②具体到晚明场域而言,则"16世纪末以来,来华西方耶稣会士面对着晚清这一'知识场',通过种种努力,在汉语语境中构筑起晚清知识大'场域'的'次场域'(sub-field)——西学知识场。然而,康熙后期禁教,西学知识场开始衰弱,勉强维持到乾隆时代被彻底瓦解。晚清有一个西学知识场的重建过程"③。我要补充的是,这个自足的西学知识场虽是由西人开辟,但绝对是中国知识史和文化史上不可或缺的存在,它具有知识传输中转站的重要功能。而在此处给我们以启发的是,如果将这个概念延伸运用到德国语境,则

---

① "知识场"对应的英文概念,作者先后使用 knowledge field, fields of knowledge,邹振环:《晚明汉文西学经典:编译、诠释、流传与影响》,复旦大学出版社2011年版,第21、22页。似宜一致,且以后者较妥。
② 邹振环:《晚明汉文西学经典:编译、诠释、流传与影响》,复旦大学出版社2011年版,第22页。
③ 同上书,第23页。

自然就存在着一个"汉学知识场",或者更阔大一些的概念"东学知识场",其实看看欧洲东方学发展的历程就可以知道此言非虚。

三、启蒙德国时代命题的阶段性完成与文明史意义：文化侨易学的分析

虽然有论者强烈主张,启蒙使命并未在 1800 年就此终止,但启蒙运动的大旗确实在时限上有一个降落的时刻,我们似乎应当意识到的是:"欧洲人在 1500—1800 年间获得的对中国的认识并没有持续发展,由于那场欧洲的文化运动,即启蒙运动,欧洲人开始对中国文化做肤浅的利用,随之而来的就是对这种中国肤浅形象的消极反应。"[①]在这里,启蒙运动受到否定的看待,因为它导致了一个很大的问题,就是如何解释启蒙以后的世界何以如此,为什么科学和技术的强势可以如此的甚嚣尘上,裹挟了整个时代。"为打鬼而借助钟馗"固然是一种不得已的策略选择,但"倒脏水连同倒出了孩子"[②]似乎也是一个很大的问题。启蒙运动的核心要义是为了树立起人的自信,康德那句话更是道出了一代人的雄心(1784):"启蒙就是人结束他咎由自取的未成年状态。……鼓起勇气去使用你的头脑！这就是启蒙运动座右铭。"[③]确立起人

[①] ［美］孟德卫:《1500—1800：中西方的伟大相遇》(*The Great Encounter of China and the West 1500—1800*),江文君等译,新星出版社 2007 年版,第 162—163 页。
[②] 马克思对费尔巴哈的批评。
[③] Kant, Immanuel: „Was ist Aufklärung?" in Bahr, E: *Was ist Aufklärung? — Kant, Erhard, Hamann, Herder, Lessing, Mendelssohn, Riem, Schiller, Wieland*(《什么是启蒙?》). Stuttgart, 1974.中译参见李伯杰等:《德国文化史》,对外经济贸易大学出版社 2002 年版,第 123 页。

类对自己的信仰当然很重要，其进步意义无可置疑，但过犹不及，一旦将"世界小神"的地位推上神坛，甚至真正取代了"上帝"，这也就是西方现代性问题的无奈之处，他们不得不承担"僭越"的后果。

以德国古典时代的出现为标志，德国启蒙其实已经较好地完成了它的使命，因为相对于过分执着于理性的偏执，歌德、席勒"古典图镜观"的开出，意味着一种崭新的启蒙模式已经出现，用二元三维的眼光审视，则在启蒙—浪漫两大思脉对峙的情境中已经开出第三维的可能。"古典图镜"的思路本来是可以适当限制理性的绝对发展，也就是科学技术的"一往无前"，但可惜它并没有能够持续地在德国语境里发展下去，其所留下的宝贵遗产，却是价值无限，深值后人继承。而我们注意到，现代西方文明的核心要素则是启蒙时代所带来的理性，具体表现则是科学，按照怀特海的说法：

在16、17世纪时期使科学远远凌驾于欧洲各种潮流之上的特点之一就是当时的大学。现代科学诞生于欧洲，但它的家却是整个的世界。在最近两个世纪中，西方文化方式曾长期而纷乱地影响亚洲文化。东方的贤哲对自己的文化遗产极其珍视，这是毫不奇怪的。在过去和现在，他们都一直百思莫解，不知道那种控制生命的秘密可以从西方传播到东方，而不会胡乱破坏他们自己正确地加以珍视的遗产。事情越来越明显，西方给予东方影响最大的是它的科学和科学观点。这种东西只要有一个有理智的社会，就能从一个国家传播到另一

第十章 结　论

个国家,从一个民族流传到另一个民族。①

如此看来,西方现代性正是通过科学理性强烈地影响到东方(中国)的历史进程,而这种东西是东方文化中所没有的。怀特海曾这样评价过中国人的才智与科学:"在某些伟大的文明中,科学事业所需要的奇特的心理均衡只是偶尔出现,而且产生的效果极微。例如,我们对中国的艺术、文学和人生哲学知道得愈多,就会愈加羡慕这个文化所达到的高度。几千年来,中国不断出现聪明好学的人,毕生献身于学术研究。从文明的历史和影响的广泛度来看,中国的文明是世界上自古以来最伟大的文明。中国人就个人的情况来说,从事研究的秉赋是无可置疑的,然而中国的科学毕竟是微不足道的。如果中国如此任其自生自灭的话,我们没有任何理由认为它能在科学上取得任何成就。印度的情形也是这样。同时,如果波斯人奴役了希腊的话,我们就没有充分理由可以相信科学会在欧洲繁荣起来。……"②怀特海在这里一下子否定了东方文化

---

① 英文为:Another contrast which singles out science from among the European movements of the sixteenth and seventeenth centuries is its university. Modern science was born in Europe, but its home is the whole world. In the last two centuries there has been a long and confused impact of western modes upon the civilization of Asia. The wise men of the East have been puzzling, and are puzzling, as to what may be the regulative secret of life which can be passed from West to East without the wanton destruction of their own inheritance which they so rightly prize. More and more it is becoming evident that what the West can most readily give to the East is its science and its scientific outlook. This is transferable from country to country, and from race to race, wherever there is a rational society. Whitehead, Alfred N.: *Science and the World*. Shanghai: Shanghai Foreign Education Press, 2005. pp.4-5. [英]怀特海:《科学与近代世界》,何钦译,商务印书馆1959年版,第3页。
② 英文为:There have been great civilizations in which the peculiar balance of mind required for science has only fitfully appeared and has produced the feeblest result. (转下页)

三个主要子系统的科学可能,即中国、印度、波斯(闪系文化)。更重要的是,他是以那样一种理性而尊重的态度对中国文化做出了如此客观的分析。从整体来说,他甚至认为中国文明是最伟大的文明,然而这个文明不能也不会产生科学;从个体来说,他认为中国学者的智慧史可谓延绵不断,是一条星光灿烂的明星大道。这样的文明,不会导致科学的出现。那么,问题的延伸就很可能推出这样的结论:东方文化自有东方文化之自然探究途径,不必以科学规训之。东方既有"东学之体",亦必有"东学之用",东方文化-东方科学,很可能形成一种独特的求知、求真之路,这是需要深入探究的。当然话说回来,"西方科学并非只是其众多学术领域里面的分支,而是其整个文明精神的体现,"故此,"要真正认识西方科学及其背后的精神,就需要同时全面地了解西方哲学、宗教,乃至其文明整体"。① 或者,我们可以这样来表述,西方文明之体,产生西方文明之用——科学。然而,西方科学却大行其道,这个世界几乎

(接上页) For example, the more we know of Chinese art, of Chinese literature, and of the Chinese philosophy of life, the more we admire the heights to which that civilization attained. For thousands of years, there have been in China acute and learned men patiently devoting their lives to study. Having regard to the span of time, and to the population concerned, China forms the largest volume of civilization which the world has seen. There is no reason to doubt the intrinsic capacity of individual Chinamen for the pursuit of science. And yet Chinese science is practically negligible. There is no reason to believe that China if left to itself would have ever produced any progress in science. The same may be said of India. Furthermore, if the Persians had enslaved the Greeks, there is no definite ground for belief that science would have flourished in Europe.……Whitehead, Alfred N.: *Science and the World*. Shanghai: Shanghai Foreign Education Press, 2005. pp.8 - 9。[英]怀特海:《科学与近代世界》,何钦译,商务印书馆1959年版,第6页。
① 陈方正:《继承与叛逆——现代科学为何出现于西方》,生活·读书·新知三联书店2009年版,第634页。

第十章 结 论

就是科学统治下的世界,并且裹挟了全球和时代。其中我们不可忽视资本的力量,正是因为资本的无往而不利,才推动以科技为外表的西方之器"船坚炮利",似乎"无艰不克"。资本主义极大地强化了"利益原则",将这一点作为一切的根本出发点,并推向极端。这是问题的本质所在。所谓"过犹不及",说的就是这个道理。再加上西方人对"中道思维"之理解不深,惯用二元对立方式思考问题,就加剧了事物之间的矛盾对立关系,而事实恐怕不仅如此。这一点,在韦伯那里表现得也很清楚,"资本主义精神的发展完全可以理解为理性主义整体发展的一部分,而且可以从理性主义对于生活基本问题的根本立场中演绎出来"①。这点对于理解资本主义非常重要。也就是说,作为一种经济形态乃至政治制度的资本主义,完全是由思想史发展的整体线索轨迹所规定的。这符合我们"浪漫-启蒙"二元思脉进路的基本判断,作为启蒙思脉的重要标志,理性主义乃是理解现代性的根本特征和思维模式。

"不论某一相当长的时期中的主要风尚是什么,都会发现该时期可能产生出与时代精神相反的人物。这种人甚至可能是伟大人物。"②

---

① 德文为:Es scheint also, als sei die Entwicklung des „kapitalistischen Geistes" am einfachsten als Teilerscheinung in der Gesamtentwicklung des Rationalismus zu verstehen und müsse aus dessen prinzipieller Stellung zu den letzten Lebensproblemen ableitbar sein.[Max Weber: Die protestantische Ethik und der Geist des Kapitalismus. Max Weber: Gesammelte Werke, S.5370 (vgl. Weber-RS Bd. 1, S.61) http://www.digitale-bibliothek.de/band58.htm][德]马克斯·韦伯:《新教伦理与资本主义精神》,于晓等译,生活·读书·新知三联书店1987年版,第56页。
② 英文为:whatever you may have assigned as the dominant note of a considerable period, it will always be possible to produce men, and great men, belonging to the same time. Whitehead, Alfred N.: Science and the World. Shanghai: Shanghai Foreign Education Press, 2005. p.91.[英]怀特海:《科学与近代世界》,何钦译,商务印书馆1959年版,第64页。

任何时期的主要风尚未必都是正确的,有时候我们需要的正是夐夐独行的勇士,这种反潮流的人物有时不是太多,而是太少。歌德在 19 世纪前期就已敏锐意识到:

> 人类会变得更聪明,更具识别力,但不会更好,更幸福,更有力,或者至少在某些时代如此。我似已预见到某一时刻的来临,上帝不再能从人类身上获得乐趣,那就必然会毁灭一切,求得更生冲创之力。我相信,这一切都已在冥冥之中早有注定,在遥远未来的某个时日,必将开始又一轮新的恢复冲创之力的时代。但距离那刻肯定仍有漫长的时日,我们依旧可在成千上万的年头里在这块可爱的、古老的土地上享受生活,就像现在这样。[①]

这样一种思路让人不得不悚然而惊,歌德以一种非常从容平淡的心态预言了人类的毁灭。从这段话的基调来看,歌德对人类命运的推断是在一种宏大的宇宙观世界里的自然结论。按照他的无神

---

① 德文为:Aber laß die Menschheit dauern, so lange sie will, es wird ihr nie an Hindernissen fehlen, die ihr zu schaffen machen, und nie an allerlei Not, damit sie ihre Kräfte entwickele. Klüger und einsichtiger wird sie werden, aber besser, glücklicher und tatkräftiger nicht oder doch nur auf Epochen. Ich sehe die Zeit kommen, wo Gott keine Freude mehr an ihr hat und er abermals alles zusammenschlagen muß zu einer verjüngten Schöpfung. Ich bin gewiß, es ist alles danach angelegt, und es steht in der fernen Zukunft schon Zeit und Stunde fest, wann diese Verjüngungsepoche eintritt. Aber bis dahin hat es sicher noch gute Weile, und wir können noch Jahrtausende und aber Jahrtausende auch auf dieser lieben alten Fläche, wie sie ist, allerlei Spaß haben. 1828 年 10 月 23 日谈话, Eckermann, Johann Peter: *Gespräche mit Goethe — in den letzten Jahren seines Lebens* (《歌德谈话录——他生命中的最后几个年头》). Berlin und Weimar Aufbau-Verlag, 1982. S.600。

第十章 结 论

论思想,所谓"上帝"也只是对大自然的一种指代而已,他相信冥冥之中有一种超验的力量,而人类即便再能进步与操纵技术,仍摆不脱大宇宙中的小棋子的角色,所以他会特别强调要知道"限制",懂得"断念",而支配这样一种宇宙万物运行的规律该是"冲创之力"产生的需要。确实,歌德不相信时代在进步,但强调"时代永远在前进"(Die Zeit aber ist in ewigem Fortschreiten begriffen)。[1] 这样一种非直线形的思想观念与启蒙以来对知识、科学的绝对信仰可谓恰成异体之势,值得重视。而之所以做出这样的判断,在歌德,绝非信口开河,而是有他深刻的思想和理论基础的。我们曾提到过,思想上的"钟摆现象"值得重视[2],但在我们的理论框架中,并无一层不变的"线性运动",而是具有限定性的"思脉"规定。譬如歌德在《漫游时代》中所表现的,其实有相当部分是启蒙思脉时代的思想,但毕竟歌德是歌德,在古典晚期时代他能够对一些基本观念有着非常深刻的和合之思:

> 生动的统一性的基本特征在于:分离和结合,以一般形态出现和以特殊形态存在,转化和变形,因为活的东西在千百种不同的条件下也能显露自己,所有它有生成和灭亡,有凝固有熔解,有冻结有流动,有伸张有收缩。因为所有这一切都是同

---

[1] [Goethe: 1824. Goethe: Briefe, Tagebücher, Gespräche, S. 30090 (vgl. Goethe-Gespr. Bd. 5, S.13) http://www.digitale-bibliothek.de/band10.htm] 1824 年 1 月 4 日谈话,[德] 爱克曼辑录:《歌德谈话录》,朱光潜译,人民文学出版社 1978 年版,第 24 页。中译本误为 1824 年 2 月 4 日谈话。

[2] 参见 [德] 卡尔·曼海姆(Mannheim, Karl):《保守主义》(Conservatism),李朝晖等译,译林出版社 2002 年版,第 125—126 页。

一时刻产生的,所以一切才会同时开始。产生和消失,创造和消灭,诞生和死亡,欢乐和痛苦——所有这一切都相互作用,其范围相同,其程度相等;因此,即使是最特殊的东西也作为一般的形象和象征而出现。①

他接着说:"如果整个的自然存在物是永不间断的分离和结合,那么随之而来的便是:在观察这一重要现象时,人也是时而分离,时而结合。"②应该承认,在这一段表述中,歌德的"二元对立互补"思想已经相当成熟,任何事物都处于一种二元对立的活动之中,但这种活动不是孤立的、绝对的、对抗的,而是互动的、有机的,甚至相互转化的。所以推广到人类的范畴,生与死固然是人之常态,更是一种规律性的东西;作为个体的人如此,作为整体的人类则亦当如

---

① 德文为: Grundeigenschaft der lebendigen Einheit: sich zu trennen, sich zu vereinen, sich ins Allgemeine zu ergehen, im Besondern zu verharren, sich zu verwandeln, sich zu spezifizieren und, wie das Lebendige unter tausend Bedingungen sich dartun mag, hervorzutreten und zu verschwinden, zu solideszieren und zu schmelzen, zu erstarren und zu fließen, sich auszudehnen und sich zusammenzuziehen. Weil nun alle diese Wirkungen im gleichen Zeitmoment zugleich vorgehen, so kann alles und jedes zu gleicher Zeit eintreten. Entstehen und Vergehen, Schaffen und Vernichten, Geburt und Tod, Freud und Leid, alles wirkt durcheinander, in gleichem Sinn und gleicher Maße, deswegen denn auch das Besonderste, das sich ereignet, immer als Bild und Gleichnis des Allgemeinsten auftritt. [Werke: Wilhelm Meisters Wanderjahre. Goethe: Werke, S.7428-7429 (vgl. Goethe-HA Bd. 8, S.303) http://www.digitale-bibliothek.de/band4.htm]。[德]歌德:《威廉·麦斯特的漫游时代》,人民文学出版社1993年版,第304页。
② 德文为: Ist das ganze Dasein ein ewiges Trennen und Verbinden, so folgt auch, daß die Menschen im Betrachten des ungeheuren Zustandes auch bald trennen, bald verbinden werden. [Werke: Wilhelm Meisters Wanderjahre. Goethe: Werke, S.7429 (vgl. Goethe-HA Bd. 8, S.303) http://www.digitale-bibliothek.de/band4.htm]。[德]歌德:《威廉·麦斯特的漫游时代》,人民文学出版社1993年版,第304—305页。

第十章 结 论

此。个体之死,屡见不鲜;整体之灭,如此可期。其他各种动物(包括当时的统治性动物如恐龙)都有整体毁灭的历史记载,人类虽然很特殊,人杰地灵,但毕竟还是宇宙中的产物,应该也不会逃出这种规律性的现象。这些问题的点,歌德无一遗漏都谈到了。而对于人类这样一种很特殊的物种,歌德则进一步点到了他们了不起的智慧的局限甚至问题,他这样论述道:

科学的(甚至一切方面的)大害在于,那些没有任何思想见地的人竟不惮大谈理论,因为他们不懂得,还有很多知识没有赋予人们这样做的权利。他们一开始就是以值得称赞的理智进行工作,但这种理智是有限度的,一旦超过了这个限度,它便面临变为荒谬的危险。由理智预先决定的领域和遗存,便是实践活动的范围。理智在实践中很少迷误;更高的思想范围:做结论和下断语,不是它的事。

经验先有利于科学,后有害于科学,因为经验不仅包含法则,而且包含很多例外。决不能取二者的平均值当做真理。

据说,真理存在于两种截然相反的见解中。绝非如此!这二者之间的问题是:不可见的,永远积极活动的生命正陷在沉思之中。①

---

① 德文为:Ein großes Übel in den Wissenschaften, ja überall entsteht daher, daß Menschen, die kein Ideenvermögen haben, zu theoretisieren sich vermessen, weil sie nicht begreifen, daß noch so vieles Wissen hiezu nicht berechtigt. Sie gehen im Anfange wohl mit einem löblichen Menschenverstand zu Werke, dieser aber hat seine Grenzen, und wenn er sie überschreitet, kommt er in Gefahr, absurd zu werden. Des Menschenverstandes (转下页)

这三段话涉及三大问题,即科学、经验与真理。对于经验的依赖,是歌德之思形成的重要支撑,即便如此,他能站在相当的高度反思这个问题,并指出经验是一种"双刃剑",很难能可贵;由此,他提出了科学与经验的关系问题,并对作为人类征服自然利器的科学进行了有力的质疑,指出理智与理性的限度问题,需要"知其所止",这在启蒙话语居于压倒地位的大背景下是极富调试意义的;更进一步,他否定了那种庸俗的"中庸调和论",即"古典和谐"绝不是一种简单的折中论,不是在二元对立之间去和稀泥,去寻找一个彼此都可接受的妥协方案,而应当是去寻找一种黄金分割点,而在这一过程中,尊重积极活动的生命力是最核心的内容。歌德以相当从容的心态去谈论人类的生死存亡,因为他对自己的死亡早就能淡然处之,并不是他有如何了不起的大定力,而是因为他以诗哲的眼光参透了这大宇宙死而复生、周而复始的规律。

勿谓言而不预,如果现代科学技术还是按照目前的态势继续发展下去,再加上资本力量的"无法控制",人类走向灭亡也只是迟

(接上页)angewiesenes Gebiet und Erbteil ist der Bezirk des Tuns und Handelns. Tätig wird er sich selten verirren; das höhere Denken, Schließen und Urteilen jedoch ist nicht seine Sache.

Die Erfahrung nutzt erst der Wissenschaft, sodann schadet sie, weil die Erfahrung Gesetz und Ausnahme gewahr werden läßt. Der Durchschnitt von beiden gibt keineswegs das Wahre.

Man sagt: zwischen zwei entgegengesetzten Meinungen liege die Wahrheit mitten inne. Keineswegs! Das Problem liegt dazwischen, das Unschaubare, das ewig tätige Leben, in Ruhe gedacht. [*Werke: Wilhelm Meisters Wanderjahre. Goethe: Werke*, S. 7438 – 7439 (vgl. *Goethe-HA Bd. 8*, S.309) http://www.digitale-bibliothek.de/band4.htm]。[德]歌德:《威廉·麦斯特的漫游时代》,关惠文译,人民文学出版社 1993 年版,第 311—312 页。

第十章 结 论

早的事情。核威胁早就是常态,而生物技术的发展,更是直接威胁着人类的基本生存伦理。西方给世界带来的原本指望光明启蒙的道路,竟然结出了如此糟糕的恶果,恐怕是当初的先贤哲人们都意想不到的。任何事物,都必须有其"度",也就是界限,科学也不例外,如果任其发展,超越界限,远离了"度"的衡量,就必然"南橘北枳",相差不可以道里计。但今日的科学技术又并非单纯的文化之用,还带上了浓烈的资本支配色彩,其后果真是让人不寒而栗。

霍夫曼(Hoffmann, E.T.A., 1776—1822)曾借雄猫穆尔之口讲出这番道理:"用两只脚直起身子走路的生物就这么伟大,这种族类就可以自称为人,而我们用四脚行路要比他们平稳得多,他们就可以统治我们大家?就容许他们趾高气扬?不过我知道他们所以自高自大,就因为他们脑袋里有东西,他们把这叫做理性。我真不敢想象,他们因此就懂得点什么呢?不过有许多是肯定的,如果允许我从我主人兼恩人的某些话中作出推断,那么理性不是别的,就是一种有意识的行动,一种不干蠢事的能力。可我才不跟人类交换地位。——我坚决相信,意识在人只是一种习惯而已;然而人通过生活进而认识生活,人们自己也不知道这究竟是怎么一回事。"[①]作为浪漫思脉谱系中人,霍夫曼显然是对人类理性过分强调的启蒙路径有所不满,而对人类的直接否定更是张扬出一种另类发达的气象。其实对这个问题,古典诗哲并非没有意识,歌德就在《浮士德》中曾借梅菲斯特的话,表达出对人类的理性

[①] [德]霍夫曼:《雄猫穆尔的生活观——附出自废纸堆的乐队指挥约翰内斯克莱斯勒的传记片段》(*Lebensansichten des Katzers Murr*),韩世钟译,上海译文出版社1986年版,第10页。

及其滥用的不屑:

> 我见证人类的自我折磨。
> 世界小神总那样秉性如故,
> 宛如开辟的首日般神妙奇异。
> 得之于你的天光圣辉,
> 反而将他的生命搞得更糟;
> Ich sehe nur, wie sich die Menschen plagen.
> Der kleine Gott der Welt bleibt stets von gleichem Schlag,
> Und ist so wunderlich als wie am ersten Tag.
> Ein wenig besser würd'er leben
> Hättst du ihm nicht den Schein des Himmelslichts gegeben;①

将人类称之为世界小神(Der kleine Gott der Welt),已经是一种略带反讽的手法,而梅菲斯特对天主的话则更见出其悲悯之情:

> 我发现人世间凄凉如故,
> 我心悲悯,忍见世人悲惨度日,
> 又何忍心,再加苦人儿以痛苦。
> ich find'es dort, wie immer, herzlich schlecht
> Die Menschen dauern mich in ihren Jammertagen,

---

① [Werke: Faust. Eine Tragödie. Goethe: Werke, S.4541(vgl. Goethe-HA Bd. 3, S. 17) http://www.digitale-bibliothek.de/band4.htm] 此处为作者自译。中译参见[德]歌德:《歌德文集》第1卷,绿原译,人民文学出版社1999年版,第9页。

第十章 结 论

Ich mag sogar die armen selbst nicht plagen.[1]

好一句"凄凉如故"(wie immer, herzlich schlecht),人类理性的发展是启蒙路径的胜利,但问题在于胜利之后似乎并未给人类带来福音,可西方现代性的强势已席卷全球,将东方世界完全地带入了全球化的洪涛之中。当然,我们要客观地承认,现代性毕竟是一柄双刃剑,科学技术的进步毕竟给人类带来很多的便利,但其负面影响确实同样很大,甚至是致命的。现在的问题在于,人类似乎已经不自觉地身在局中,要想拔身而出,却已经深陷其中而不得解脱。这一切,或许仍将不得不回到文化问题上来解决之,因为无论科学也好,技术也罢,资本也罢,都摆脱不了和文化及文化侨易之间的关系。汤用彤对文化移植有颇为精辟的论述:

> "文化的移植",这个名词是什么意义呢?这就是指着一种文化搬到另一个国家和民族而使它生长。这中间似包括两个问题:第一个是问外来的文化移植到另一个地方是否可有影响;第二个是问本地文化和外方接触是否能完全变了它的本性,改了它的方向。这个问题当然须先承认一个文化有它的特点,有它的特别性质。根据这个特性发展,这个文化有它一定的方向。现在拿思想作一个例子,第一个问题就是说外来思想是否可以在另一地方发生影响,这问题其实不大成问

---

[1] [Werke: Faust. Eine Tragödie. Goethe: Werke, S.4542(vgl. Goethe-HA Bd. 3, S.17)http://www.digitale-bibliothek.de/band4.htm] 此处为作者自译。中译参见[德]歌德:《歌德文集》第1卷,绿原译,人民文学出版社1999年版,第10页。

题。因为一个民族的思想多了一个新的成分,这个已经是一种影响。所以第一个问题不大成问题。第二个问题,就是说一个民族或国家的思想有它的特性,并且有它的方向,假使与外来思想接触,是否可完全改变原有特质和方向,这实在是一个问题。①

接着他举例为证,用的是中国文化和印度佛学的接触问题,列举了两种答案:"照宋明儒家的说法,中国文化思想有不可磨灭的道统。而这个道统是由中国古圣先贤尧、舜、禹、汤、文、武、周公、孔子、孟轲、扬雄一代一代传下来的。中间虽经外来思想所谓佛学捣了一回乱,但宋明儒家仍是继承古国固有的道统。中国原有的文化特质并没有失掉,中国文化的发展自三代以来究竟没有改换它的方向。但是照另一说法,却是与儒者意思相反。他们说中国思想因印度佛学进来完全改变,就是宋明儒家也是阳儒阴释,假使没有外来的佛学,就是宋明儒学也根本无由发生。"②这两种说法各执一端,也不免各有偏颇,或许还是梳理事实,接近原相显得更加重要。对此,则不妨引入陈寅恪发人深省之论断:"佛教实有功于中国甚大。而常人未之通晓,未之觉察,而以中国为真无教之国,误矣。自得佛教之裨助,而中国之学问,立时增长元气,别开生面。故宋、元之学问、文艺均大盛,而以朱子集其大成。"③具体言之:"自宋以

---

① 《文化思想之冲突与调和》,载汤用彤:《汤用彤全集》第5卷,河北人民出版社2000年版,第277—278页。
② 同上书,第278页。
③ 1919年12月14日日记,载吴宓:《吴宓日记》第2册,生活·读书·新知三联书店1998年版,第102—103页。

后，佛教已入中国人之骨髓，不能脱离。惟以中国人性趋实用之故，佛理在中国，不得发达，而大乘盛行，小乘不传。而大乘实粗浅，小乘乃佛教古来之正宗也。然惟中国人之重实用也，故不拘泥于宗教之末节，而遵守'攻乎异端，斯害也已'之训，任儒、佛、佛且别为诸多宗派，不可殚数。回、蒙、藏诸教之并行，而大度宽容，不加束缚，不事排挤。"①这样一种博大宽容、相互兼济的气象，正是中国之能长久立于文明世界的根本所在。"佛教入骨"之说极为洞察，这里主要看重的其实还是佛家思想进入中国文化血脉根本处，宋代之后的儒释道，其实可谓是一体相通，大的知识精英都是兼治而融通，譬如曾国藩则"外用儒法，内藏黄老"，而这里的黄老与佛家又是牵连甚多的。陈寅恪对中国中世文明之推崇，溢于言表②，对佛教之肯定也是豁然，他曾特别标举韩愈（768—824）在确立中国道统过程里的重要意义，涉及东方文化整体生成的关键步骤，值得深思：

> 盖天竺佛教传入中国时，而吾国文化史已达甚高之程度，故必须改造，以蕲适合吾民族、政治、社会传统之特性，六朝僧徒"格义"之学，即是此种努力之表现，儒家书中具有系统易被利用者，则为小戴记之中庸，梁武帝已作尝试矣。然中庸一篇虽可利用，以沟通儒释心性抽象之差异，而于政治社会具体上华夏、天竺两种学说之冲突，尚不能求得一调和贯彻，自成体系之论点。退之首先发见小戴记中大学一篇，阐明其说，抽象

---

① 1919年12月14日日记，载吴宓：《吴宓日记》第2册，生活·读书·新知三联书店1998年版，第103页。
② 同上。

之心性与具体之政治社会组织可以融会无碍,即尽量谈心说性,兼能济世安民,虽相反而实相成,天竺为体,华夏为用,退之于此以奠定后来宋代新儒学之基础,退之固是不世出之人杰,若不受新禅宗之影响,恐亦不克臻此。①

陈寅恪曾有言谓"寅恪平生为不古不今之学,思想囿于咸丰同治之世,议论近乎湘乡南皮之间"②,这段话的要义乃在仿张之洞"中学为体,西学为用"之说提出一个极为重要的概念,即历史上的"天竺为体,华夏为用",如此实际上构成了东方文化的核心结构部分,即借助华夏政道之身,而承认接纳来自天竺的"佛义"(明暗则另论)。③ 而东方现代性的命题也正是在这样一种穿越时空、与历史血脉相联系的语境中得以成立,现代中国面临的危机与问题,其本质并非一个个体国家(哪怕是大国)所孤立临之的,而是具有相当程度的普世意义,尤其是在东方文明的整体背景之中而产生的。

这个问题,并不简单的是一种文化与另一种文化相逢的问题,而是立体结构中的文化侨易问题,是一个大系统的问题。"因为一个地方的文化思想往往有一种保守或顽固性质,虽受外力压迫而不退让,所以文化移植的时候不免发生冲突。又因为外来文化必

---

① 《论韩愈》,载陈寅恪:《陈寅恪集·金明馆丛稿初编》,生活·读书·新知三联书店 2001 年版,第 322 页。饶宗颐先生对此说存疑:"陈寅恪氏以为韩氏建立道统,表面虽由孟子卒章之言所启发,实际乃受新禅宗教外传灯说所造成(《论韩愈》),惟证据未充。"饶宗颐:《中国史学上之正统论》,上海远东出版社 1996 年版,第 78 页。
② 《冯友兰中国哲学史下册审查报告》,载陈寅恪:《陈寅恪集·金明馆丛稿二编》,生活·读书·新知三联书店 2001 年版,第 285 页。
③ 这与李泽厚的所谓"西学为体,中学为用"之说,多少有些相近之处。但陈寅恪的思路无疑正大而高明得多。

须适应新的环境,所以一方面本地文化思想受外来影响而发生变化;另一方面因外来文化思想须适应本地的环境,所以本地文化虽然发生变化,还不至于全部放弃其固有特性,完全消灭本来的精神。"[1]陈寅恪谈论文化传播的渠道之别时也说:"间接传播文化,有利亦有害:利者,如植物移植,因易环境之故,转可发挥其特性而为本土所不能者,如基督教移植欧洲,与希腊哲学接触,而成欧洲中世纪之神学、哲学及文艺是也。其害,则辗转间接,致失原来精意,如吾国自日本、美国贩运文化中之不良部分,皆其近例。然其所以致此不良之果者,皆在不能直接研究其文化本原。"[2]在这里,陈寅恪区分了文化传播的两种路径,即"间接传播"与"直接传播",虽然强调直接接受者易于探究本源的重要性,但并未否定间接传播的意义。这讨论显然远超出一般意义上的双边文化接触之关系,而是至少有三边以上的多边博弈情形了。

"外来文化思想在另一地方发生作用,须经过冲突和调和的过程。'调和'固然是表明外来文化思想将要被吸收,就是'冲突'也是他将被吸收的预备步骤。因为粗浅的说,'调和'是因为两方文化思想相同或相合,'冲突'是因为两方文化思想的不同或不合。两方总须有点相同,乃能调和。但是两方不同的地方,假使不明了他们中间相同的地方,也不能显明地暴露出来,而且不知道有不同而去调和是很粗浅的表面的囫囵的。这样调和的基础不稳固,必不能长久。但是假使知道不同而去调和,才能深入,才不浮泛,这

---

[1] 《文化思想之冲突与调和》,载汤用彤:《汤用彤全集》第5卷,河北人民出版社2000年版,第279页。
[2] 蒋天枢:《陈寅恪先生编年事辑》,上海古籍出版社1997年版,第86页。

样才能叫外来文化,在另一文化发生深厚的根据,才能长久发生作用。"但这种将问题孤立、静止地定位在"1vs.1"的二元关系的时候,它忽略了文化间的关系本是处在一个混沌侨易的系统结构之中的,因为这种异文化之间的二元作用、三边作用,甚至是多边作用,乃是无时无刻不发生在过程之中的,这是一个很大的立体文明侨易系统。我们必须意识到,在整个文化元结构中,就是东方文化与西方文化的二元博弈,而借助二元三维的思维,我们可以进一步发现,在西方文化、东方文化各自的子系统内部,又发生着进一步的二元博弈,譬如亚洲文化的内部,就是天竺-华夏文化的二元关系,这是核心的,但还可能衍生出伊斯兰文化关系,钱穆称:"中国人独创东方文化,已有其五千年以上深厚博大之历史,顾其间亦未尝无与外来文化接触融合之经过。"[①]钱穆绝非简单地将"中国=东方"的不学之士,而敢于如此立论,其必有深意,值得认真揣摩。果然,他逐次论述,将印度佛学东渐、阿拉伯回教文明纳入中国语境的"东方生成"过程中:"要而言之,印度佛教文明之影响于中国者,以信仰和思维方面为深。而阿拉伯回教文明之传播于中国者,以文物与创制方面为广。一属抽象的形而上者,一属具体的形而下者。然则中国人对外来文化接受消融之能力,直上直下,无粗无细,在内在外,兼容并包,如纳众流于大海,泱泱乎诚大平原民族文化应有之征象也。"[②]这一判断非常重要,也就是说,在钱穆看来,东方文化至此主要乃以亚洲文化为限,而其三个核心组成部分,乃中

[①] 《东西文化之再探讨》(1941),载钱穆:《文化与教育》,广西师范大学出版社2004年版,第12页。
[②] 同上书,第13页。

第十章 结 论

国文化、印度文化、阿拉伯文化。中国文化之所以堪称是东方文化的独创,乃在于它具有不可替代的三大文化体交融性质,尤其是中国人的消融能力与创化实绩。

文化侨易视角的引入,可以让我们对文化的交流、移植、碰撞、影响、接受、博弈等问题有一个更大的框架性结构。而反观之,在西方文化中,也存在着这样的问题,德国古典诗哲所承担的时代使命乃是"世界性"的,康德、歌德、席勒、黑格尔等人无一例外,都拥有"世界理想",不管是"世界公民""世界文学""世界历史"还是"世界精神",他们都不约而同地意识到德意志民族应当承担的"世界使命",这是那代人的辉煌之处,而歌德、席勒经由启蒙思脉-浪漫思脉之对峙开出的第三维——古典思脉,更是具有重大的思想史价值。但可惜的是,这种重大的思想史路向,并未得到后来者的充分认知和承继,好在经历过种种艰难曲折,经由黑塞、卫礼贤、荣格等人隔代继承,在日后又接续了这条路径,其中尤其以卫礼贤的中国经典德译之工作而具有重大突破意义;但卫礼贤绝不是一个简单的翻译家,他乃是一个走出自己独特之路的思想者,是歌德、席勒事业的承继者,他已经非常深刻和敏锐地意识到自己所处时代的文化史价值以及自己所在位置的交流史意义,就理论而言,他认为:"当两种性质不同的文化沟通后,一种理智和精神深处的交流就不可避免地长期存在。"[①]更重要的是:"现在东西方的交流又重新开始,这次也许是世界历史上最后,也是最重要的一次机会。"[②]这样

[①] [德]卫礼贤:《中国心灵》(*Die Chinesische Seele*),王宇洁等译,国际文化出版公司1998年版,第186页。

[②] 同上书,第187页。

一种文化交流的意义在于:"它是一种综合,而不仅是两个半球直接的对抗,并且可能是人类历史两段不同时期的融合。"①这不仅立足于一个思想家的独立思考,还产生自厚重的历史沉淀和分析基础:

> 过去,各种文化可以说被封闭在保护墙里,被荒漠和高山阻隔,它们常常只是大地上一颗颗(棵棵)孤零零的文化植物;尽管偶尔会有两株同时开放,例如罗马帝国和汉朝,但他们远隔千里,以至它们几乎不可能相互影响,只有各自的末梢在相互渗透。今天情况不同了。人类借助交通工具以新的方式相互促进,那种仅仅作为自然产物的文化,在铁路、轮船和飞机的有效航程内可能已很难存在……重新组织这些文化遗产,使之符合我们人类的新要求。②

如今我们处在网络信息时代就更不得不佩服卫礼贤的高瞻远瞩,全球化时代的到来使得一个"作为整体的世界"(或干脆谓"地球

---

① [德]卫礼贤:《中国心灵》,王宇洁等译,国际文化出版公司1998年版,第187页。但卫礼贤非常清楚地意识到:"东西方两种世界观是相互对立的,其中任何一种都没有绝对优越到足以必然取胜;另一方面,这两种世界观都表明其有赖于相互间在本质上的完善。为此,如果能够从当前现实出发,成功找到一种把两种文化中有价值的成分统一起来的综合模式,将会是解决冲突的最佳方案。当然,只有在两种文化的思想界互相承认并手拉手致力于创造一种新的人类文化这一艰巨使命时,上述情况才会发生。"卫礼贤:《中国文化哲学与世界政治展望》,原载 Wilhelm, Richard: *Ostasien—Werden und Wandel des chinesischen Kulturkreises*. Potsdam & Zürich, 1928。转引自蒋锐编译:《东方之光——卫礼贤论中国文化》,外语教学与研究出版社2007年版,第234页。
② [德]卫礼贤:《中国文化的危机》(„Die Krisis der chinesischen Kultur"),载蒋锐编译:《东方之光——卫礼贤论中国文化》,外语教学与研究出版社2007年版,第67页。

第十章 结 论

村")不再是虚幻之事,所谓"现代世界体系的建立牵涉到欧洲人与世界其他民族的相遇,并且在多数情况下还伴随着对这些民族的征服。按欧洲人的经验范畴来说,他们遇到了两类截然不同的民族和社会结构。有些民族生活在相对较小的群体中,他们没有书写系统,他们似乎也没有共同的、覆盖广大地区的宗教系统,与欧洲人所拥有的技术相比,在军事实力上也较为薄弱……对这些民族的研究构成了一个新的学科领域,称为人类学(anthropology)"。① 不过,这段论述反映虽为现实,却摆不脱骨子里极为强烈的"欧洲中心论"意识。就本质而言,卫礼贤揭示的交流史与文化发展的关系,基本体现出雅斯贝尔斯(Jaspers, Karl)强调的"轴心时代"(Die Achsenzeit)与日后的"全球时代"(Globalization)的根本区别所在。文化交流所赋予的人类各文明进程的积极意义,是怎么高估也不过分的,所谓"从古代到现在,在世界上还找不出一种文化是不受外来影响的"②;或者干脆更明确强调"世界上没有任何文化能够不随时吸收外国因素而可维系不坠"③。当然,话说回来,面对强势涌来的外来文化,如何吸收消化也是一大问题;中国恰恰不但具有这种极强烈的消化能力和学习热情,而且积累了极为丰富的历史经验。卫氏凭借他超卓的敏锐眼光,提供了对中国文化观察的超越一般而立足于交流史的独特视角:

---

① [美]沃勒斯坦等:《开放社会科学》,刘锋译,生活·读书·新知三联书店1997年版,第22页。
② 季羡林:《文化交流的必然性和复杂性》,载季羡林、张光璘编:《东西文化议论集》上册,经济日报出版社1997年版,第8页。
③ 《敌机轰炸中谈中国文化》,载明立志等编:《蒋梦麟学术文化随笔》,中国青年出版社2001年版,第336页。

中国历史发展进程中，经常出现一段文化繁荣的时期，这往往是根植于内部的文化在遭到周围野蛮民族的扰乱后，在吸收外部影响的同时，转化为一种新的繁荣。这种文化上的联姻，如果在感情上能够容纳就经常会成为新生的开始，在与外部同化中得以前进。早期东周列国时期文化繁荣也许可追溯到西部母系氏族掌握主权的蛮族入侵，这种碰撞交流产生了以后长期流传的儒学和道教的思想渊源，在公元前3世纪，中国北方黄河文化与南方长江文化的交流融合，产生了一种崭新的不可想象的成就，接踵而来的佛教在人们心目中占据了重要地位，并在唐宋时期融会贯通达到顶峰。蒙古入侵之后产生了明朝文化的繁荣，耶稣教与北部满族的结合也产生出一种特殊的文化……①

卫礼贤此处是从文化发展的整体通论之，而之所以能得此高论，与其外来者的视角当不无关联。从另一个方面，这段对中国文化史发展的观察印之以本土学人陈寅恪借助世界眼光表达的思想史意见，亦同样若合符节，即"吸收输入外来之学说"与"不忘本来民族之地位"并举②。无论主观客观，外来之物如新鲜血液，汲取之是非常必要的。至于是否能化为我用，则是考量一个民族智慧与意志的最大难题。而在这方面，中国人无疑拔得头筹，卫礼贤非常

---

① [德]卫礼贤：《中国心灵》，王宇洁等译，国际文化出版公司1998年版，第186—187页。
② 陈寅恪：《冯友兰〈中国哲学史〉下册审查报告》，载刘桂生、张步洲编：《陈寅恪学术文化随笔》，中国青年出版社1996年版，第17页。

第十章 结 论

敏锐地指出:"中国人思想领域的强大在于,和别的任何事物不同,它对与自己接触的人形成一种有益的因而具有吸引力的影响。"①这一论述也为中国学者的判断所证实:"事实上正因为她有伟大的吸收能力,中国才能在几千年的历史过程中历经沧桑而屹立不坠。"②

这样一种复杂的侨易过程仍然在继续发展之中,中国文化仍继续着汉唐以来优良的吸收传统,完善着自明末以来的西学汲取过程;而德国作为东西方文化的核心二元之一,其古典时代的"图镜"开辟,仍是最为宝贵的精神和知识资源,其现代的"汉学知识场"的成功构建,更充分说明了这个民族的伟大汲取能力。东学西渐与西学东渐的并峙齐行,必将构成东、西方二元关系中积极的流力因素,使得"万川归海"之理想进入有效的实现过程之中。这幅景象其实颇有趣地展现了世界文明的演进:

> 如果世界文明的演进可以缩小为一幅简单的图例的话,上面这幅象征图或许就是一种准确的表现。象征图的底层是一个实心的图形即金字塔,代表人类寻求解决自身环境问题的那些早期文化社会。在金字塔的顶部出现发散的分支,起初相互间越离越远,然后又再次靠拢,形成新的结合。这些

---

① [德]卫礼贤:《中国文化哲学与世界政治展望》,原载 Wilhelm, Richard: *Ostasien — Werden und Wandel des chinesischen Kulturkreises*. Potsdam & Zürich, 1928。转引自蒋锐编译:《东方之光——卫礼贤论中国文化》,外语教学与研究出版社 2007 年版,第 234 页。
② 《敌机轰炸中谈中国文化》,载明立志等编:《蒋梦麟学术文化随笔》,中国青年出版社 2001 年版,第 336 页。

分支表示文化的传播以及后来在新的科学和技术进步条件下它们逐渐重新统一。在这些分支之间，即便在游离得最远的点上，也有将其连接在一起的交叉往来的长丝线，代表世界的各种文明在整个历史上不断相互借鉴的各种思想和技能。分支重新聚合之后，出现一束分离的弧线，代表作为各种文化相互补充而受益所造成的许多新的独特发展，并向未来延伸。①

这种金字塔式的山形描述，其实和万川归海的表达异曲同工，都表达了文化侨易系统的复杂性和互益性，也表达出对未来的美好期望。卫礼贤所展望的人类未来，值得我们向往："新的人类文化将覆盖整个地球，它将不像过去的文化那样是有机联系着的生命元素构成，而是一种更有条理的文化，其元素就是过去文化的碎片。"②卫礼贤身上所表现出的那种对中国文化的深度体认，让人极为惊讶。譬如他在彼时西学东渐极为强势的背景下竟指出："欧洲文明的涌入并没有导致中华民族的衰落。"③确实，欧洲的科学和思想不但进入了中国民众之中，重塑了中国人的精神，而且"丝毫没有损害中国文化的生命力"④他不相信"中国文化会走向崩溃"，

---

① 《前言》，载［印］D.P.辛加尔：《印度与世界文明》上卷，庄万友等译，商务印书馆2015年版，第3—4页。
② ［德］卫礼贤：《东方与西方》（„Ost und West"），载蒋锐编译：《东方之光——卫礼贤论中国文化》，外语教学与研究出版社2007年版，第217页。
③ ［德］卫礼贤：《中国文化的危机》，载蒋锐编译：《东方之光——卫礼贤论中国文化》，外语教学与研究出版社2007年版，第65页。
④ 同上书，第65—66页。

第十章　结　论

他同时提出"新中国必须以新的方式建设自己的文化",但他建议的路径是非常有趣而现实的,即中国的文化建设必须充分利用历史遗产,"但现在这些遗产可以说偶尔已不再适合未来一代人的思想,所以人们现在就须通过自觉的新式教育事业,将其植入未来一代人中"。[①] 通过教育方式的更新而将传统资源进行创造性转化,并使之成为未来一代可以继"薪尽火传"而承袭的思想资源。这样一种大气的文化创造与实践思路,确实非同凡响。而卫礼贤之所以能够有如此大的思想创造气魄,所凭借的,正是那种德意志文化底气。要知道,卫礼贤的中国研究,始终有一种相当强烈的自我问题意识,即追问德国(乃至西方)的路在何方。这一点,经由第一次世界大战的刺激而变得更为明显。他毫不犹豫地质问道:"我们欧洲人还能保住自己的地位吗?或许我们将被其他民族所取代?这些民族继承了我们文化中技术上的东西并且比我们消耗更少,它们不是谈论其文化的没落,而是感到自己的文化正在重新复兴。"而他提出的方案是:"我们必须检查自己的精神武库,尝试发现哪些是欧洲思想路线中需要保持的,哪些是我们必须坚持的;同时要弄清,欧洲思想在哪些地方出现了断裂,不能再长期维持下去。"[②] 这样一种非常"有我"的思路决定了卫礼贤的中国文化观具有极强的时代语境与本土意识,而这并没有导致他的极端化,他坚定地拒绝所谓的"东方化",强调"简单照搬东方思想

[①] [德]卫礼贤:《中国文化的危机》,载蒋锐编译:《东方之光——卫礼贤论中国文化》,外语教学与研究出版社 2007 年版,第 68 页。
[②] [德]卫礼贤:《东方思想对西方复兴的意义》("Die Bedeutung des morgenländischen Geistes für die abendländische Erneuerung"),载蒋锐编译:《东方之光——卫礼贤论中国文化》,外语教学与研究出版社 2007 年版,第 220 页。

既不受欢迎也行不通";他极富智慧地指出:"只有通过有机地发展自己拥有的财富资源,才能富有起来。"①他主张立足西方思想(欧洲思想)的核心所在,汲取东方思想的精华,为我所用,实现西方的复兴！归纳言之,可谓"西体东用"是也。② 作为西方文化的核心支柱之一,德国文化的发展至关重要,德国古典诗哲开辟的启蒙路径,其实给我们很大的思考空间,尤其是以歌德、席勒为代表开出的"古典图镜"之路强调,中国文化在此中扮演了相当不凡的角色,或许也可以从反方向来看,这也正是中国文明具有广泛的兼容力、包容力的象征。中国文明之立于世界民族之林,原有其伟大的、不朽的因素在。

莫兰(Morin, Edgar, 1921—)曾相当严肃地反思欧洲的问题:"欧洲那些曾经推到极端和传播全球的狂热追求有：荒唐的'拯救',宗教不宽容,资本主义,民族主义,极权主义,工业主义,技术官僚主义,对强力和利润的渴求,对发展的崇拜,对人类文化和自然环境的摧毁。欧洲将这些瘟疫传播给了世界,而这些瘟疫则是由牵强的简单化、单边主义,以及激化各种主义并将其付诸现实的因素衍生而来的。我们已经自作自受,我们经历了民族主义和

---

① [德]卫礼贤:《东方思想对西方复兴的意义》(„Die Bedeutung des morgenländischen Geistes für die abendländische Erneuerung"),载蒋锐编译:《东方之光——卫礼贤论中国文化》,外语教学与研究出版社2007年版,第226页。
② 中体西用的概念始于沈寿康、孙家鼐,但集中论述并集大成者当推张之洞,他强调,"中学为内学,西学为外学,中学治身心,西学应世事",故此当"新旧兼学。旧学为体,新学为用"。张之洞:《劝学篇》"设学 第三",文海出版社1960年,第96页。此后又有论者提出"西体中用""中体中用""西体西用"等概念,基本都是中国人的。另参见陈明:《中体西用：启蒙与救亡之外——传统文化在近代的展现(上)》,载陈明主编《原道》第1辑,中国社会科学出版社1994年版,第16页。

第十章 结 论

极权主义悲剧的顶点,我们开始一点点产生出抵抗种种自己培育的病毒的抗体,我们将可以帮助世界进行消毒以抵御这些由我们带来的瘟疫。……全球性文化完全不需要清一色的世界,相反,全球化要求的是通过复杂形式的对话交流来让不同的文化争芳斗艳。欧洲应该永远不再以一元和唯理化的眼光看问题,相对于其他文化,欧洲文化可以发挥一种意想不到的他者的作用,这即是促进文化之间的了解和自我发展。欧洲应该彻底摒弃处于世界中心的优越感,使自己成为一个思想和创新的中心,为人类开太平,建立和重整和睦秩序,让我们的地球家园盛开文明之花。"[1]莫兰这段思考可谓振聋发聩,不但总结了欧洲的历史经验和局限所在,而且也以一种非常负责任的思想家高度来厘清欧洲的使命和位置,强调多元文化观,放弃欧洲中心论,正符合侨易学消解主体的思路。万川归海、二元归一,世界文明正处在一个大江大河都归于一体之际,所谓"今世所有的文化体系,都将融合于人类共同缔造的世界文化体系之中"。而"我们今日正在江河入海之时",所以有"万古江河,昼夜不止"之说。[2] 德国诗哲在古典时代的启蒙路径及其中国资源利用,只是这汹涌大海中的微波一束,当然绝非不重要。而想要观察到这大海奔腾的全景,还有更多、更具体、更细致的工作要做,这正是一个学者的职责。费希特曾给我们明确地界定了人类各群体中"学者的使命"(die Bestimmung des Gelehrten),他毫不

---

[1] 《重新思考欧洲》,载[法]埃德加·莫兰:《反思欧洲》(*Penser L' Europe*),康征等译,生活·读书·新知三联书店2005年版,第141页。
[2] 许倬云:《万古江河——中国历史文化的转折与开展》,上海文艺出版社2006年版,第7页。

犹豫地指出"学者就是人类的教养员"①,他要求学者不但要能"在一切文化方面都应当比其他阶层走在前面"(der in allen Stücken der Cultur den übrigen Ständen zuvor seyn soll),而且"应当代表他的时代可能达到的道德发展的最高水平"(die höchste Stufe der bis auf ihn möglichen sittlichen Ausbildung in sich darstellen)②,学者应当树立起与普通人一样的最终目标——"提高整个人类道德风尚"。所以,费希特斩钉截铁地表态说:"我的本分就是把我这个时代和后代的教化工作担当起来:从我的工作中产生出未来各代人的道路,产生出各民族的世界史。这些民族将来还会变化。我的使命就是论证真理;我的生命和我的命运都微不足道;但我的生命的影响却无限伟大。我是真理的献身者;我为它服务;我必须为它承做一切,敢说敢做,忍受痛苦。要是我为真理而受到迫害,遭到仇视,要是我为真理而死于职守,我这样做又有什么特别的呢?我所做的不是我完全应当做的吗?"③我们所要承担的,不也正是这

---

① 德文为: In dieser Rücksicht ist der Gelehrte der *Erzieher* der Menschheit. [*Fichte: Einige Vorlesungen über die Bestimmung des Gelehrten. Quellen Philosophie: Deutscher Idealismus*, S.9663 (vgl. Fichte-W Bd. 6, S. 332) http://www.digitale-bibliothek.de/QP03.htm]. [德]费希特:《论学者的使命》,载梁志学主编:《费希特著作选集》第2卷,商务印书馆1994年版,第43页。

② [*Fichte: Einige Vorlesungen über die Bestimmung des Gelehrten. Quellen Philosophie: Deutscher Idealismus*, S.9665-9666 (vgl. Fichte-W Bd. 6, S.333) http://www.digitale-bibliothek.de/QP03.htm]. [德]费希特:《论学者的使命》,载梁志学主编:《费希特著作选集》第2卷,商务印书馆1994年版,第44页。

③ 德文为: auch mir an meinem Theile ist die Cultur meines Zeitalters und der folgenden Zeitalter anvertraut; auch aus meinen Arbeiten wird sich der Gang der künftigen Geschlechter, die Weltgeschichte der Nationen, die noch werden sollen, entwickeln. Ich bin dazu berufen, der Wahrheit Zeugniss zu geben; an meinem Leben und an meinen Schicksalen liegt nichts; an den Wirkungen meines Lebens liegt unendlich viel. (转下页)

样的责任吗？正如宗白华所言："学者的责任,本是探求真理,真理是学者的第一种的生命。小己的成见与外界的势力,都是真理的大敌。抵抗这种大敌的器械,莫过于古印度学者服从真理,牺牲成见的态度。欧洲中古学者拥护真理,牺牲生命的精神。这种态度,这种精神,正是我们中国新学者应具的态度,应抱的精神！"①

（接上页）Ich bin ein Priester der Wahrheit; ich bin in ihrem Solde; ich habe mich verbindlich gemacht, alles für sie zu thun und zu wagen und zu leiden. Wenn ich um ihrer willen verfolgt und gehasst werden, wenn ich in ihrem Dienste gar sterben sollte — was thät ich dann sonderliches, was thät ich dann weiter, als das, was ich schlechthin thun müsste? [*Fichte: Einige Vorlesungen über die Bestimmung des Gelehrten. Quellen Philosophie: Deutscher Idealismus*, S. 9666 – 9667（vgl. Fichte-W Bd. 6, S. 333 – 334）http://www.digitale-bibliothek.de/QP03.htm]。[德] 费希特:《论学者的使命》,载梁志学主编:《费希特著作选集》第2卷,商务印书馆1994年版,第45页。
① 宗白华:《学者的态度和精神》,载《宗白华全集》第1卷,安徽教育出版社1994年版,第138页。

参考文献

［苏］阿尔森·古留加：《康德传》，贾泽林等译，商务印书馆1981年版。
［美］艾恺采访，梁漱溟口述，一耽学堂整理：《这个世界会好吗？—梁漱溟晚年口述》，外语教学与研究出版社2010年版。
［德］艾克曼辑录：《歌德谈话录》，杨武能译，浙江文艺出版社2004年版。
［法］安田朴：《中国文化西传欧洲史》，耿昇译，商务印书馆2000年版。
安文铸、关珠、张文珍编译：《莱布尼茨和中国》，福建人民出版社1993年版。
［德］包尔生：《德国大学与大学学习》，张弛等译，人民教育出版社2009年版。
［德］包尔生：《伦理学体系》，何怀宏、廖申白译，中国社会科学出版社1988年版。
［美］彼得·盖伊：《启蒙时代（上）：现代异教精神的兴起》，刘北成译，上海人民出版社2015年版。
［法］毕诺：《中国对法国哲学思想形成的影响》，耿昇译，商务印书馆2000年版。
［英］以赛亚·伯林：《反潮流——观念史论文集》，冯克利译，译林出版社2002年版。
曾艳兵：《卡夫卡与中国文化》，首都师范大学出版社2006年版。
陈方正：《继承与叛逆——现代科学为何出现于西方》，生活·读书·新知三联书店2009年版。
陈海文：《启蒙论——社会学与中国文化启蒙》，牛津大学出版社2002年版。

陈恒、耿相新主编：《新史学》第1辑，大象出版社2003年版。

陈洪捷：《什么是洪堡的大学思想？》，《中国大学教学》2003年第6期。

陈明：《中体西用：启蒙与救亡之外——传统文化在近代的展现（上）》，载陈明主编：《原道》第1辑，中国社会科学出版社1994年版。

陈平原：《中国现代学术之建立》，北京大学出版社2010年版。

陈铨：《陈铨德国文学研究论集》，陕西人民教育出版社2016年版。

陈铨：《中德文学研究》，辽宁教育出版社1997年版。

陈卫平：《第一页与胚胎——明清之际的中西文化比较》，上海人民出版社1992年版。

陈寅恪：《陈寅恪集·寒柳堂集》，生活·读书·新知三联书店2001年版。

陈寅恪：《陈寅恪集·金明馆丛稿初编》，北京：生活·读书·新知三联书店2001年版。

陈寅恪：《陈寅恪学术文化随笔》，刘桂生、张步洲编，中国青年出版社1996年版。

陈昭荣：《流浪母题与西方文学经典阐释》，中国社会科学出版社2006年版。

陈志强：《试论拜占庭文化在中世纪欧洲和东地中海文化发展中的地位和作用》，《历史教学》1986年第8期。

陈志强：《拜占庭对西欧文化的作用——兼与吴长春同志商榷》，《历史教学》1991年第2期。

［法］戴仁主编：《法国当代中国学》，耿昇译，中国社会科学出版社1998年版。

戴问天：《格廷根大学》，湖南教育出版社1986年版。

［法］埃米尔·迪尔凯姆：《自杀论——社会学研究》，冯韵文译，商务印书馆1996年版。

董问樵：《席勒》，复旦大学出版社1984年版。

［法］杜赫德编：《耶稣会士中国书简集——中国回忆录》第1—6册，郑德弟等译，大象出版社2001—2005年版。

范存忠：《中国文化在启蒙时期的英国》，上海外语教育出版社1991年版。

方豪:《方豪六十自定稿》,学生书局1969年版。

方豪:《中西交通史》下册,上海人民出版社2015年版。

[法]费赖之:《在华耶稣会士列传及书目》上册,冯承钧译,中华书局1995年版。

[德]费希特:《费希特著作选集》,梁志学主编,第2卷,商务印书馆1994年版。

冯至:《冯至全集》第8卷,河北教育出版社1999年版。

[英]弗里德里希·奥古斯特·哈耶克:《通往奴役之路》,王明毅等译,中国社会科学出版社1997年版。

[法]伏尔泰:《哲学辞典》上册,商务印书馆1991年版。

[德]歌德:《歌德文集》第4卷,刘思慕译,人民文学出版社1999年版。

[德]歌德:《歌德文集》第1卷,绿原译,人民文学出版社1999年版。

[德]歌德:《迷娘曲—歌德诗选》,杨武能译,广西师范大学出版社2003年版。

[德]歌德:《威廉·麦斯特的漫游时代》,关惠文译,人民文学出版社1993年版。

[德]歌德:《歌德文集》第7卷《戏剧》,杨武能、刘硕良主编,钱春绮等译,河北教育出版社1999年版。

[德]格里美尔斯豪森:《痴儿西木传》,李淑、潘再平译,人民文学出版社2004年版。

顾钧:《卫三畏与美国早期汉学》,外语教学与研究出版社2009年版。

关子尹:《莱布尼茨与现代德语之沧桑》,《同济大学学报(社会科学版)》2005年第1期。

[德]亨利希·海涅:《论德国宗教和哲学的历史》,海安译,商务印书馆1974年修订第2版。

[德]荷尔德林:《荷尔德林文集》,戴晖译,商务印书馆1999年版。

贺国庆:《德国和美国大学发达史》,人民教育出版社1998年版。

[德]黑格尔:《法哲学原理》,范扬、张启泰译,商务印书馆1996年版。

[德]黑格尔:《精神现象学》,贺麟等译,商务印书馆2009年版。

［德］黑格尔:《历史哲学》,王造时译,商务印书馆1999年版。

［德］黑格尔:《哲学史讲演录》第1卷,贺麟、王太庆译,商务印书馆1959年版。

［德］埃德蒙德·胡塞尔:《现象学的观念:五篇讲座稿》,倪梁康译,人民出版社2007年版。

［美］沃勒斯坦等:《开放社会科学》,刘锋译,生活·读书·新知三联书店1997年版。

［英］怀特海:《科学与近代世界》,何钦译,商务印书馆1959年版。

黄梅:《推敲"自我":小说在18世纪的英国》,生活·读书·新知三联书店2003年版。

［德］霍夫曼:《雄猫穆尔的生活观——附出自废纸堆的乐队指挥约翰内斯·克莱斯勒的传记片段》,韩世钟译,上海译文出版社1986年版。

季羡林、张光璘编:《东西文化议论集》上册,经济日报出版社1997年版。

季羡林:《东学西渐与东化》,《新华文摘》2005年第3期。

蒋梦麟:《蒋梦麟学术文化随笔》,明立志等编,中国青年出版社2001年版。

蒋天枢:《陈寅恪先生编年事辑》,上海古籍出版社1997年版。

焦树安:《谈莱布尼茨论中国哲学》,《中国哲学史研究》1981年第3期。

［德］卡西尔:《启蒙哲学》,顾伟铭等译,山东人民出版社1988年版。

［德］康德:《纯然理性界限内的宗教》,李秋零译,中国人民大学出版社2011年版。

［德］康德:《康德宗教哲学文集》,李秋零译,中国人民大学出版社2016年版。

［德］康德:《历史理性批判文集》,何兆武译,商务印书馆1990年版。

［德］康德:《实践理性批判》,韩水法译,商务印书馆1999年版。

［美］J.J.克拉克:《东方启蒙:东西方思想的遭遇》,于闵梅等译,上海人民出版社2011年版。

［美］曼弗雷德·库恩:《康德传》,黄添盛译,上海人民出版社2008年版。

［伊朗］拉明·贾汉贝格鲁:《伯林谈话录》,杨祯钦译,译林出版社2002

年版。

［德］莱布尼茨：《人类理智新论》上、下册，陈修斋译，商务印书馆1892年版。

［德］莱布尼茨：《中国近事——为了照亮我们这个时代的历史》，［法］梅谦立等译，大象出版社2005年版。

［德］莱辛：《汉堡剧评》，张黎译，译文出版社2002年版。

李伯杰等：《德国文化史》，对外经济贸易大学出版社2002年版。

李遼六：《莱比锡大学》，湖南教育出版社1986年版。

［韩］李元淳：《朝鲜西学史研究》，王玉洁等译，中国社会科学出版社2001年版。

李泽厚：《李泽厚十年集》第2卷，安徽文艺出版社1994年版。

［英］理查生：《帕梅拉》，吴辉译，译林出版社1997年版。

［德］利奇温：《十八世纪中国与欧洲文化的接触》，朱杰勤译，商务印书馆1962年版。

梁启超：《梁启超文选》下集，夏晓虹编，中国广播电视出版社1992年版。

梁启超：《论中国学术思想变迁之大势》，夏晓红导读，上海古籍出版社2019年版。

［英］J.O.林赛编：《新编剑桥世界近代史》第7册《旧制度：1713—1763年》，中国社会科学院世界历史研究所组译，中国社会科学出版社1999年版。

刘登阁、周云芳：《西学东渐与东学西渐》，中国社会科学出版社2000年版。

刘桂生：《刘桂生学术文化随笔》，中国青年出版社2000年版。

刘新利：《基督教与德意志民族》，商务印书馆2000年版。

柳诒徵：《中国文化史》下册，中国大百科全书出版社1988年版。

卢镇：《文艺复兴时期意大利人文主义与犹太思想的互动》，《世界历史》2018年第3期。

鲁迅：《鲁迅全集》第11卷，人民文学出版社1981年版。

鲁迅：《鲁迅全集》第8卷，人民文学出版社1981年版。

鲁迅：《鲁迅作品精选·理论》，中国文史出版社2002年版。

参考文献

［英］洛克：《人类理解论》第2卷，关文运译，商务印书馆1959年版。

［英］麦克唐纳·罗斯：《莱布尼茨》，张传友译，中国社会科学出版社1987年版。

［瑞士］瓦尔特·吕埃格主编：《欧洲大学史》第2卷，贺国庆等译，河北大学出版社2008年版。

吕大年：《替人读书》，上海书店出版社2008年版。

马克思、恩格斯：《马克思恩格斯选集》第1—4卷，人民出版社1972年版。

马克斯·韦伯：《新教伦理与资本主义精神》，于晓等译，生活·读书·新知三联书店1987年版。

毛泽东：《毛泽东早期文稿》，湖南出版社1995年版。

李泽厚：《李泽厚十年集》第3卷上册，安徽文艺出版社1994年版。

［德］卡尔·曼海姆：《保守主义》，李朝晖等译，译林出版社2002年版。

［德］梅林：《论文学》，张玉书等译，人民文学出版社1982年版。

［美］孟德卫：《1500—1800：中西方的伟大相遇》，江文君等译，新星出版社2007年版。

［美］孟德卫：《莱布尼茨和儒学》，张学智译，江苏人民出版社1998年版。

孟华：《伏尔泰与孔子》，新华出版社1993年版。

苗力田译编：《黑格尔通信百封》，中国人民大学出版社2015年版。

［清］名教中人编次：《好逑传》，上海古籍出版社1994年版。

牟宗三：《中国哲学十九讲》，上海古籍出版社1997年版。

［法］埃德加·莫兰：《反思欧洲》，康征等译，生活·读书·新知三联书店2005年版。

纳忠等：《传承与交融：阿拉伯文化》，浙江人民出版社1993年版。

［德］尼采：《反基督》，陈君华译，河北教育出版社2003年版。

［德］尼采：《善恶的彼岸》，朱泱译，团结出版社2001年版。

庞朴：《一分为三论》，上海古籍出版社2003年版。

彭国翔编：《学思答问——余英时访谈集》，北京大学出版社2013年版。

钱穆：《文化与教育》，广西师范大学出版社2004年版。

钱钟书：《谈艺录》，中华书局1998年版。

钱钟书:《管锥篇》第 1 册,中华书局 1979 年版。

秦惠彬主编:《伊斯兰文明》,中国社会科学出版社 1999 年版。

秦家懿:《德国哲学家论中国》,生活·读书·新知三联书店 1993 年版。

卿文光:《论黑格尔的中国文化观》,社会科学文献出版社 2005 年版。

曲士培主编:《蒋梦麟教育论著选》,人民教育出版社 1995 年版。

饶宗颐:《中国史学上之正统论》,上海远东出版社 1996 年版。

萨义德:《东方学》,王宇根译,生活·读书·新知三联书店 1999 年版。

石元康:《从中国文化到现代性:典范转移?》,生活·读书·新知三联书店 2000 年版。

宋柏年主编:《中国古典文学在国外》,北京语言学院出版社 1994 年版。

孙周兴:《作为语言哲学的元批判——哈曼与康德》,同济大学"德国哲学与现代中国"研讨会论文,2004 年 6 月。

谭渊:《歌德席勒笔下的"中国公主"与"中国女诗人"——1800 年前后中国文化软实力对德影响研究》,中国社会科学出版社 2013 年版。

汤用彤:《汤用彤全集》第 5 卷,河北人民出版社 2000 年版。

[美] 唐纳德·F.拉赫,埃德温·J.范·克雷:《欧洲形成中的亚洲》3 卷 9 册,周宁总校译,人民出版社 2013 年版。

汪晖:《死火重温》,人民文学出版社 2000 年版。

王宁、钱林森、马树德:《中国文化对欧洲的影响》,河北人民出版社 1999 年版。

王瑶主编:《中国文学研究现代化进程》,北京大学出版社 1996 年版。

[美] 维塞尔:《莱辛思想再释》,贺志刚译,华夏出版社 2002 年版。

[德] 卫礼贤:《中国心灵》,王宇洁等译,国际文化出版公司 1998 年版。

[德] 卫礼贤:《东方之光——卫礼贤论中国文化》,蒋锐编译,外语教学与研究出版社 2007 年版。

卫茂平:《中国对德国文学影响史述》,上海外语教育出版社 1996 年版。

卫茂平:《歌德〈埃尔佩诺〉是〈赵氏孤儿〉的改编本吗?》,《中国比较文学》1988 年第 1 期。

[德] 温克尔曼:《希腊人的艺术》,邵大箴译,广西师范大学出版社 2001

年版。

［德］文德尔班:《哲学史教程——特别关于哲学问题和哲学概念的形成和发展》下卷,罗达仁译,商务印书馆1993年版。

［德］沃尔夫:《中国人实践哲学演讲》,李鹃译,华东师范大学出版社2016年版。

吴存存:《明清社会性爱风气》,人民文学出版社2000年版。

吴莉苇:《当诺亚方舟遭遇伏羲神农——启蒙时代欧洲的中国上古史论争》,南开大学历史学院博士论文,2003年。

吴宓:《吴宓日记》第2册,生活·读书·新知三联书店1998年版。

吴学昭:《吴宓与陈寅恪》,清华大学出版社1992年版。

吴长春:《阿拉伯文化的西传和西欧的文艺复兴》,《西亚非洲》1987年第6期。

吴长春:《中世纪西欧吸收古希腊文化渠道问题初探》,《历史教学》1988年第2期。

吴长春:《阿拉伯文化传播到西方的途径》,《世界历史》1987年第3期。

［日］五来欣造:《儒教对于德国政治思想的影响》,商务印书馆1936年版。

［德］席勒:《华伦斯坦》,郭沫若译,人民文学出版社1955年版。

［德］席勒:《席勒诗选》,钱春绮译,人民文学出版社1993年版。

［德］席勒:《秀美与尊严——席勒艺术和美学文集》,张玉能译,文化艺术出版社1996年版。

［德］夏瑞春编:《德国思想家论中国》,陈爱政等译,江苏人民出版社1995年版。

［法］谢和耐:《中国文化与基督教的冲撞》,于硕等译,辽宁人民出版社1989年版。

忻剑飞:《世界的中国观——近二千年来世界对中国的认识史纲》,学林出版社1991年版。

［印］D.P.辛加尔:《印度与世界文明》上卷,庄万友等译,商务印书馆2015年版。

[美]伊恩·P.瓦特:《小说的兴起——笛福、理查逊、菲尔丁研究》,高原等译,生活·读书·新知三联书店1992年版。
熊月之:《西学东渐与晚清社会》,上海人民出版社1994年版。
徐善伟:《东学西渐与西方文化的复兴》,上海人民出版社2002年版。
许倬云:《这个世界病了吗?》,上海文化出版社2014年版。
许倬云:《万古江河——中国历史文化的转折与开展》,上海文艺出版社2006年版。
薛汕校订:《花笺记》,文化艺术出版社1985年版。
严建强:《十八世纪中国文化在西欧的传播》,中国美术学院出版社2002年版。
阎宗临:《传教士与法国早期汉学》,大象出版社2003年版。
[清]颜希源编撰:《百美新咏图传》,连震译校,中国文联出版社2006年版。
杨武能:《歌德与中国》,生活·读书·新知三联书店1991年版。
杨武能选编:《席勒与中国》,四川文艺出版社1989年版。
[德]姚斯、[美]霍拉勃:《接受美学与接受理论》,周宁等译,辽宁人民出版社1987年版。
叶隽:《主体的迁变——从德国传教士到留德学人群》,上海外语教育出版社2008年版。
荑秋散人编次:《玉娇梨》,冯伟民校点,人民文学出版社1983年版。
佚名:《尼贝龙根之歌》,钱春绮译,人民文学出版社1959年版。
印芝虹等主编:《中德文化对话》第1卷,南京大学出版社2008年版。
于桂芬:《西风东渐——中日摄取西方文化的比较研究》,商务印书馆2001年版。
乐黛云编:《跨文化对话》第33辑,生活·读书·新知三联书店2015年版。
张国刚、吴莉苇:《启蒙时代欧洲的中国观——一个历史的巡礼与反思》,上海古籍出版社2006年版。
张隆溪编:《比较文学译文集》,北京大学出版社1982年版,第24页。
张品端:《朱子理学与莱布尼茨、沃尔夫的启蒙哲学之比较》,《商丘师范学院学报》2010年第5期。

张威廉:《德语教学随笔》,南京大学出版社2000年版。

张西平:《欧洲早期汉学史——中西文化交流与西方汉学的兴起》,中华书局2009年版。

张玉书选编:《席勒文集》第6卷,人民文学出版社2005年版。

张芸:《别求新声于异邦——鲁迅与西方文化》,中国社会科学出版社2004年版。

张之洞:《劝学篇》,岳麓书社1999年版。

赵林:《"莱布尼茨-沃尔夫体系"与德国启蒙运动》,同济大学"德国哲学与现代中国"研讨会论文,2004年6月。

赵林:《黑格尔的宗教哲学》,武汉大学出版社1996年版。

郑匡民:《梁启超启蒙思想的东学背景》,上海书店出版社2003年版。

郑彭年:《日本西方文化摄取史》,杭州大学出版社1996年版。

郑永年:《中国的知识重建》,东方出版社2018年版。

郑振铎:《中国俗文学史》,东方出版社1996年版。

周冰若、宗白华编:《歌德之认识》,钟山书局1933年版。

周丽华:《德国大学与国家的关系》,北京师范大学出版社2008年版。

周棉主编:《中国留学生大辞典》,南京大学出版社1999年版。

周宁主编:《人文国际》第2辑,厦门大学出版社2010年版。

朱光潜:《西方美学史》下册,人民文学出版社2004年版。

朱谦之、黄夏年:《朱谦之文集》第十卷,福建教育出版社2002年版。

朱谦之:《中国哲学对于欧洲的影响》,人民出版社2006年版。

宗白华:《宗白华全集》第1卷,安徽教育出版社1994年版。

邹振环:《晚明汉文西学经典:编译、诠释、流传与影响》,复旦大学出版社2011年版。

[日]安倍能成:《西洋道德思想史》,角川书店1952年版。

Adler, Hans & Menze, Ernest A. (ed.): *Herder on World History*, trans. by Menze, Ernest A. with Palma, Michael. New York: M.E. Sharpe, Inc., 1997.

Aurich, Ursula: *China im Spiegel der deutschen Literatur des 18. Jahrhunderts.* Berlin: Ebering, 1935.

Bach, Adolf: *Geschichte der deutschen Sprache.* Heidelberg: Quelle & Meyer, 1970.

Bahr, E: *Was ist Aufklärung?* — *Kant, Erhard, Hamann, Herder, Lessing, Mendelssohn, Riem, Schiller, Wieland.* Stuttgart: Reclam, 1974.

Berlin, Isaiah: *The Hedgehog and the Fox: An Essay on Tolstoy's View of History.* London: Weidenfeld & Nicolson, 1953.

Bernal, Martin: *Black Athena.* London: Vintage, 1991.

Beutler, E.: *Das Buch in China und das Buch über China.* Frankfurt am Main: Buchausstellung im China-Institut, 1928.

Biedermann, Woldemar Freiherr von: *Goethe Forschung.* Frankfurt am Main: Literarische Anstalt, 1879.

Bode, Christian, Werner Becker und Rainer Klofat: *Universitäten in Deutschland.* München: Prestel, 1995.

Bödeker, Hans Erich & Herrmann, Ulrich (hrsg.): *Aufklärung als Politisierung — Politisierung als Aufklärung.* Hamburg: Felix Meiner Verlag, 1987.

Chung, Erich Ying-yen: *Chinesisches Gedankengut in Goethes Werk.* Diss. Mainz, 1977.

Debon, Günter: *China zu Gast in Weimar.* Heidelberg: Verlag Brigitte Guderjahn, 1994.

Debon, Günter: *Schiller und der chinesische Geist.* Frankfurt: Haag + Herchen, 1983.

Debon, Günther & Hsia, Adrian (hg.): *Goethe und China — China und Goethe.* Bern: Peter Lang Verlag, 1985.

Du Halde, Jean Baptiste SJ.: *Ausführliche Beschreibungen des chinesischen Reiches und der grossen Tartarey.* Deutsche Übersetzung. 4 Bde. Rostock: Koppe, 1749.

参考文献

Eckermann, Johann Peter: *Gespräche mit Goethe — in den letzten Jahren seines Lebens*. Berlin und Weimar Aufbau-Verlag, 1982.

Ellwein, T.: *Die Deutsche Universität vom mittelalter bis zur gegenwart*. Königstein: AthenäumVerlag, 1985.

Espagne, Michel: *Les transferts culturels franco-allemands*. Paris: Presses Universitaires de France, 1999.

Fang Weigui: *Das Chinabild in der deutschen Literatur, 1871 – 1933 — Ein Beitrag zur komparatistischen Imagologie*. Frankfurt am Main, Berlin, Bern, New York, Paris & Wien: Peter Lang, 1992.

Geanakoplos, D. J.: *Medieval Western Civilization and the Byzantina and Islamic Worlds*. Lexington: Mass.: D.C. Heath, 1979.

Goethe: *Werke*, (vgl. Goethe-HA) http://www.digitale-bibliothek.de/band4.htm

Har, Michael H.: *History of Libraries in the Western World*, Lanham: Scarecrow Press Incorporate, 1999.

Haufe, Eberhard (gesammelt und erläutert): *Wilhelm von Humboldt über Schiller und Goethe*. Weimar: Gustav Kiepenheuer Verlag, 1963.

Hegel, Georg Wilhelm Friedrich: *Grundlinien der Philosophie des Rechts*. (hrsg. von Hoffmeister, Johannes) Hamburg: Felix Meiner, 1955.

Heine, Heinrich: *Zur Geschichte der Religion und Philosophie in Deutschland* (*1833*). Berlin: Aufbau Verlag, 1955.

Heller, Hermann: *Staatslehre. 6. Auflage*, Tübingen: Mohr Siebeck, 1983.

Ingrao, Charles & Szabo, Franz A. J. (ed.): *The Germans and East*. West Lafayette: Purdue University Press, 2008.

Kant, Immanuel: *Lectures on Philosophical Theology*, trans. Allen Wood and Getrude Clark, Ithaca, NY: Cornell University Press, 1978.

Kohn, Hans: „The Paradox of Fichte's Nationalism", *Journal of the History of Ideas*, Vol, 10, No.3 (Jun., 1949).

Lach, Donald F.: *Asia in the making of Europe*. 2 vols. Chicago & London:

The University of Chicago Press, 1971(1965), 1977.

Malter, Rudolf: *Kant in Rede und Gespräch*. Hamburg: Felix Meiner Verlag, 1990.

Martini, Fritz und Müller-Seidel, Walter (Hrsg.): *Klassische Deutsche Dichtung*. Band 13. Freiburg im Breisgau: Verlag Herder KG, 1964.

Nationales Forschungs- und Gedenkstätten der klassischen deutschen Literatur in Weimar (hrsg.): *Herders Werke in Fünf Bänden*. 2. Band. Berlin & Weimar: Aufbau-Verlag, 1978.

Novak, Kurt: *Geschichte des Christentums in Deutschland — Religion, Politik und Gesellschaft vom Ende der Aufklärung bis zur Mitte des 20. Jahrhunderts*. München: Verlag C.H.Beck, 1995.

Palacios, Miguel Asin: *Escatologia Musulmana en la Divina Commedia*. Madrid: Impr. de E. Maestre, 1919.

Panikkar, K.M.: *Asia and Western Domincance*. London: George Allen & unwin, 1959.

Paulsen, Friedrich: *System Der Ethik Mit Einem Umriss Der Staats-und Gesellschaftslehre*, Volume 2; *System Der Ethik Mit Einem Umriss Der Staats-und Gesellschaftslehre*. Stuttgart: J. G. Cotta, 1903.

Paulsen, Friedrich: *Geschichte des gelehrten Unterrichts auf den deutschen Schulen und Universitäten vom Ausgang des Mittelalters bis zur Gegenwart*. vol.1. Berlin: De Gruyter,1919/1921.

Renan, E.: *Averroes et l'averroisme*. Paris, 1852.

Richardson, Samuel: *Pamela, or Virtue Rewarded*. New York: Norton, 1958.

Sarton, George: *Introduction to the History of Science*. 3 vols. New York: Krieger, 1975.

Schiller, Friedrich von: *Gesammelte Werke*. Band 4. Berlin: Aufbau-Verlag, 1959.

Schwab, Raymond: *The Oriental Renaissance, Europe's Rediscovery of India and the East, 1680 – 1880*, trans. Gene Patterson-Black, Victor Reinking, New York: Columbia University Press, 1984.

Seidel, Siegfried (Hrsg.): *Der Briefwechsel zwischen Schiller und Goethe. Zweiter Band*. München: Verlag C.H.Beck, 1984.

Stegemann, Wolfgang: *Jesus und seine Zeit*. Stuttgart: Kohlhammer, 2010.

Thoms, Peter Perring: *Chinese Courtship — in verse*. London: Parbury, Allen, and Kinsbury; Marco: The Honorable East India Company's Press, 1824.

Tscharner, Horst von: *China in der deutschen Dichtung bis zur Klassik*. München: Reinhardt, 1939.

Waardenburg, Jacques: *L'Islam dans le miroir de l'Occident*. The Hague: Mouton & Co., 1963.

Walravens, Hartmut: *Zur Geschichte der Ostasienwissenschaften in Europa. Abel Rémusat (1788 – 1832) und das Umfeld Julius Klaproths (1783 – 1835)* (= Orientalistik-Bibliographien und Dokumentationen 5). Wiesbaden: Harrassowitz, 1999.

Whitehead, Alfred N.: *Science and the World*. Shanghai: Shanghai Foreign Education Press, 2005.

Widmaier, Rita(hrsg.): *Leibniz Korrespondiert mit China-Der Briefwechsel mit den Jesuitenmissionaren (1689 – 1714)*. Frankfurt am Main: Vittorio Klostermann, 1990.

Wilamowitz-Moellendorff, U. Von: *History of Classical Scholarship*. Baltimore: Johns Hopkins University Press, 1982.

Yang, Wuneng: *Goethe in China (1889 – 1999)*. Frankfurt am Main, Berlin, Bern, Bruxelles, New York, Oxford & Wien: Peter Lang GmbH Europäischer Verlag der Wissenschaften, 2000.

Zhu, Hong: *Schiller in China*. Frankfurt am Main, Berlin, Bern, New York, Paris & Wien: Peter Lang Europäischer Verlag der Wissenschaften, 1994.

西文-中文人名对照表(索引)

Abel-Rémusat, Jean-Pierre 雷慕沙 35,142,143,151–154,164–166
Alexander V. 亚历山大五世 13
Aurich, Ursula 奥里希 28
Bacon, Francis 培根 122
Berlin, Sir Isaiah 伯林 25,26,128
Bilfinger, Georg 毕尔芬格 115
Bluntschli, Johann Caspar 伯伦知理 83,84
Ching, Julia 秦家懿 75
Claudel, Paul 克罗岱尔 266
Couplet, Philippe 柏应理 91
Damrosch, David 丹穆若什 163,175
Descartes, René 笛卡儿 122
Dewey, John 杜威 116
Du Halde, Jean Baptiste SJ 杜赫德 45,168,242
Engels, Friedrich 恩格斯 1,2,82,121,138
Faulkner, William 福克纳 211,269
Fichte, Johann Gottlieb 费希特 6,9,64,81,83,309–311
Flemming, Johann Christian Friedrich 弗莱明 9
Francke, August Hermann 弗兰克 12,80
Georgius, Agricola 格奥尔格 9
Goethe, Johann Wolfgang von 歌德 6,8–10,12–14,16–18,29,31–33,35–37,64,101,126,127,132,133,149,150,152–157,159–168,171–175,177–184,186–217,219–247,251–270,274,284,288–294,301,308
Gottsched, Johann Christoph 戈特舍德 7,10
Grimm, Wilhelm 威廉·格林 160
Hamann, Johann Georg 哈曼 19,51,60,101,108,186

西文-中文人名对照表（索引）

Hardenberg, Karl August Freiherr von 哈登贝格　13
Hayek, Friedrich August von 哈耶克　3
Hegel, Georg Wilhelm Friedrich 黑格尔　2,3,6,31-33,35-37,63,64,93,108,116,124-148,166,167,173,182,206,301
Heidegger, Martin 海德格尔　98
Heine, Christian Johann Heinrich 海涅　2,3
Hemingway, Ernest Miller 海明威　266
Herder, Johann Gottfried 赫尔德　19-26,101,109,135,167,168,181,184,186,200,204,278-281
Hoffmann, E.T.A. 霍夫曼　293
Hölderlin, Johann Christian Friedrich 荷尔德林　127,181,182
Humboldt, Friedrich Wilhelm Christian Karl Ferdinand von 洪堡　35,96,97,181,182,192
Humboldt, Friedrich Wilhelm Heinrich Alexander von 洪堡　35,96,97,181,182,192
Hume, David 休谟　122
Hutten, Ulrich von 胡腾　9
Jaspers, Karl 雅斯贝尔斯　303
Jellinek, Georg 耶林内克　84

Jung, Karl Gustav 荣格　26,301
Kant, Immanuel 康德　6,19,23,31-33,35,50,51,60,64,65,81-83,93,96,98-119,121-125,128,129,132,182,186,189,192,194,274,278,281,283,301
Klopstock, F. G. Friedrich Gottlieb 克洛卜施托克　9
Konfuzius 孔子　15,19,50,62,68,71,73,76,77,80,84,86,87,89,91,92,95,106,110,115,123,145,150,167,202,208,226,296
Lach, Donald F. 拉克　27,234
Laozi 老子　114,116,168-171,207,209,226
Lawson, Henry 劳森　266
Leibniz, Gottfried Wilhelm 莱布尼茨　6,7,9,19,20,31-33,35,36,38,45-48,50-65,67,68,71,75,76,80,82,89,92,93,99-103,107,109,110,113,115,121-123,125,131,183,184,203,274-276
Lessing, Gotthold Ephraim 莱辛　6,7,9,35,64,92,93,98,103,104,181
Liszt, Franz 李斯特　3
Locke, John 洛克　52-54,122
Loti, Pierre 洛蒂　266
Metternich, Klemens Wenzel Lothar

von 梅特涅 13
Moritz（Sachsen）莫里茨 8
Müntzer, Thomas 闵采尔 9,46
Newton, Isaac 牛顿 104,106,122
Nietzsche, Friedrich Wilhelm 尼采 9,108,109,116,182
Novalis 诺瓦利斯 9
Paulsen, Friedrich 包尔生 11,12,117-119
Pogwisch, Henriette von 博格维希 166
Pound, Ezra 庞德 266
Pufendorf, Samuel von 普芬多夫 9
Pütter, Johann Stephan 皮特 13
Richardson, Samuel 理查生 158,161,162
Richthofen, Ferdinand von 李希霍芬 112
Rose, Ernst 罗斯 13,26,42,57,58,65
Rousseau, Jean-Jacques 卢梭 122,153
Schelling, Friedrich Wilhelm Joseph von 谢林 127
Schiller, Johann Christoph Friedrich von 席勒 6,18,19,29,31-33,35,36,46,47,64,126,132,133,135,154,156,162,167,177,178,180,181,187-197,199-201,211,212,221,222,232,237,243-247,269,274,284,301,308
Schlegel, August Wilhelm 施莱格尔 35
Schlegel, Karl Wilhelm Friedrich 施莱格尔 35
Schmitt, Carl 卡尔·施密特 84
Schultz, Franz Albert 舒尔兹 80-82,93
Schuster, Ingrid 舒斯特 28
Seckendorf, Johann Karl Christoph Freiherr von 塞肯多夫 167,168,200,201,207
Seckendorf, Karl Siegmund von 塞肯多夫 167,168,200,201,207
Segalen, Victor 谢阁兰 174,266
Sombart, Werner 桑巴特 3
Spence, Jonathan Dermot 史景迁 25
Spinoza, Baruch de 斯宾诺莎 114,122
Thomasius, Christian 托马修斯 9,10,12,51,65,80
Tscharner, Horst von 常安尔 28,168,169
Voltaire 伏尔泰 19,50,68,69,115,236,258,261
Wagner, Wilhelm Richard 瓦格纳 9
Weber, Max 马克思·韦伯 84

Weizsaecker, Carl Friedrich von 魏茨泽克 9
White, Patrick 怀特 266,284-287
Wieland, C. M. ChristophMartin 维兰德 167,186,200
Wilhelm, Richard 卫礼贤 26,29,171,213-216,226,234,263,264,267,268,301-308
Winckelmann, Johann Joachim 温克尔曼 181,196-198
Wulf, Theodor 沃尔夫 6,9,12,19,20,31-33,35,51,67-97,99,101-103,106,107,113,115,121,123,230

关键词(索引)

《博学》 10
《一月谈》 10
埃尔朗根大学 72
柏林大学 7,11,12,79,94,119
比较文学 33,127,179,180,236,260
场域 8,13,44,69,92,98,115,122,261,279,281,282
传教士 4,15,16,27,38,45,46,49,50,53,106,107,152,168,189,228,242,262,273
纯粹理性 82,83,96,115
刺猬型 128
代际迁变 33
道德 7,20,31,45,54,61,70-73,77-79,81,82,85-87,89-91,93,96,97,101,102,104-106,108,109,116,118,119,123,125,133,134,137,153,158,161,170,175-178,181,188,200,209,226,243,251,310
道德伦理学 123

德国古典大学 11,12
德国启蒙 1,6,9,37,38,50,51,55,58,64,67,92,93,98,99,123,134,135,277,284
德国现代性 33,35
德国学 27,32,36,40,63,120,260
东方文化热 45
东方学 40,42-45,283
东学西渐 14,20,27,28,30,32,35,38-45,119,120,272,305
断念 201,202,205,206,209,289
二进制 58,82
二律背反 82
二元三维 32,35,226,272,276,284,300
梵风西渐 120
感伤诗 192,194
感性德性 89
哥廷根大学 8,13,72,79
古典诗哲 6,30,32,36,293,301,308

古典图镜观　180,191,193,200,
  201,209,245,284
古典主义　6,7,28,51,169,189,
  207,238
观念侨易　118,172
光明之神　134
国家学　84,85
哈勒大学　8,11,12,68,70,72,79,
  80,96
狐狸型　128
机器理性　101
基督教　4-6,46,49,50,62,64,65,
  75,94-96,103,104,106,108,
  120,137,141,142,154,160,171,
  239,268,299
建构进程　65
教育场域　13,124
经济民族主义　26
精神现象　127,129,131,132,134,
  135,137,140
绝对精神　128,134,135,142
绝对知识　128
狂飙突进　101,126,182,184,187
莱比锡大学　8-10,12-14
浪漫思脉　20,37,196,279,293
礼仪之争　19,113
理性　22,26,40,50-55,57-61,
  63-66,70-74,78,79,81-83,85,
  88,89,91-93,95-104,108,109,
  113,115-117,119,122-126,129,
  132-134,136,137,142-144,147,
  184,187,189,194,196,197,200,
  209,267,278-281,284-287,292,
  293,295
理性德性　89
历史哲学　23,63,108,116,127,
  131,133,134,137,147
罗可可时代　20
逻各斯　55,197
魅化中国　107
民族精神　64,129,136,137
民族使命　63,66
民族文学　127,155,163,270
民族主体地位　16,26
普遍历史　133,135
谱系　14,19,20,83,147,148,174,
  217,266,293
启蒙大学观　13
启蒙家族　5
启蒙思脉-浪漫思脉　32,301
气　13,20-22,30,51,60,61,63,
  70,79,100,112,113,115,119,
  128,134,142,163,169,173,177,
  179,180,182,192,193,199,202,
  216,223,283,293,296,297,307
前定和谐　56-58,65,71,102
侨易学　32,35,226,258,272,
  281,309

祛魅中国　107
人类理智　38,50,52-56
日耳曼精神　137
儒教　55,84,141,142
闪系文明　14,263
尚三思路　201,202,206,207
社会主义　1,3,121,123
神正论　102
诗思话语　32
实践哲学　48,54,68,73,74,77,79,81,85,86,88-92
世界公民　98,132,301
世界精神　124,125,129,132,133,136,137,139-141,147,301
世界历史　25,42,43,59,60,63,120,132-136,139,142,261,301
世界文学　127,132,133,152,154,155,163,164,173-175,179,181,196,201,211,236,261,269-271,301
思辨科学　48
思想史　3,19,26,27,30-33,35-37,49-52,62,67,71,98,99,101,102,117,120,123-127,132,133,135,153,173,175,177,179,183,186,191,195,200,218,238,262,272,277,287,301,304
素朴诗　194
随命观　207

唯物主义　52,54,123
魏玛古典　126,156,191,195
魏玛时代　6,192,207
文化场　8,154
文化民族主义　25,26
文化侨易　275,283,295,298,301,306
文艺复兴　31,43,120
西学东渐　20,27,28,35,38-42,44,272,305,306
希伯来　120,122
形而上理性　123
学术史　26,29,45,125,141,150,151,164,182
耶拿大学　12,189
耶稣会士　15,16,20,24,48,61,76,87,187-189,228,242,268,274,282
易经思维　82,202
哲学革命　1,82,113,121
政治民族主义　26
知识分子　16,69,154
知识精英　9,15-17,30-32,34,69,71,80,83,94,97-100,110,144,152,153,167,171,172,174,266,277,297
知识域　10,33,34,171,196,212,241,245,261,266
至善　87,90,91,105

中道思维 196,199-202,207-209,245,287
中国近事 46,48,57,59,61,276
中国镜像 37,38,153,180,182,184,186
中国文化热 26,63
中国学术共同体 45
中国元思维 144,197
中国资源 25,32-34,37,38,50,67,69,73-75,80,82,92,94,95,97,98,102,107,113,116,117,123,127,129,138,139,141,142,147,166,174,180,201,209,210,266,272,275,309
中学德渐 41,45
中学法渐 41
中学英渐 41
主观理性 129
自我意识 93,108,114,130,131,135-137,141

后　记

我曾说过,我会不断地回归到德国古典时代,那是一个激动人心的,又让人无比兴奋的大时代。就像之如我的遭遇歌德,实在是生命中一个太意外的惊喜,虽然最初看上去他是那般难以接近,仿佛冷冰冰地高高在上,拒人于千里之外,但他所提供给我的那种精神思想上的丰富宝藏资源,却是怎么高估也不过分的。

但就德国古典时代与中国文化关系的深厚,以及其可能开掘的广度和深度而言,这样一种研究也只能说是刚开了个头,后面还有着无限风光,譬如利希滕贝格的批评史意义及其中国想象,譬如法国汉学家雷慕沙与德国知识界的关系,譬如黑格尔、谢林等的《易经》认知,还有从赫尔德到施莱格尔兄弟的浪漫思脉的中世追溯及其"中国形象建构"等,都是能够激发出学者更深层思考的上佳命题。或许,这也正是学术生命的价值所在,当一个课题暂告段落时,另一个新的命题其实早已在无形中展开。生生不息,循环往复,铸就学术之路的绵绵大道。梁启超撰《论学术之势力左右世界》,宣告称:"然则天地间独一无二之大势力,何在乎? 曰智慧而已矣,学术而已矣。"[①]可见陈寅恪谓"吾侪所学关天意"也并非空穴来风,学术自有其不朽之

[①] 《论学术之势力左右世界》,载梁启超:《梁启超文选》下集,夏晓虹编,中国广播电视出版社1992年版,第207页。

盛业和价值在。

德国文明史是一部太大的书，需要补课的东西太多，而值得探究的东西又是无限。如何在文明学、德国学和侨易学的互补维度下，更好地去把握德国古典时代的灿烂风景，这仍然是一个巨大的挑战，在本书里做了一些小小的尝试，很难说是成功了，但至少是迈出了自己的步伐。2017年初，我经历了人生中一场大的变故，事后思之，莫名悚然。或许冥冥中暗有天意，让我重新回归到学术道路上来，重新坐到宁静的书桌之前，觉得人生仍然是那么美好，这或许就是"实迷途其未远，觉今是而昨非"吧。

这部著作是国家社科基金项目"德国古典诗哲的启蒙路径及其中国资源"的结项成果。书稿是和董琳璐君合作完成，分工如下，第一、二、六、七、八、九、十章由我承担，第三、四、五章由我拟定框架思路并各自写作了5 000—8 000字不等的篇幅，其余部分由董琳璐完成。董琳璐还承担了全书核对材料以及参考文献、西文-中文名词对照表、索引的编制工作。这里要表示感谢。如果不是因为结项因素的催逼，或许我不会选择合作的做法，但合作也有合作的好处，可以集思广益，集腋成裘。

梁启超还说："吾不患外国学术思想之不输入，吾惟患本国学术思想之不发明。"[1]中国曾经有过战国时代那样学术光明、人物伟大、思想自由的黄金时期，在人类史上恐怕也是很少有的；但近代以来，我们落后了。所以陈寅恪要求"一方面吸收输入外来之学说，一方面不忘本来民族之地位"，如此方能"于思想上自成系统，

---

[1] 梁启超：《论中国学术思想变迁之大势》，夏晓红导读，上海古籍出版社2019年版，第4页。

有所创获"①;而鲁迅则谓:"外之既不后于世界之思潮,内之仍弗失固有之血脉,取今复古,别立新宗。"②这些都是前贤给我们留下的宝贵思想遗产!在西方现代性不断扩张的大背景下,如何才能在技术日益逼迫、资本无限扩张、权力缺乏限度的全球化困境中寻觅中国现代学术与思想的自由之路,或许是摆在每个知识人面前的绝非轻松的挑战,而复归古典与经典,包括异民族的,或许正是不二法门。

叶　隽

2019年11月12日于沪上同济

---

① 《冯友兰〈中国哲学史〉下册审查报告》,载陈寅恪:《陈寅恪学术文化随笔》,刘桂生、张步洲编,中国青年出版社1996年版,第17页。
② 《文化偏至论》,载鲁迅:《鲁迅全集》第1卷,人民文学出版社2005年版,第57页。

图书在版编目(CIP)数据

德国古典诗哲的启蒙路径及其中国资源 / 叶隽,董琳璐著. -- 上海 : 上海社会科学院出版社,2025.
(中德文化丛书). -- ISBN 978-7-5520-4705-9
Ⅰ.B516;I516.09
中国国家版本馆 CIP 数据核字第 2025P50T99 号

德国古典诗哲的启蒙路径及其中国资源

| 著　　者：叶　隽　董琳璐 |
| 责任编辑：熊　艳 |
| 封面设计：黄婧昉 |
| 技术编辑：裘幼华 |
| 出版发行：上海社会科学院出版社 |
|　　　　　上海顺昌路 622 号　邮编 200025 |
|　　　　　电话总机 021 - 63315947　销售热线 021 - 53063735 |
|　　　　　https://cbs.sass.org.cn　E-mail:sassp@ sassp.cn |
| 排　　版：南京展望文化发展有限公司 |
| 印　　刷：苏州市越洋印刷有限公司 |
| 开　　本：890 毫米×1240 毫米　1/32 |
| 印　　张：11.5 |
| 字　　数：260 千 |
| 版　　次：2025 年 5 月第 1 版　2025 年 5 月第 1 次印刷 |

ISBN 978 - 7 - 5520 - 4705 - 9/B·548　　　　　定价:78.00 元

版权所有　翻印必究